한기범의 재미있는 농구 코칭북

Funbasketball.co.kr 사이트의 농구강좌에 대한 자세한 설명과 농구 이미지 포함

농구하고 싶은 한기범

한기범의 재미있는 농구 코칭북

초판 1쇄 인쇄 • 2018년 10월 17일
지은이 • 한기범
펴낸이 • 이승훈
펴낸곳 • 해드림출판사
주 소 • 서울 영등포구 경인로82길 3-4(문래동1가 39)
　　　　센터플러스빌딩 1004호(우편07371)
전 화 • 02-2612-5552
팩 스 • 02-2688-5568
E-mail • jlee5059@hanmail.net

등록번호 • 제2013-000076
등록일자 • 2008년 9월 29일

* 책값은 표지에 있습니다
* 잘못된 책은 바꿔드립니다

ISBN 979-11-5634-302-8

한기범의 재미있는 농구 코칭북

funbasketball.co.kr

해드림출판사

[교재]

펴내는 글

    국내 처음으로 농구코칭사이트를 오픈하게 되었다. 농구 동영상과 그리고 코칭북도 제작하였다. 왜냐하면 지금까지 많은 청소년 및 성인들을 가르쳐 보았지만 기본적인 슛, 패스, 드리블이 부족해 보이는 부분이 있었다.

    그냥 아웃 농구코트에서 임의대로 친구들하고 슛 쏘고 드리블하고 게임하는 등 지금 청소년들의 있는 그대로의 모습을 보는 것 같았다.

    그것은 유튜브나 인터넷으로 검색해서 멋진 농구플레이 동영상 보고 흉내를 내는 것으로 일시적인 만족감을 느끼는 것이 아닌가 하고 생각이 든다.

    농구를 진짜 좋아하고 야외 코트에서 농구를 하고 싶은 열망을 청소년들에게 조금이라도 충족시켜 주어야하지 않느냐고 생각한다.

    정말 농구를 좋아하고, 기초, 기본부터 배우고 싶어 하고, 농구 실력을 업그레이드하고 싶고, 또한 농구를 가르치고 싶어 하는 분들이 많다는 것을 느꼈다.

    이를 도움을 주고자 개인이 연습하거나, 팀으로 연습을 할 수 있게 해서 손쉽고, 재미있게 기초부터 패턴까지 353여 개에 이르는 농구 동영상을 직접 제작하였다. PC는 물론 스마트

폰으로 코트에서 바로 동영상을 보면서 배우고 지도할 수 있고, 따라 하기 쉽게 되어 있다.

 농구 동영상의 모든 설명을 담은 코칭 북도 완성하였고 일선에서 초, 중, 고교 학교스포츠 클럽리그를 지도하는 체육 교사나 농구 교실 강사, 농구 코칭에 관심 있는 체육 관련 학생, 농구를 좋아하는 청소년, 3X3대회 준비하는 청소년 등 농구를 하고 싶거나 지도하고 싶은 사람들은 처음부터 어디서부터 무엇을 시작해야 할지, 어떤 거를 가르쳐야 하는지 모르는 경우가 많다.

 자, 이 분야에서 한기범의 펀바스켓볼 사이트와 펀바스켓볼 코칭북이 여러분을 도울 수 있을 거라 생각한다. 볼핸드링, 드리블, 볼캐칭, 패스, 레이업, 피봇, 리바운드, 박스아웃, 슈팅, 포스트플레이, 포스트플레이 수비, 맨투맨수비, 맨투맨공격, 지역 수비, 지역 수비 공격 등은 동영상으로 제작하였고, 하프코트프레스, 풀코트프레스는 텍스트와 이미지로 되어 있다.

 온라인 농구 코칭 사이트인 funbasketball.co.kr에 있는 농구 동영상 강좌 내용 전부를 코칭북에 자세하게 설명하고 있다. 누구나 농구를 재미있게, 쉽게 배우고, 연습하고, 또는 가르칠 수 있게 농구 연습 스케줄 샘플 10주 프로그램도 만들어 보았다.

 이 스케줄대로 초등학교 저학년 팀, 초등학교 고학년 팀과 중학생팀은 있는 그대로 맞추고, 고등부팀과 성인팀은 이 연습프로그램이 약할 수도 있다. 동영상이나 코칭 북 보고 프로그램을 바꾸고, 첨가하고, 강도도 조금 세게 하고 스피드를 내면 충분한 연습이 된다. 볼과 프로그램에 익숙해지고, 싫증이 나면 다른 프로그램과 바꾸어서 소설한다.

 농구를 처음 배우는 학생은 초보 수준의 쉬운 프로그램부터 시작한다. 농구를 배우고, 익히고, 익숙해지고, 스피드 있게 진행되면 엘리트 플레이어 못지않은 수준으로 올라가기 때문에 또한 쉬운 프로그램이 아닐 수도 있다. 빠르게 하는 것만 지나치게 강조하면 더 어려운 프로그램 될 수 있고, 부상위험도 도사리고 있다. 그러므로 농구를 처음 가르치는 지도자들도 동영상 보고 코칭 북의 설명을 동시에 보고 이해하면서 천천히 쉽게 장기적인 안목을 가지고 아이들을 지도를 해야 한다.

 농구 동영상 촬영에 출연한 학생들은 학교 서클팀, 동아리팀, 한기범 농구교실의 중고등부 학생들이 참여해주었고 엘리트 농구 플레이어가 일부는 아니어서 매끄러운 부분이 부족했지만, 최선을 다해주었고 명지중학교 농구코치와 농구부 후배들에게 도움을 받았다. 그렇기 때문에 농구 동영상 화면이 실력에 관한 오해할 수 있는 소지도 있을 것이다.

 동영상이 매끄럽지 못하고 서툴고 해서 화면이 마음에 들지 않은 부분도 있었지만, 아이들 섭외하고, 대본 준비하고, 스케줄 짜고, 카메라 빌리고, 체육관에서 영화감독처럼 액션이라는 큰소리를 질러보고, 또 처음이라서 동영상 편집도 배워가면서 하고, 홈페이지 디자인하고 만들고, 동영상 올리고, 코칭 북 제작도 2016년 11월부터 준비하는 등 혼자 끙끙거리면서 했던 1년 6개월이란 시간이 눈 깜작할 사이에 지나가 버렸지만 나에게 엄청난 도전이고 귀중한 시간이 되어 있었다.

 아내와 아이들에게 고맙고, 특히 막내 다온이는 엘리트 농구를 하다가 그만두어서 안타까웠지만 촬영하면서 나에게 혼나면 툴툴거리며 따라와 준 다온에게 고맙고 한기범 농구교실 이형주 부단장 카메라로 열심히 촬영해주고, 스케줄 잡고, 농구교실 학생들 섭외해준 덕분에 무사히 진행됨을 감사하게 생각한다.
 농구 동영상 찍는 데 참여해준 한기범농구교실 학생들과 홀트체육관 담당자, 중화중학교 체육관을 사 용허가해주신 교장 선생님에게 감사하고 농구클럽을 지도하는 선생님과 출연한 학생들에게도 감사한 마음을 전한다.

2018년 10월
농구하고 싶은 한기범

목차

펴내는 글 ---------------------------------- 4

농구 기원 ---------------------------------- 12

1단계, 2단계 -------------------------------- 14

농구와 농구코트에 관한 여러 가지 명칭 ------------- 19

준비운동 Warm up --------------------------- 23

볼핸드링 Ball Handling ----------------------- 28
- 볼 핸들링 연습 Ball Handling Drill

드리블 Dribble ------------------------------ 53
- 드리블하는 이유 Reasons to Dribble
- 드리블 변화 Dribble Variation
- 드리블 연습1 Dribble Drill 1
- 양손 드리블 Two Ball Dribble

볼 캐칭 Ball Catching ------------------------ 106

패스 Passing ------------------------------- 111
- 패스 연습 Passing Drill

레이업 Layup ------------------------------- 130
- 다양한 레이업 Layup Variety

피봇 Pivot --------------------------------- 141
- 피봇 연습 Pivot Drill

리바운드 Rebound --------------------------- 147

박스아웃 Boxout ---------------------------- 156

슈팅 Shooting ------------------------------ 160
- 슈팅 기술과 자세

- 슈팅 연습 Shooting Drill
- 개인 및 팀 슈팅 연습

포스트 플레이 Post Play — 198
- 포스트 플레이어 수비 Defensive Post Players
- 포스트 플레이어 연습 Post Player Drills

맨투맨 수비 Man to Man Defensive — 225
- 슬라이드 스텝 The Step Slide
- 수비수 관찰사항 Defender should be looking
- 신체의 팔 움직임 Body and Arm Movement
- 토킹 수비 Talking Defense
- 개인수비 기술 Individual Defensive Skill
- 맨투맨 수비 연습 Man To Man Defensive Drills
- 맨투맨 수비 위치 Basketball Defensive Positioning
- 외곽 패스 수비 Defend the Perimeter Pass
- 맨투맨 수비 스킬 Man To Man Defensive Skills
- 기본 쉘 드릴 수비 Basic Shell Drill
- 1대1 커팅 수비 Cutting Defensive 1on1
- 2대2 스크린 수비 Defensive Screen 2on2
- 3대3 스크린 오프 볼 수비 Off Ball Screen 3on3
- 일반적인 맨투맨 5대5 수비 Normal Man to Man Basketball Defensive

맨투맨 공격 Man to Man Offense — 287
- 여러 가지 잽 스텝 Various Jap Step
- 점프 스톱 숏 Jump Stop Shots
- 1대1 농구 Basketball Drill 1on1
- 3대3 농구 Basketball Drill 3on3
- 3대3 컷 로테이션연습 Cut Rotation Drill 3on3
- 3대3 노드리블 패싱게임 Passing Game No Dribble 3on3

- 3대3 여러 가지 플레이 Various Play 3on3
- 5대5 농구 기본 Basketball Offense the Basics
- 여러 가지 컷 Basketball Cuts Various
- 성공시키는 오펜스 Successful in Attacking

지역 수비 Zone Defensive --------------------------------- **334**
- 2-3 지역 수비 위치 Zone Defensive Position 2:3
- 1-2-2 지역 수비 Zone Defensive 1-2-1
- 3-2 지역 수비 Zone Defensive 3-2

지역 수비 공격 Zone Offense ------------------------------ **367**
- 지역 수비 공격의 기본 Fundamentals for Zone Offense
- 지역 수비 공격의 기본 Zone Offense Fundamentals
- 2-3 지역 수비의 기본 공격 배치 1-3-1 포메이션
- 1-3-1 지역 수비의 기본 공격 배치 1-3-1 포메이션
- 1-2-2 지역 수비의 기본 공격 배치 1-3-1 포메이션

1-2-2 하프코트 프레스 Half Court Press 1-2-2 ---------------- **398**
- 프레스 수비의 움직임 Press Moving Defensive

3-1-1 풀 코트 프레스 Full Court Press 3-1-1 ----------------- **403**
- 프레스 거는 방법
- 볼 인터셉트

연습 계획 10주 샘플(60분) ---------------------------- **420**
10 Week Practice Plan Sample(60 Minutes)

Let's Start
Let's Go Enjoy Life
Let's Play Basketball

농구 기원

다른 스포츠와는 달리 농구는 확실한 기원을 가지고 있다.

농구는 아주 오래된 고대 경기나 다른 스포츠에서 유래된 것이 아니라 농구 창시자는 발명가 제임스 네이스미스(James Naismith) 박사로 잘 알려져 있다.

이 스포츠는 YMCA 운동에 의해 시작되면서 처음으로 본 농구는 성공이었고 인기는 빠르게 전국적으로 알려지면서 많은 나라에 퍼지게 되었다. 비록 네이스미스가 전 세계적으로 인기 있는 종목으로 발전하는 것을 본 적이 없겠지만, 그는 1936년 베를린올림픽부터 농구가 정식 종목으로 처음 선보이는 영광을 누렸다.

일선에서 초중고교 학교스포츠클럽리그를 지도하는 체육 교사나 농구 교실 강사, 농구코칭에 관심 있는 체육 관련 학생, 농구를 좋아하는 청소년, 3X3대회 준비하는 청소년 등 농구를 하고 싶거나 지도하고 싶은 사람들은 처음부터 어디서부터 무엇을 시작해야 할지, 어떤 거를 가르쳐야 하는지 모를 때 펀바스켓볼과 코칭북이 도움이 되길 바란다.

우리는 농구를 처음부터 실력향상을 원하는 일반 청소년 학생들에게 1단계, 2단계로 나누어서 가르치는 것에 대한 코칭을 제공한다.

지금은 초보자 코스로 1단계를 시작하면서 연습과 기술, 개념을 가르치고, 2단계 레벨을 한 단계씩 완벽하게 만들기 위해 나아간다.

모든 초보자는 나이와 관계없이 1단계부터 시작해야 한다.
우리는 연령대를 일반적인 수준으로 지침을 준비하였고 나이와 기술 수준에 따라 다양한 속도로 단계를 진행할 수 있다.
여러분은 어린 나이에 처음으로 농구를 배우며 1단계를 몇 년에 걸쳐서 재미있고, 흥미롭게, 놀이 같은 개념으로 배우기 시작할 것이다.

　매년 1단계에서 다시 시작하는 것이 좋고 고등학교 및 대학교 학생들도 매년 1단계부터 시작한다.
　그들은 단지 청소년 팀보다 더 빠르게 습득하기 때문에 단계를 빨리 진행을 할 뿐이다.
　그것은 매년 플레이어들에게 기본적인 것을 반복해서 농구 실력을 늘리는 좋은 방법이기도 하다.

　완전히 숙달할 때까지 매일, 격일, 매 주말 등 연습 스케줄을 작성하고 연습을 하면 그들에게 아래에 언급된 농구기술을 순서대로 가르칠 수 있다.

　이러한 모든 기술들을 한 단계씩 가르치는 데는 몇 년이 걸릴 수도 있고, 그렇게 하는 것이 좋다.

　우리는 청소년 학생들에게 어느 정도 시간이 지나가면 게임에 대한 관심을 가지기 시작하며 장기적인 발전에 초점을 맞추고 싶어 한다.

　만약 여러분이 기술 습득을 빨리 진행시키려고 한다면 그것은 장기적으로 보면 부상당할 위험이 높다.
　먼저 탄탄한 기초부터 다지는 것이 절대적으로 우선이다.

　1년 안에 모든 드리블 움직임이나 모든 공격플레이를 그들에게 가르쳐서는 안 된다.
　왜냐하면 단순한 더하기와 빼기도 모르는 사람에게 계산법을 가르칠 수 없는 것과 같은 방식이다.

　천천히 여기 10주짜리 연습 스케줄을 참고하면서 현장에 맞게 농구 연습 스케줄을 만들면서 중, 장기 프로그램을 짜고 농구 동영상(funbasketball.co.kr)과 코칭북을 보면서 팀이나 개인에게 맞는 농구 실력을 만들기 바란다.

1단계

레이업 Layup

양쪽으로 손을 사용하는 레이업을 많이 연습해야 한다.

당신의 목표는 모든 청소년들이 오른손과 왼손으로 레이업을 똑같이 잘하도록 하는 것이다.

적절한 발을 사용하여 점프해서 뛰어오르는 것을 가르친다.

오른손을 쏠 때 왼쪽 다리에서 뛰어오른다. 왼쪽 손을 쏠 때 오른쪽 다리를 뛰어오른다.

그것은 어려울 수도 있지만 계속 반복해서 연습한다.

드리블 없이 바스켓에 가깝게 시작하면서 스텝 연습에 한 걸음 나아간다.

드리블을 하면 오른손으로 레이업을 할 때 오른손으로 드리블해야 한다.

드리블을 하면 왼손으로 레이업을 할 때 왼손으로 드리블해야 한다.

푸트웍 Footwork

발을 헛디디지 않게 하고, 점프 스톱하고, 공격 위치에서 볼을 잡는 즉시 왼쪽과 오른쪽 발에 피봇하는 자세를 가르친다. 여러분은 스텝 연습에 많은 시간을 들여야 한다!

슈팅 자세 Shooting form

초등학교 농구도 성인 농구 골대로 바뀌어서 어린 청소년은 팔꿈치를 내밀어 더 강하게 슛을 할 수 있게 한다. 슈팅에 대한 자세한 내용은 농구 슈팅 편을 참고 한다.

볼 핸들링 Ball handling

오른손과 왼손과 똑같이 드리블하도록 플레이어에게 가르쳐야 한다.

기본 드리블, 스피드 드리블, 크로스 오버, 볼 보호 드리블 및 드리블 기술

운동 및 운동 기술 Athletic & movement skills

뛰고, 멈추고, 점프하고, 좌우로 움직이고, 드라이브인 및 기본 움직임 방법을 가르친다.

이러한 움직임을 가르치는 방법을 모르는 경우 농구 전문강사나, 체육 교사에게 방법을

보여달라고 요청한다.

그들은 직접 아이들에게 보여 줄 수 있을 것이다.

우리는 10세 미만의 플레이어에게 농구 기술을 가르쳐야 합니까?
- 10세 미만의 플레이어도 함께 가르치는 것이 코치이다.

기본 패스 Pass

체스트, 바운스 및 오버 헤드 등 기본 패스를 가르치고 연습한다.

많은 플레이를 가르치기 위해 2대2, 3대3을 한다 (드리블을 하지 않는다)

이를 통해 플레이어는 더 많은 경험을 쌓고 그들이 배운 새로운 기술을 충분히 활용할 수 있게 된다.

연령에 맞는 연습과 게임을 충분히 사용한다.

이에 대한 자세한 내용은 3대3 편을 참고하고 청소년 플레이어에게 가장 좋다는 것을 알게 된다.

공격 Offense

정형화된 공격 패턴을 사용하지 않는다.

코트에서 편안하게 한다.

스스로 상황을 파악하기 시작한다.

당신이 중점적으로 할 것은 쉬지 않고 계속 움직여야 하는 것이다.

연습을 시작할 때 몇 가지 기본 컷과 슈팅, 스크린을 사용한다면 플레이어는 이미 움직이면서 공격하는 법을 터득할 것이다.

그런 다음 시간을 낭비하지 않아도 된다. 그냥 플레이하게 한다.

플레이어가 코트에서 편안하다고 느끼면 적절하게 공격과 수비 간격을 이야기한다.

진행 과정에서 공격적인 움직임에 관해 이야기 할 수 있다.

기본 컷 Basic Cuts

시간이 허락한다면 브이 컷 및 직선 컷을 연습할 수 있다.

저는 여러분들이 연습 스케줄에 있는 커팅 연습과 슈팅 연습을 같이 하는 것이 좋다.

이렇게 하면 시간을 절약할 수 있다.

디펜스 Defensive

기본자세, 수비 슬라이드 및 기본적인 오프볼 원리를 가르친다.

수비 연습에 많은 시간이 지나가는 것에 대해 걱정하지 않는다.

학년이 올라갈수록 점차 수비에 더 많은 시간을 할애한다.

연습은 5~10분을 집중하면 충분하다.

기본 오프 볼 원칙

① 플레이어와 볼 사이에있어라.

② 당신 앞이면 볼을 항상 멈추게 한다.

2단계

위에서 언급한 모든 기술에 대해 고급 기술로 한 단계 올라와야 한다.

그러나 10~12세의 어린이가 경험이 없다면 1단계부터 시작해야 한다. 그리고 각 시즌 초에는 1단계부터 시작해야 한다.그런 다음 아래 고급 항목으로 진행할 수 있다.

레이업 Layup

한 발로 뛰는 점프 레이업.

더 많은 커팅을 가르친다

브이 컷(V cut), 프론트 컷(Front cut), 백 컷(Back cut), 컬 컷(Curl cut) 등

슈팅 연습에 초점을 맞추고 연습을 위한 움직임을 소개한다

캐치볼과 드리블 후 슈팅

볼 핸들링 및 드리블

안쪽, 바깥쪽 드리블 (크로스 오버), 페이크 드리블 및 레그 스로우 같은 드리블 움직임을 더 많이 가르친다.

패스 Pass

기본 패스를 계속 가르치고 고급 패스(베이스볼 패스 및 픽앤롤에 이어지는 패스)를 소개한다.

패스 압박 Passing Under Pressure

양쪽에 일정 거리에 서서 수비수가 볼 가진 플레이어를 가깝게 다가가서 핸드 체킹과 아래위, 좌우로 움직이면서 패스를 방해하는 드릴을 사용해서 압박을 가할 수 있다:

기본 스크린(Screen)을 가르친다

푸트웍 Footwork

잽 스텝과 페이크 스텝을 가르친다.

리바운드 Rebounding

리바운드 기술을 가르친다.

기본 포스트 무비, 드롭 스텝과 훅 점프 슛

포스트에서 할 일을 가르친다.

간격

기본적인 간격 개념을 가르친다.

공격 플레이어와 수비수의 포지셔닝(거리에 따라), 슈팅 위치와 바스켓과의 거리

오펜스 Offense

공격개념을 가르치기 위해 2대2, 3대3 게임 연습을 계속한다.
또한 더 많이 움직이는 공격 상황을 소개하고 5대5 게임도 시작할 수 있다.

디펜스 Defensive

1단계에서 언급한 수비 자세, 수비 슬라이드 및 오프(데드)볼 원칙에 대해 강조하고 많은 시간을 보낸다. 플레이어가 준비가 되었다고 생각되면 오프볼 수비 원리를 사용한다.

맨투맨 디펜스의 수비 체계를 구축하고 방법을 단계별로 가르친다.

농구 기초를 배우는 것에 대해 게임의 이해, 지식 및 즐거움을 향상시킬 수 있도록 동기부여를 얘기한다.

다른 어떤 스포츠보다도 농구는 개인적인 재능과 기술을 사심 없이 팀플레이에 접목시켜야 한다.

농구와 코트에 관한 여러 가지 명칭

이 소개 개요는 농구의 기본 사항 중 일부를 안내한다.
청소년과 아마추어는 흥미롭고 유익하고 유용한 정보를 찾을 수 있다.

농구코트의 명칭

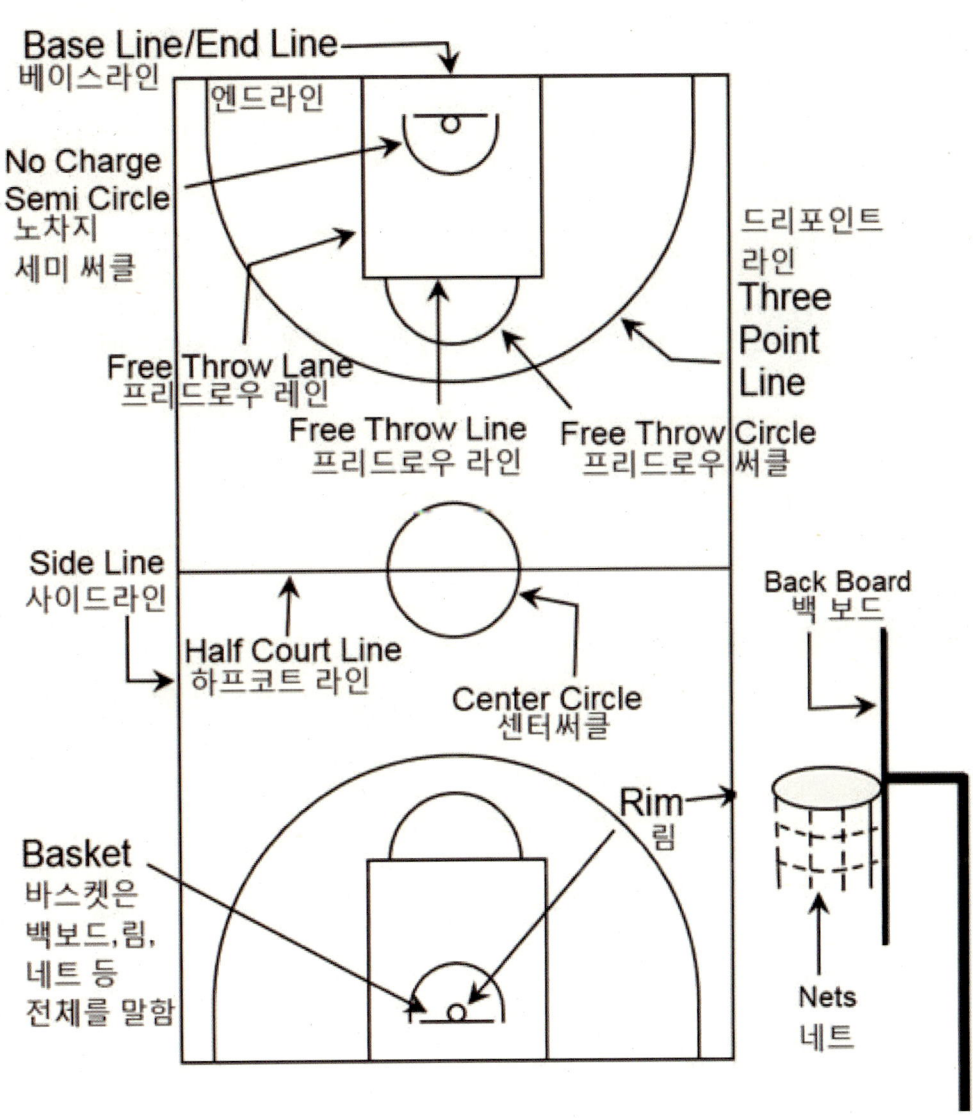

플레이어 포지션과 명칭 Position

① 포인트 가드
② 슈팅 가드
③ 스몰 포워드
④ 파워 포워드
⑤ 포스트맨 / 센터

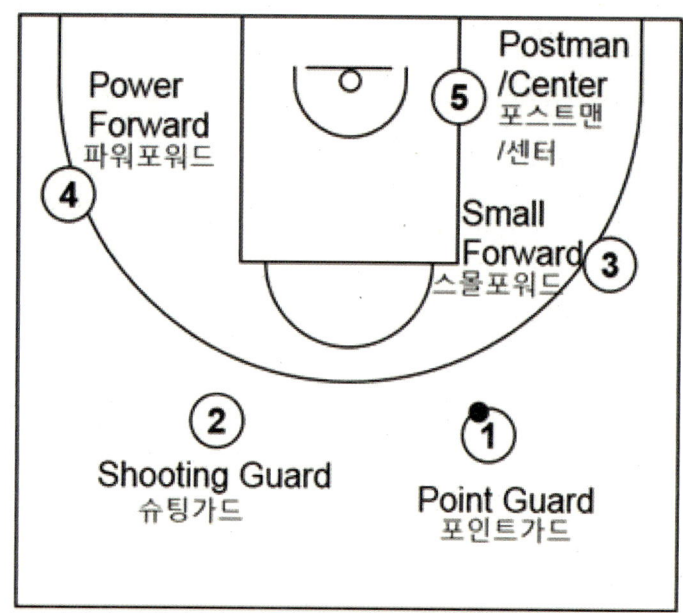

기본 유형의 공격 및 수비 심볼 Offense and Defensive Symbols

①, ②, ③, ④, ⑤
공격 플레이어

수비수 1, 2, 3, 4, 5

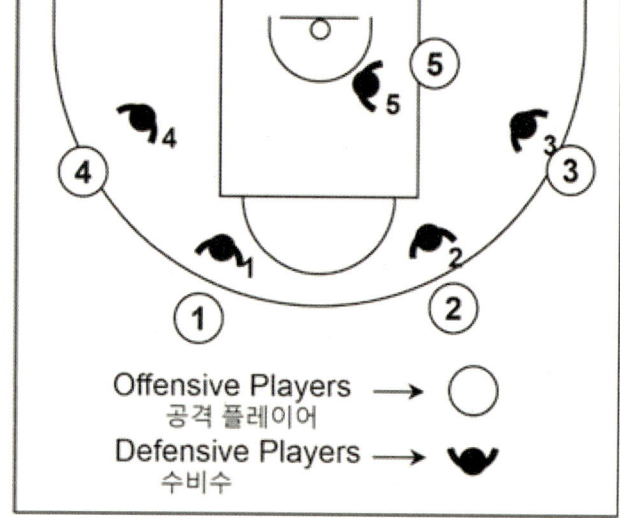

기본 유형의 공격심볼 Offense Symbols

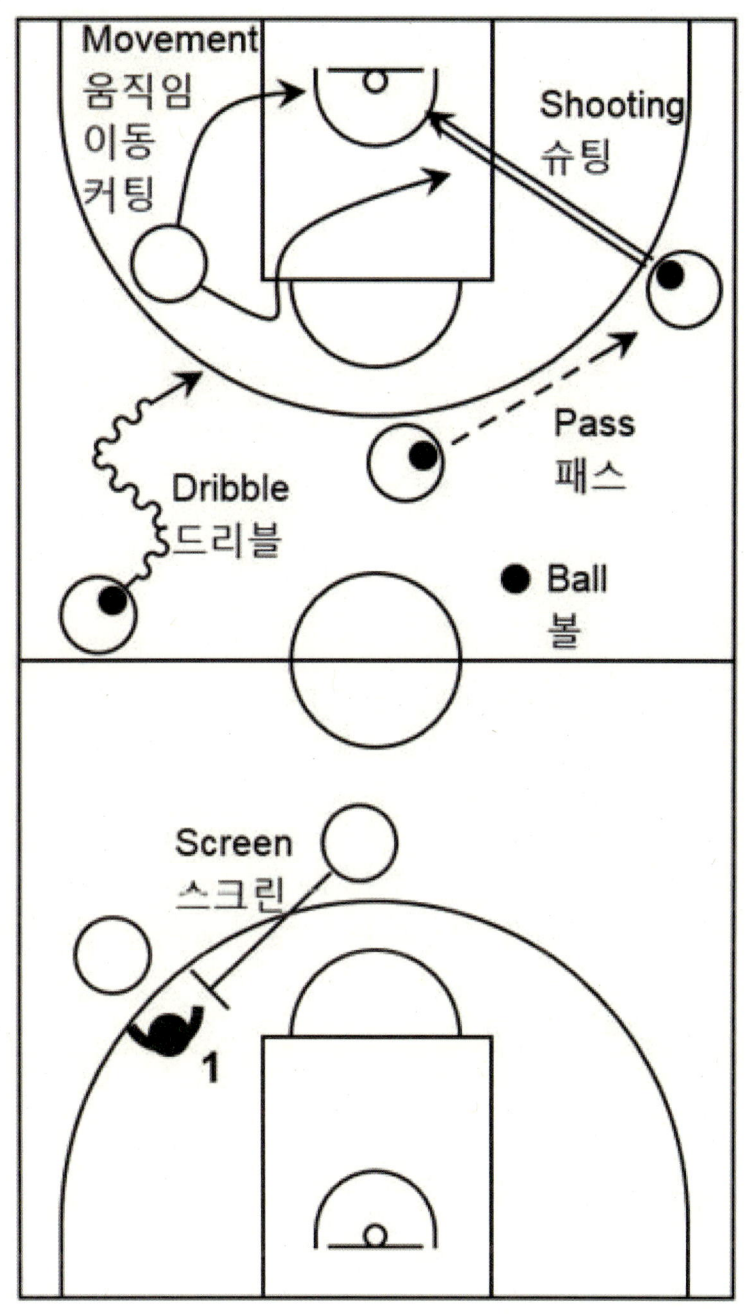

수비의 포지셔닝 Defensive Positioning

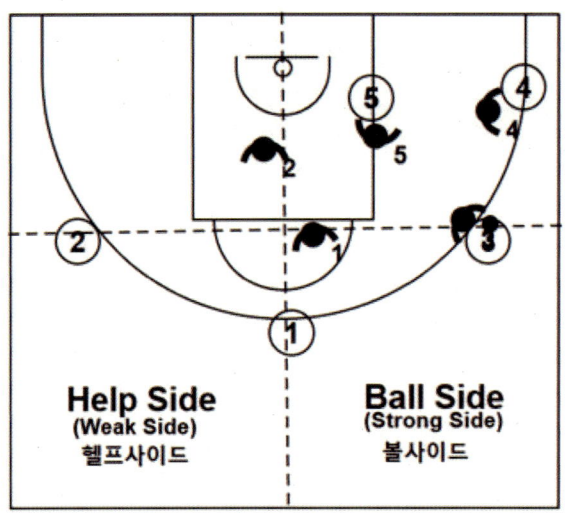

농구 코트 지역과 명칭 Basketball Court Area

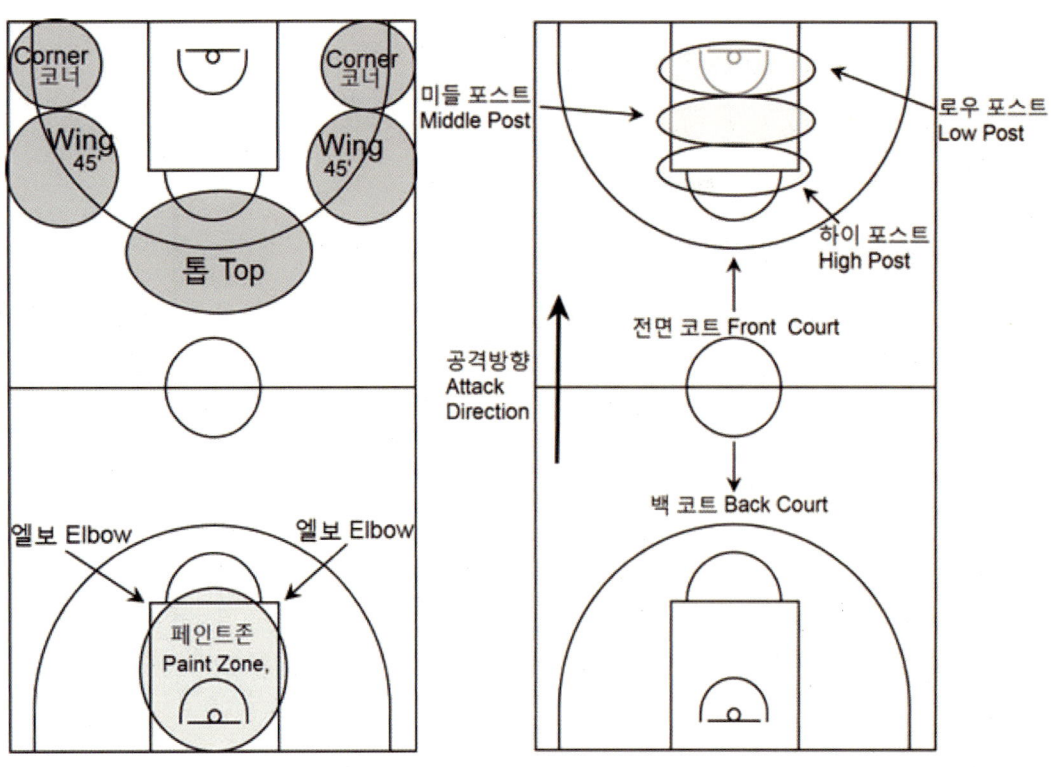

준비운동 Warm up

볼없이 워밍업 Without Ball

1. 코트 밖으로 3~5바퀴 돈다.
2. 점핑 잭 15~20회
3. 조깅하면서 다리 올려뛰기, 뒤로 허벅지 닿기
4. 캥거루 점프 좌, 우 한발씩
5. 두 발로 앞으로 나가면서 연속 점프하기
6. 한쪽 다리 들고 뛰기, 반대 다리도
7. 서서 다리를 뒤로 잡고 당기기
8. 서서 앞으로 숙여서 발목 잡기
9. 바닥에 앉아 왼쪽 다리는 앞으로 곧게 뻗어주고 오른쪽 무릎을 굽혀 왼쪽 허벅지 안쪽에 오른쪽 발바닥이 닿도록 한다.
10. 바닥에 앉아 양쪽 다리를 벌려 씻는다.
11. 목 돌리기 운동 반대 방향도
12. 팔을 작은 원으로 돌리면서 큰 원으로 돌립니다. 반대 방향도

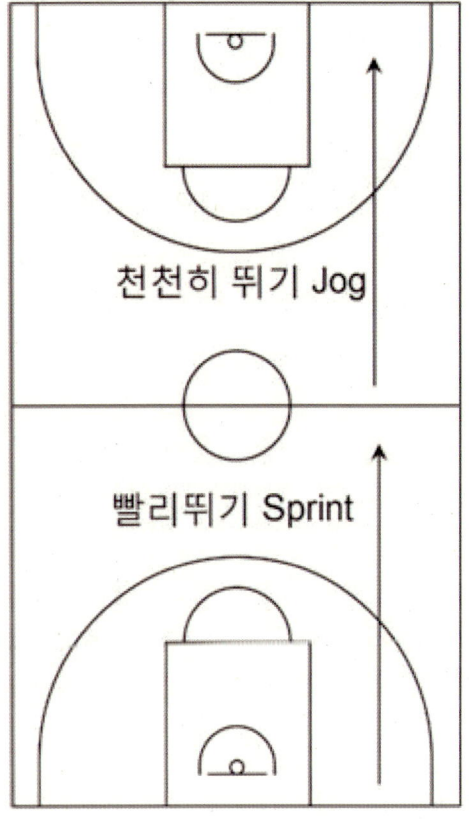

★ 코칭포인트 ☆

베이스라인에서 베이스라인까지 가면서 워밍업

사계절 뛰기 Go and Back

1. 베이스라인 골대 아래서 시작한다.
2. 코치가 스타트하면 선수들은 프리드로우 라인으로 뛴다.
   베이스라인으로 다시 돌아간다.
3. 베이스라인을 터치 후 하프라인으로 달린다.
   베이스라인으로 다시 돌아간다.
4. 베이스라인을 터치 후 멀리 있는 프리드로우 라인으로 달린다.
   베이스라인으로 다시 돌아간다.
5. 베이스라인을 터치 후 가장 먼 베이스라인으로 달린다.
   베이스라인으로 다시 돌아간다.

이 연습은 플레이어가 다 끝났을 때까지 해야 한다.

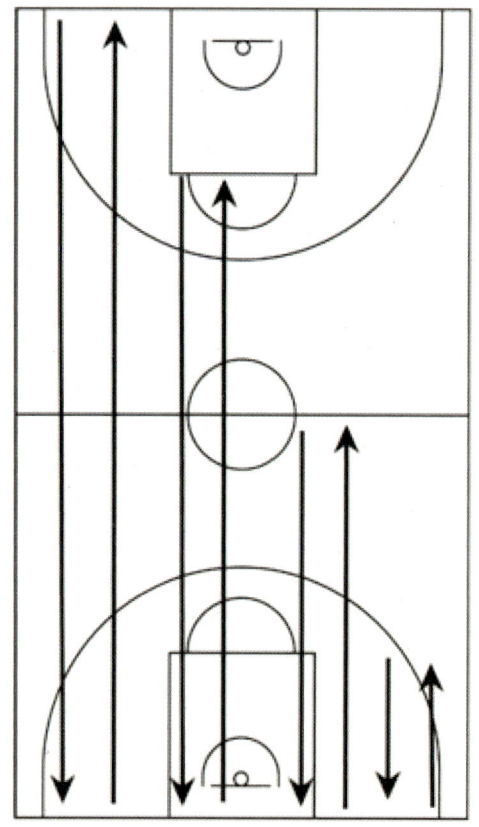

네모박스 뛰기 Box Run

1. 이번 연습을 위해 이미지처럼 여러 가지 스텝으로 뛴다.
   (후에 양 팀으로 나누어서 해 본다.)
2. 코치의 지시에 스타트하면 그들이 코트의 코너로, 하프 코트로 간다.
3. 플레이어들은 하프 코트 서클을 거친다.
4. 사이드라인으로 거쳐 원래 스타트로 간다.
   (후에 릴레이를 하면 그들이 서클안에 도착하면 플레이어들은 다시 출발선에 돌아가 터치하고 그다음 플레이어는 릴레이를 계속한다.)

셔플 <=> 슬라이드 스텝

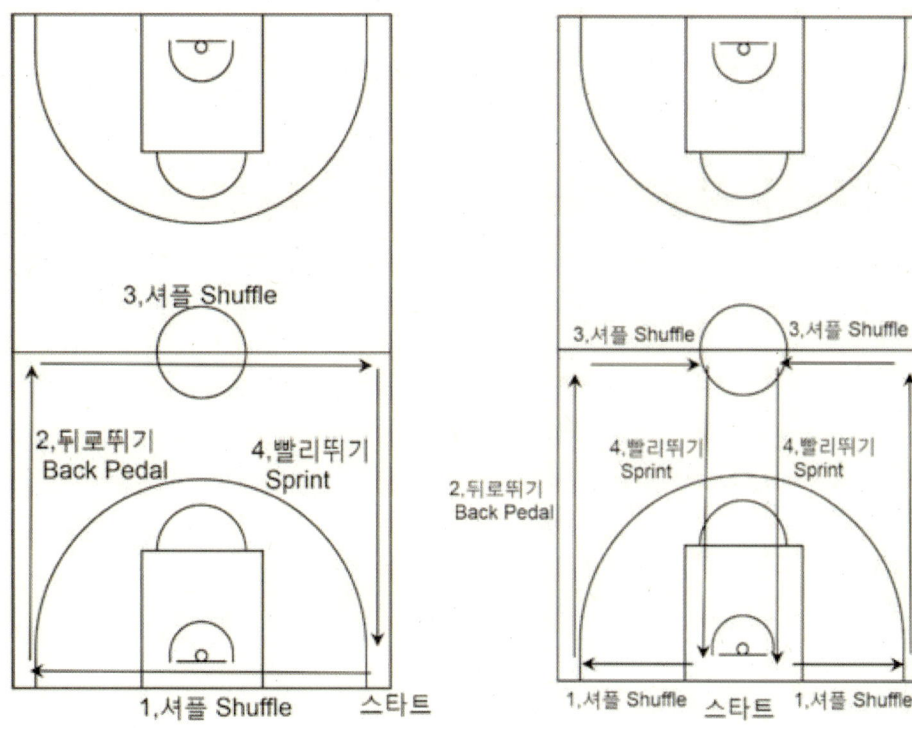

지그재그 런 Direction Break Run

1. 팀은 베이스라인에서 출발한다.
2. 코치가 출발 명령을 내리면 플레이어는 코트의 절반을 좌우로 뛸 것이다.
3. 일단 플레이어들이 사이드라인으로 뛰게 되면 그들은 가운데 하프 코트 쪽으로 꺾어서 대각선으로 뛰게 한다.
4. 하프 코트에서 플레이어는 방향을 바꾸고 그림에 그려진 반대쪽 구역으로 뛰기 전에 대각선으로 사이드라인을 따라 뛰게 된다.
5. 모든 플레이어는 출발점으로 돌아올 때까지 코트 반대편에서도 같은 순서를 반복한다.
6. 다양하게 뛴다: 뒤로 뛰기, 셔플 스텝(슬라이드 스텝)

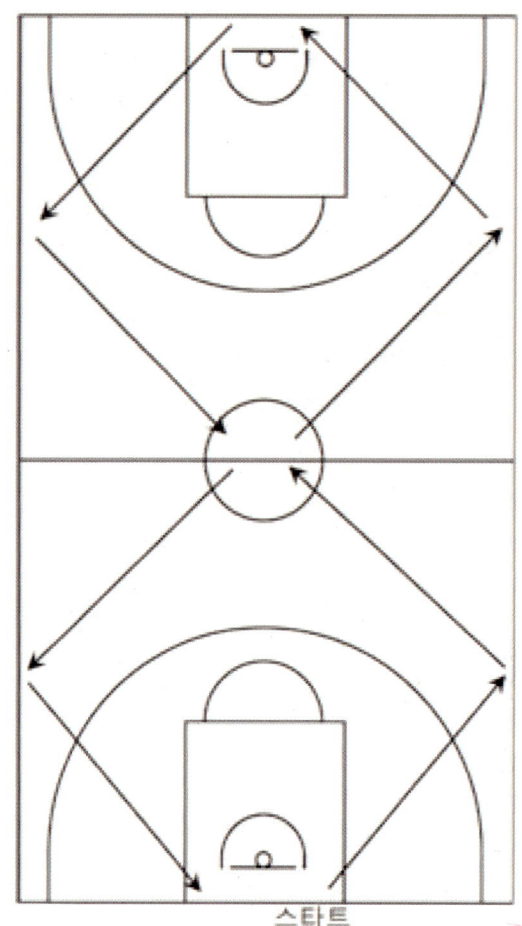

스타트

라인 점프 Line Jumps

1. 모든 참가자들을 라인 위에 서게 한다.
2. 코치가 선수들에게 지시할 때는 두 발을 모으고 옆으로 한발씩 라인을 왔다 갔다 하도록 한다. 발이 스톱이 되면 안 된다. 연속으로 한다.
3. 다양하게 한다. 라인을 가로질러 앞뒤로, 한 번에 한발씩 또는 두발 점프로도 한다.
4. 참가자들에게 시간을 재어 얼마나 많이 하는지 숫자를 세어 본다.

사이드라인 왕복달리기 Go and Back Pedal

1. 모든 플레이어들은 사이드라인에 선다.
2. 코치가 지시하면 모든 플레이어들은 상대편 사이드라인으로 전력 질주한다.
3. 일단 선수들의 발이 반대쪽에 사이드라인을 닿으면 처음 시작하는 쪽으로 뒤로 뛰기를 시작한다.
4. 참가자들에게 시간을 재어 얼마나 많이 하는지 숫자를 세어 본다.

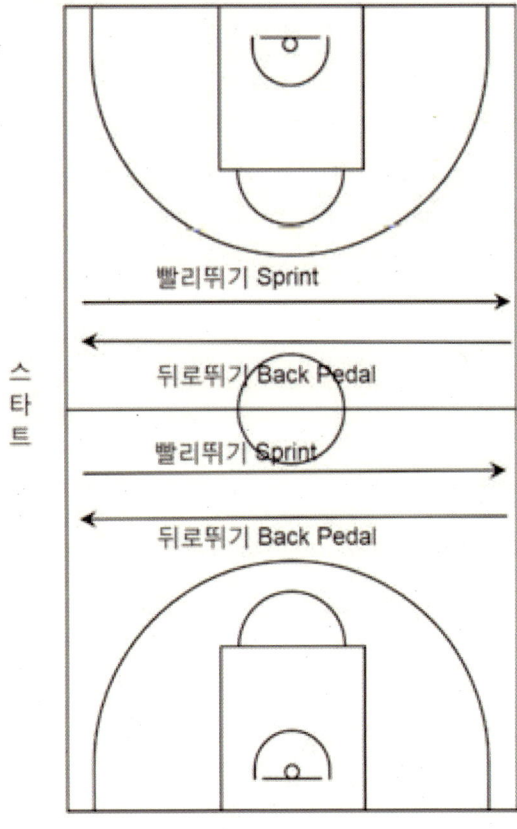

볼 핸들링 Ball Handling

볼 핸들링 Ball Handling

볼 핸들링 연습이 왜 그렇게 중요할까? 볼을 쉽게 다루는 기술이다.

볼을 익숙하게 다루어야 하고 농구를 처음 할 때 제일 먼저 해야 된다.

볼을 마음대로 다루면 농구기술을 익히기가 매우 쉽고 개인 연습이나 팀 연습하기 전에 하는 준비운동으로 시작한다.

손가락 끝부분으로 볼을 잡고 컨트롤해야 하고 손바닥을 사용하지 않는다.

코트에서 볼 핸들링 연습을 해야 하고 가능한 자주 볼 핸들링 연습을 해야 한다.

코치들은 어떤 연습이든 초반에 볼 핸들링 연습을 한다.

혼자 하거나 파트너와 함께하고 종목당 30초 동안 하고 익숙해지면 조금씩 빨리하면서 늘리는 것이 중요하다.

처음에는 숙련되지 않아 볼을 다루는 게 매우 서툴기 때문에 이때는 각자 카운터를 하게 한다.

아니면 하지 않기 때문이다.

어느 정도 연습 기간이 지나면 볼을 다루는 것을 조금 익숙해지면 빠르게 해본다.

빠르게 하면은 볼핸드링이 빨리 늘기 때문이다.

농구 기술을 향상시키기 위해서는 반듯이 볼 핸들링 연습이 필요하다.

코치들은 훌륭한 볼을 다루는 기술을 개발하는 것이 중요하다는 것을 플레이어들에게 가르쳐 주고 플레이어들이 볼을 다룰 때 기량 수준을 향상시키고 공격 플레이어들에게 많은 도움을 준다.

볼을 다루기 위한 연습목표

농구 훈련하는 데 필요한 기술을 연습하고 개발하는 것이 필요하다.

🏀 설명

코치를 마주하고 있는 농구 코트에 흩어져 있는다.

개인 혼자 하거나 파트너와 함께한다.

종목당 30~60초 동안 볼 핸들링 연습을 한다.

볼을 쉽게 다루는 기술이다.

볼과 익숙해야 한다.

농구를 처음 접하게 될 때 제일 먼저 해야 된다.

볼을 마음대로 다루면 농구기술을 익히기 쉽다.

본 연습하기 전에 준비운동(Warm up)이다.

처음에는 숙련되지 않아 볼을 다루는 게 매우 서툴기 때문에 이때는 꼭 각자 카운터를 하게 한다.

아니면 하지 않기 때문이다.

어느 정도 연습 기간이 지나면 볼을 빠르게 해본다.

그것이 볼핸드링을 매우 좋게 하기 때문이다.

누기 빠르게 하느니! 해서 골라 빠르게 끝낸 플레이어를 간단한 칭찬하는 것도 방법.

Ⓐ 볼을 가졌을 때 - 보호, 피봇
Ⓑ 볼을 움켜잡을 때 - 리바운드, 인터셉트
Ⓒ 볼이 움직일 때 - 드리블, 패스

볼 핸들링 연습 Ball handling Drill

1 | 높이 던지고 잡기 Catch the High Ball

볼을 두 손으로 팔을 쭉 펴고 높이 던지고 잡는다. 30초
(본인이 볼을 잡을 수 있는 높이로 던진다.)

⊙ Set Up - 볼 1개, 1명

1-1. 볼을 오른손으로 던지고 잡는다. 30초
1-2. 볼을 왼손으로 던지고 잡는다. 30초
1-3. 볼을 양손 중 오른손 왼손으로 던지고 잡는다. 30초

2 | 손바닥, 손등 바꾸기 Hit Change Hand

볼을 가지고 팔을 뻗은 후 손바닥, 손등 교대로 위치를 바꾼다. 30초

⊙ Set Up - 볼 1개, 1명(오른손, 왼손)

3 | 볼 치기 One Hand Hit Catch

볼을 가지고 한 손으로 가슴 앞에서 좌우로 볼을 세게 친다. 20번

⊙ Set Up - 볼 1명당 1개

4 | 볼 팅기기 Finger Flick

볼을 가지고 팔을 곧게 펴서 양손 손가락으로 볼을 팅긴다. 20~30초

⊙ Set Up - 볼 1명당 1개

5 | 위에서 팅기기 Finger Flick Head Top

볼을 가지고 머리 위에서 팔을 곧게 펴서 양손 손가락으로 볼을 팅긴다. 20~30초 머리에서, 가슴, 무릎으로 내렸다가 올렸다가 반복한다.

⊙ Set Up - 볼 1명당 1개

6 | 위에서 돌리기 Spin It

볼을 가지고 머리 위에서 팔을 곧게 펴서 양손으로 볼을 돌린다. 20~30초(오른쪽, 왼쪽)

⊙ Set Up - 볼 1명당 1개

7 | 머리주위 돌리기 Around the Head

양손으로 볼을 머리 주위로 돌린다. 15~20개 (오른쪽, 왼쪽)

⊙ Set Up - 볼 1명당 1개

8 | 허리주위 돌리기 Around the Waist

허리 주위에 양손으로 볼을 돌린다. 15~20개 (오른쪽, 왼쪽)

⊙ Set Up - 볼 1명당 1개

9 | 다리주위 돌리기 Around the Knees

허리 자세 낮추고 양손으로 무릎 주위에서 볼을 돌린다. 15~20개(오른쪽, 왼쪽)

◉ Set Up - 볼 1명당 1개

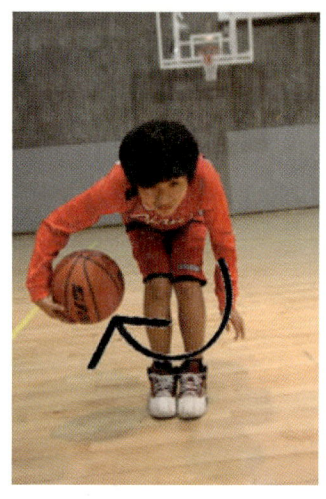  

10 | 연속으로 돌리기 Repeat

머리 --> 허리 --> 다리 --> 허리 --> 머리 등 반복하면서 연속으로 볼을 돌린다.
왕복 5~10개

◉ Set Up - 볼 1명당 1개

11 | 다리 돌리기 Around the Leg

허리 자세 낮추고 다리 벌려서 한쪽 무릎주위로 볼을 돌린다. 15~20개(오른쪽, 왼쪽)

⊙ Set Up - 볼 1개, 1명

12 | 8자 돌리기 Figure Eight

허리 자세 낮추고 볼을 양쪽 무릎 주위에서 8자로 돌린다. 15~20개(오른쪽, 왼쪽)

⊙ Set Up - 볼 1명당 1개

13 | 떨어뜨려서 잡기 Drop Clap

양손으로 팔을 앞으로 곧게 펴서 볼을 놓아 떨어지는 볼을 다시 잡는다. 15~20개

◉ Set Up － 볼 1명당 1개

14 | 등 뒤로 떨어뜨리기 Back Drop Clap

목 뒤에서 볼을 놓고 허리 뒤에서 잡는다. 15~20개

◉ Set Up － 볼 1명당 1개

15

익숙해지면 볼을 놓고 앞에서 박수 1번하고 등 뒤에서 볼을 잡는다. 30초

16 | 등 뒤로 던지기 Throw Clap

두 손으로 잡은 볼을 가지고 앞에서 머리 뒤로 넘겨 등 뒤에서 잡는다. 30초

⊙ Set Up − 볼 1명당 1개

17 | 다리 사이 놓고 잡기 Front Back

허리 자세 낮추고 다리를 벌려서 볼을 원 바운스 후 앞, 뒤로 양손으로 잡는다. 30초

⊙ Set Up – 볼 1명당 1개

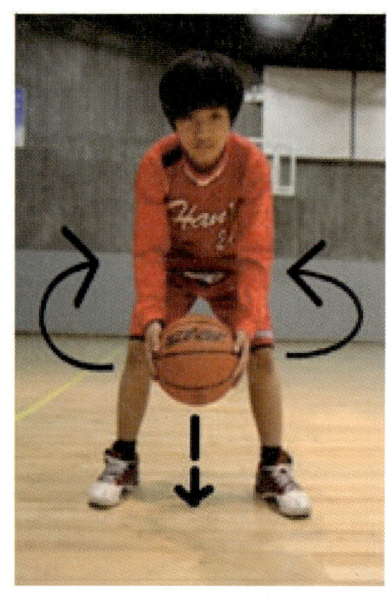 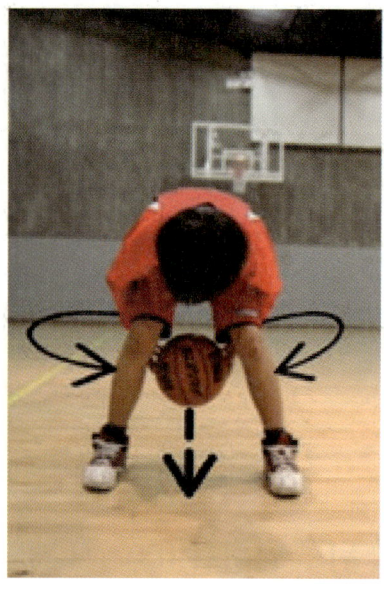

18 | 다리 사이 던지고 잡기 Legs Throw Catch

허리 자세 낮추고 다리를 벌려서 가랑이 사이에 앞, 뒤로 볼을 던지고 잡는다. 30초

⊙ Set Up – 볼 1명당 1개

19 | 손 엇갈려 놓고 잡기 Side to Side

허리 자세 낮추고 다리 벌려서 가랑이 사이에 손을 엇갈려서 볼을 원 바운스 후 앞, 뒤로 잡는다. 30초

⊙ Set Up - 볼 1명당 1개

20 | 손 엇갈려서 잡기 Leg Hit Catch Ball

허리 자세 낮추고 다리 벌려고 가랑이 사이에 손을 엇갈려서 볼을 던지고 잡는다. 30초

⊙ Set Up - 볼 1명당 1개

21 | 스파이더 드리블 Spider Dribble

허리자세 낮추고 다리 벌려서 가랑이 사이에서 앞, 뒤로 손이 오고가며 볼을 연속으로 드리블한다. 30초

⊙ Set Up – 볼 1명당 1개

22 | 무릎 뒤 놓고 잡기 Behind the Knees Slap

허리 자세 낮추고 무릎 뒤에서 볼을 양손으로 놓고 잡기를 한다. 이때 앞에서 박수 한번하고 잡는다.

⊙ Set Up - 볼 1명당 1개 30초

23 | 한 손 세게 드리블 Pound and Kill

서서 한 손으로 높이 또는 낮게 바닥으로 세게 드리블한다. 30초(오른손, 왼손)

⊙ Set Up - 볼 1명당 1개

24 | 두 손 세게 던지고 잡기 Hit the Ground

두 손으로 볼을 바닥을 향해 세게 던지고 잡는다. 30초(반듯이 머리를 곧게 세워서 한다.)

⊙ Set Up – 볼 1명당 1개

25 | 다리 사이 던지고 잡기 Throw It Trough

제자리 서서 앞쪽 다리 사이에서 뒤쪽으로 바운스 뒤에서 볼 잡고 뒤에서 다리사이로 앞쪽으로 바운스해서 앞에서 볼 잡기 30초

⊙ Set Up – 볼 1명당 1개

26 | 다리 주위 드리블하기 Around Leg

허리 자세 낮추고 앞뒤로 다리 벌려서 다리사이 주위를 한손으로 낮게 드리블 한다(오른쪽, 왼쪽). 1분

⊙ Set Up – 볼 1명당 1개

27 | 8자 드리블 Dribble Figure 8

허리 자세 낮추고 다리 사이에 8자로 양손을 사용하여 낮게 드리블한다. 1분

◉ Set Up - 볼 1명당 1개

28 | 피아노 드리블 Piano Dribble

앉아서 손가락으로 피아노치는 듯 드리블한다. 30초(오른손, 왼손)

⊙ Set Up – 볼 1명당 1개

29 | 주먹으로 드리블 Fist Dribble

주먹으로 드리블 15초(오른손, 왼손)

⊙ Set Up – 볼 1명당 1개

30 | 손 펴고 세워서 드리블 Hand Edge Dribble

손을 펴고 세워서 드리블 15초 (오른손, 왼손)

◉ Set Up － 볼 1명당 1개

31 | 머쉰 건 드리블 Hand Machine Gun

앉아서 양손으로 빠르게 드리블한다. 30초

◉ Set Up － 볼 1명당 1개

32 | 하드 탭 볼 Place Hit Ball

볼을 손바닥으로 세게 내리쳐서 드리블하기. 좌,우 반복 30초

⊙ Set Up - 볼 1명당 1개

33 | 몸 주위로 Around Sit Down

앉은 자세로 몸 전체 주위를 돌려가면서 드리블한다. 무릎 굽혀서 하거나, 다리를 쭉 뻗어서 드리블을 한다. 30초(오른쪽, 왼쪽)

⊙ Set Up - 볼 1명당 1개

34 | 다리 벌려 앉아서 드리블 Sit Astride Between Legs

앉은 자세에 다리 벌려서 다리 사이를 드리블하면서 건너간다.

오른손, 왼손, 왕복 드리블 30초

⊙ Set Up - 볼 1명당 1개

35 | 옆으로 누어서 드리블 Lie on Side

옆으로 누워서 드리블한다. 오른손, 왼손. 30초

⊙ Set Up - 볼 1명당 1개

오른손 →

왼손 →

36 | 누워서 천장 보고 Lie on

누워서 팔 뻗어 드리블한다. 오른손, 왼손, 30초

⊙ Set Up - 볼 1명당 1개

오른손　　　　　　　　　왼손

37 | 누워서 머리 위쪽에서 Lie on Top

누워서 머리 위쪽에서 드리블한다.

오른손 드리블, 왼손 드리블, 양손 드리블 30초

◉ Set Up - 볼 1명당 1개

오른손

왼손

양손

드리블 Dribble

드리블의 기술과 팁 Dribble Techniques and Tip

볼을 세게 드리블하라.

드리블은 볼과 손이 하나 되는 것이다

볼이 당신 손에서 많은 시간을 보내면 컨트롤이 잘 된다.

드리블이 단단할수록 손이 잘 움직인다.

항상 머리를 들어라.

손바닥이 아닌 손가락 끝을 사용하여 볼을 컨트롤 한다.

각각의 드리블을 어떻게 사용할 것인가를 상상하고 묘사한다.

정신을 가르쳐라. 오늘날 게임에서 아무런 이유 없이 습관적으로 드리블을 하고 있다.

볼을 코트에서 드리블하는 주된 목적은 레이업을 하는 것이다.

기회가 없다면 그냥 목적 없이 드리블하지 않는다.

농구는 시간외 게임이다.

드리블을 잘하기 위해 연습을 많이 한다.

원 드리블로 찬스를 본다.

당신은 드리블하기 전 스텝으로 수비수 틈을 본다.

당신은 드리블로 당신의 수비를 제친다.

원 드리블에서 할 수 있는 것을 투 드리블로 하지 않는다.

편안한 지역에서 연습한다.

여러 가지 새로운 것을 시도할 때 실수를 하더라도 잊어버리고 다시 해라

당신이 쉽고 편한 것들만 연습한다면 당신은 결코 실력이 늘지 않을 것이다.

볼을 보호한다 Protecting the Ball

볼과 몸 사이 공간을 조심하라

볼을 보호하기 위해 몸과 반대편 팔을 이용한다.

항상 긴장하고 주의하라

몸과 머리는 낮춘다.

★ 주의 Caution ☆

볼을 손바닥으로 치지 않는다.

볼을 손가락으로 탁탁 때리지 않는다.

🏀 드리블 하는 이유 Reasons to Dribble

드리블 실력을 늘리기 위해

슛 찬스를 만들기 위해

어시스트를 만들기 위해

유리한 위치에서 패스를 위하거나 개선하기 위해

위험에서 벗어나기 위해

드리블 자세

눈은 정면을 주시한다. 손에 볼이 흡입할 정도 딱 달라붙게 한다. 무릎은 적당히 굽힌다

볼을 보호하기 위해 어깨높이로 손을 든다. 몸의 균형을 좋게 유지한다(등은 곧게 편다).

드리블 연습 Dribble Drill

1 | 브이 드리블 V-Dribble

자세 낮추어서 V자 드리블을 한다. 좌, 우 30초(오른손, 왼손) ⊙ Set Up – 1인당 볼 1개

2 | 사이드 브이 드리블 Side V-Dribble

자세 낮추어서 발 옆에서 앞, 뒤로 V자 드리블을 한다. 30초(오른손, 왼손)

⊙ Set Up – 1인당 볼 1개

3 | 어라운드 드리블 Around Dribble

손을 반대편 멀리 쭉 뻗어서 오른쪽에서 왼쪽으로 반복으로 V자 드리블 한다. 30초(오른손, 왼손) ⊙ Set Up – 1인당 볼 1개

4 | 양손 브이 드리블 V-Dribble

자세 낮추어서 양손 V자 드리블을 한다. 30초 ⊙ Set Up – 1인당 볼 1개

5 | 클러치 드리블 Double Clutch

자세 낮추어서 볼을 빠르게 연속으로 두 번 드리블을 하고 반대 손으로 옮긴다. 30초

◉ Set Up - 1인당 볼 1개.

6 | 레그 드로우 Leg Through

다리 벌려 다리 사이에 V자 좌, 우로 드리블을 한다. 30초(오른발, 왼발)

◉ Set Up - 1인당 볼 1개

7 | 백 드리블 Back Dribble

뒤에서 볼을 오른쪽에서 왼쪽으로 바운드해서 옮긴다. 30초

⊙ Set Up - 1인당 볼 1개

8 | 3번 하이, 3번 로우 드리블 Dribble Three Times High Three Times Low

제자리 기본자세에서 3번 높은, 3번 낮은 드리블한다. 30초(오른손, 왼손)

⊙ Set Up - 1인당 볼 1개

9 | 측면 드리블 All Sides Run Dribble

제자리 기본자세에서 좌, 우로 크로스 스텝을 놓으면서 드리블한다. 30초 (오른손, 왼손)
⊙ Set Up – 1인당 볼 1개

좌측 방향→

우측 방향→

10 | 높은 자세 드리블 High Stance Dribble

곧은 자세로 걸어가면서 드리블을 한다. 2~3분(오른손, 왼손)

◉ Set Up – 1인당 볼 1개

11 | 집중 Concentration

코트 안에서 드리블 중인 플레이어들에게 코치는 손가락을 들어 손가락 숫자 맞추거나 손가락 숫자 더하기 등을 하며 큰소리로 맞추게 한다(제자리, 크로스 오버, 레그 드로우 드리블 등 오른손, 왼손). 1~2분 ◉ Set Up – 1인당 볼 1개

12 | 앞, 뒤 드리블 Basic Front Back

기본자세에서 수신호로 앞으로, 뒤로 드리블을 한다. 30초(오른손, 왼손)

⦿ Set Up - 1인당 볼 1개

13 | 스피드 드리블 Speed Dribble

최대한 빠르게 드리블한다. 베이스라인 ->베이스라인까지 한다. 팀 3~4분(오른손, 왼손)

⦿ Set Up - 1인당 볼 1개

14 | 스피드 드리블 레이스 Speed Dribble Lace

스피드 드리블 후에는 팀을 나누어서 드리블 레이스 게임을 하는 것이 좋다.

10명은 2팀, 15명은 3팀으로 나눈다. 반대쪽 베이스라인 근처에 콘이나 의자를 두고 빠르게 드리블해서 돌아오는 레이스 게임(오른손, 왼손)

⊙ Set Up – 팀당 볼 1개

※ 진 팀은 페널티를 준다.

주의사항

비슷한 연령과 여학생도 반반 섞어서 하고 콘이나 의자를 돌아오면서 팀원에게 패스할 때는 절대로 강하게 패스 못하게 해야 한다. 왜냐하면 패스한 볼을 잡을 때 손을 다칠 수가 있기 때문이다.

볼이 레이스 중 볼을 놓치는 경우 다시 잡고 드리블할 수 있게 얘기해 준다.

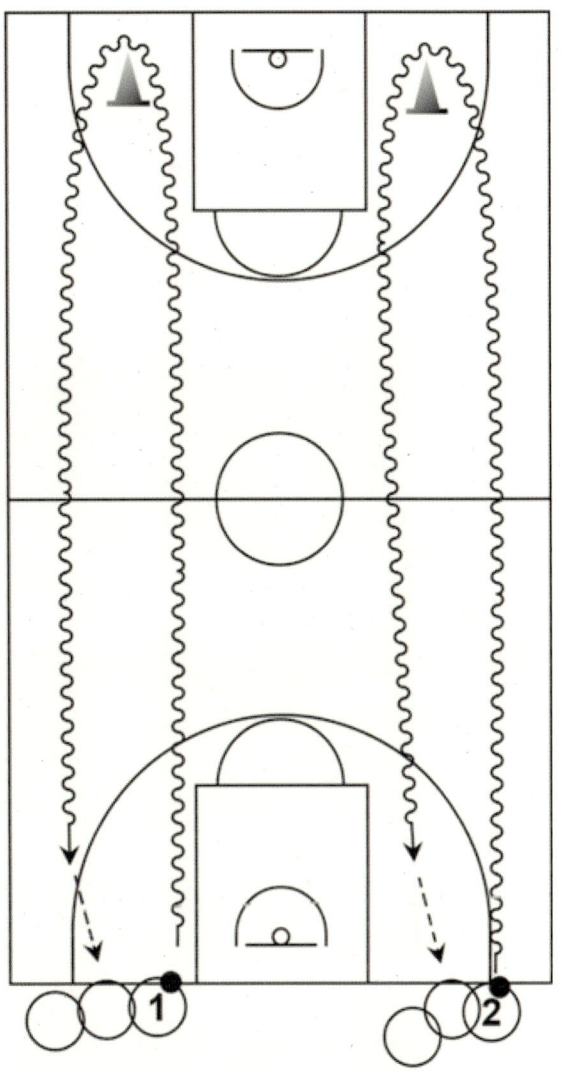

15 | 1대1 서클 드리블 Circle Dribble 1on1

서클라인 안에서 드리블하면서 상대방 볼 뺏기 한다(오른손, 왼손).

(드리블러는 상체와 팔, 다리 이용해 볼을 보호한다.)

⊙ Set Up - 1인당 볼 1개

16 | 코트에서 랜덤으로 볼 뺏기 Randomly Seize the Ball

플레이어 인원에 따라 서클은 3~4명, 페인트 존 6~8명 내외, 3점 슛 라인 안 10명 하프코트 라인 안은 14명 이상~드리블하면서 아무나 볼을 쳐서 라인 밖으로 보낸다. 볼이 라인 밖으로 나가면 아웃이다.

한 명 남을 때까지 한다(오른손, 왼손).

⦿ Set Up – 1인당 볼 1개

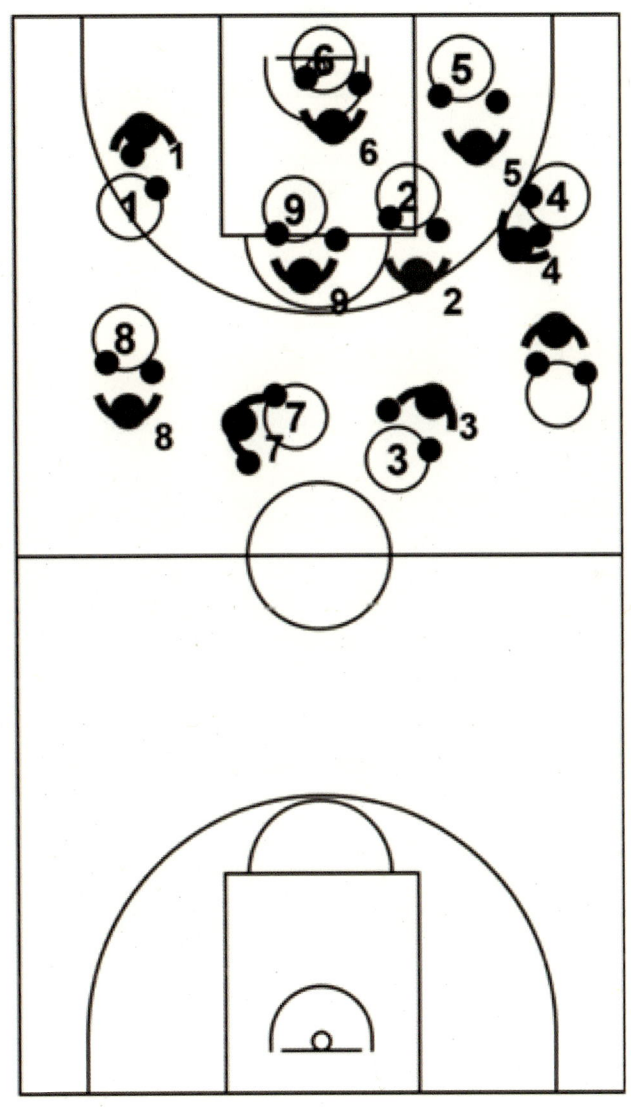

18 | 써클 술래잡기 Circle Dribble Tag

1:1 드리블러는 써클 라인 밖으로 돌면서 쫓아가고 다른 한 명은 태그 못하게 도망간다.

⊙ Set Up - 볼 1개, 2명

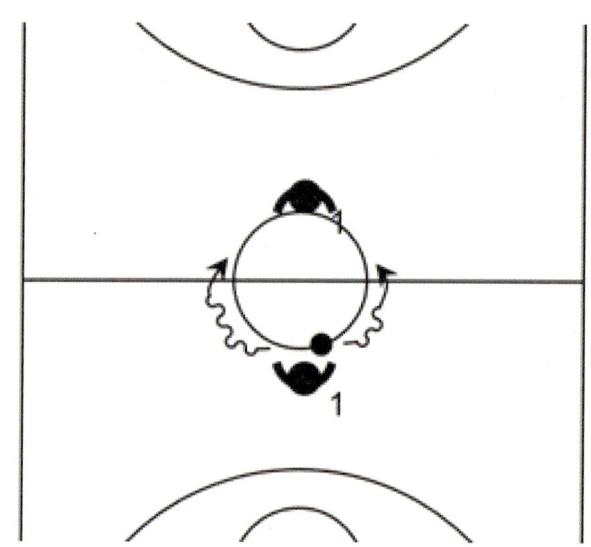

19 | 타올 뺏기 Circle Towels Tag

써클라인 안에서 드리블하면서 상대 플레이어 등에 있는 수건 빼앗기를 한다.
센터써클과 프리드로우 써클에서 한다.

⊙ Set Up – 볼 1개, 2명, 수건 2개

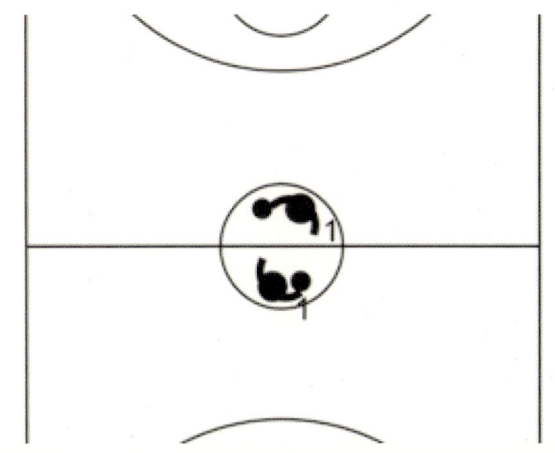

드리블 변화 Dribble Variation

드리블 컨트롤

발과 어깨는 수비수하고 동등한 위치에 있는다.

드리블이 허벅지까지 올라온다.

이것은 컨트롤 드리블이라고 불린다.

컨트롤 드리블 후 임의대로 원하는 방향으로 간다.

파워 드리블 (1:1 상황)

수비자가 가까이 범위 내에 있다.

몸을 이용해 볼을 보호한다.

수비수와 볼 사이 거리를 예측하고 최대한의 보호를 위해 자세를 낮춘다.

또한 수비수가 밀면 당신은 균형을 잡을 수 있다.

주위를 둘러보고 팔을 펴서 볼을 안전하게 보호한다.

볼은 수비수로부터 멀리 떨어져 있어야 하고 드리블은 낮게 한다.

슬라이드 스텝으로 앞, 뒤로 움직인다.

드리블 스피드

수비수가 수비 위치가 어긋났을 때 당신은 전속력으로 달린다.

이것은 스피드 드리블이고 볼을 앞쪽으로 놓고 드리블한다.

당신의 손목이 뒤로 구부러져 있어야 하고 앞으로 볼을 내밀어 드리블을 할 수 있다.

볼이 높게 튀어나와 가슴 높이까지 올 수 있다.

3가지 기본 드리블 훈련

당신은 여러 가지 변화에 대비해야 한다.

한 가지의 드리블에서 다른 유형의 Dribble로 양손을 위치에 따라 바꿔서 한다.

직선 드리블하기 Straight Line Moves

1 | 속도의 변화 Change of Pace

순간 멈춤으로 수비수가 주춤거릴 때 또한 속도의 변화 주면서(수비에게 공격을 안 한다는 느낌을 주어야) 자세를 낮춘 다음 빠른 속도로 진행한다.

수비수와..With Defensive

측면

2 | 안과 밖 The in and Out

속임수 동작을 발, 머리, 눈을 사용해라

당신이 스피드를 가지고 있을 때 스텝을 바깥에서 취한 다음 안쪽으로 온다.

(빠른 속도로 드리블하고 있으면 수비수는 보고 있다가 수동적으로 따라올 뿐이다.)

3 | 페이크 크로스오버 The Fake, Crossover

속임수 동작을 발, 머리, 눈을 사용해라

당신이 스피드로 달릴 때 스텝을 바깥에서 취한 다음 안쪽으로 온다.

단 속임수를 몸뿐만 아니라 볼도 속임수를 사용하는 것

상대방 몸이 부딪히기 전에 컨트롤 드리블을 하고 있어야 한다.

충분히 수비수와 거리를 두어야 한다.

방향 변경의 움직임이 진행되고

당신의 손안에 볼이 허벅다리에 가까운 곳에서 교차한다.

이것은 수비수가 볼을 건드릴 수 없게 한다.

돌파하기 위해 바깥 발을 힘껏 밀기.

4 | 다리 사이 Between the Legs

방향을 바꿀 때 볼을 보호한다.

드리블러의 볼을 보호하고 다리 사이로 지나간 후 팔과 다리는 제 자리에 돌아온다.

5 | 회전 The Spin

회전하면서 손에 볼을 휘감아 당길 수 있게 한다. 순식간에 머리와 몸을 회전하여 바닥을 볼 수 있도록 자세를 낮춘다.

6 | 비하인드 백 Behind the Back

빠른 스피드 경우 1~2 스텝을 멈추지 않는다.

중간 속도는 줄이고 방향 전환하는 경우 속도가 느려질 수 있다.

드리블 연습1 Dribble Drill 1

1 | 머쉰 건 피트 드리블 Machingun Feet Dribble
제자리서 Spot Run 오른손, 왼손 드리블, 크로스 오버 드리블.

2 | 크로스 오버 Cross Over

의자나 콘을 두고 5~6m 드리블하고 가서 볼 방향을 바꾸는 크로스오버 드리블.

3 | 페이크 Fake

의자나 콘을 두고 5~6m 드리블하고 가서 페이크하고 드리블.

4 | 레그 드로우 Leg Through

의자나 콘을 두고 5~6m 드리블하고 가서 다리 사이로 볼 방향을 바꾸는 레그 드로우 드리블.

5 | 크로스 오버 좌측 후진, 전진
Retreat Dribble With Cross Over(Left To Right)

의자나 콘을 두고 5~6m 드리블하고 가서 2~3m 뒤로 갔다가 다시 왼손에서 오른손으로 볼 방향을 바꾸는 크로스오버 드리블

6 | 크로스 오버 좌측 후진, 전진
Retreat Dribble With Cross Over(Right To Left)

의자나 콘을 두고 5~6m 드리블하고 가서 2~3m 뒤로 갔다가 다시 왼손에서 오른손으로 볼 방향을 바꾸는 크로스오버 드리블(5번, 반대 손으로 드리블).

7 | 크로스 오버 레그 드로우 Cross Over / Legs Through(Right)

의자나 콘을 두고 크로스 오버 드리블 후 다시 2~3m 백 드리블 후 오른손에서 왼손으로 레그 드로우 드리블.

8 | 크로스 오버 레그 드로우 Cross Over / Legs Through(Left)

의자나 콘을 두고 5~6m 드리블하고 가서 왼손에서 오른손으로 크로스오버 후 레그 드로우로 드리블(7번 반대로 한다).

9 | 크로스 오버 비하인드 백 Cross Over / Behind Back(Right)

의자나 콘을 두고 크로스 오버 드리블하고 가서 다시 2~3m 백 드리블 후 오른손에서 왼손으로 비하인드 백 드리블

10 | 크로스 오버 비하인드 백 Cross Over / Behind Back(Left)

의자나 콘을 두고 5~6m 드리블하고 가서 왼손에서 오른손으로 크로스오버 후 비하인드 백드리블로 드리블(9번 반대로 한다).

11 | 마주 보고 드리블 Five Dribbling Maneuvers

① 양쪽으로 나누어 일직선 서서 마주 보고 드리블을 동시 출발하여 가까이 다가왔을 때 멈춤 드리블하고 상대방을 피하여 간다.

② 크로스 오버 Cross Over,
- 이외 여러 가지 드리블을 추가 할 수 있다.

⊙ Set Up - 1인당 볼 1개

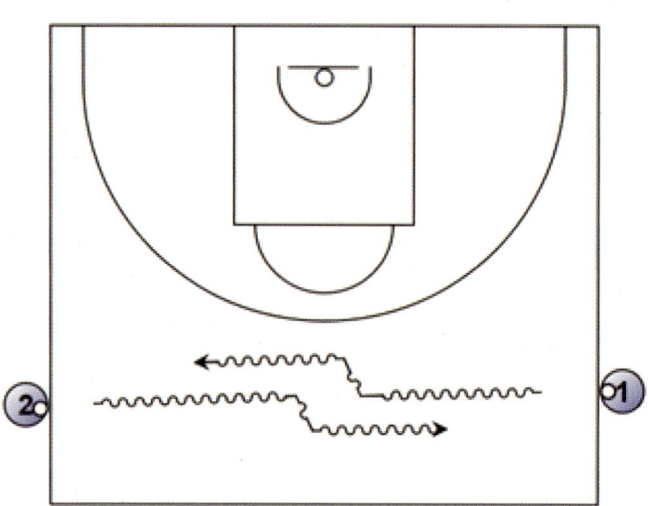

12 | 던지고 드리블해서 잡기 Throwing Catching Speed Drill

4~5m에 콘을 세우고 양손에 볼을 가진다. 왼손 볼을 위로 던지고 오른쪽 볼로 드리블하여 콘을 한 바퀴 빨리 돌고 와서 그 볼을 2~3 드리블 안에 잡는다. 오른손, 왼손

⊙ Set Up - 볼 1개, 1명, Cone 2개

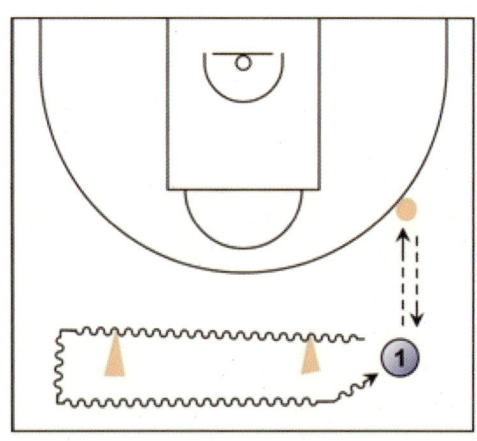

13 | 밸런스 스몰 볼 Balance Small Ball

제자리서 한손 Dribble하면서 반대 손은 테니스 볼이나 농구 볼을 이용해서 굴려서 주고 받기. 가슴 쪽으로 던지기 받기, 높이 던지기 받기. 오른손, 왼손

⊙ Set Up - 볼 1개, 2명, 테니스볼 1개

14 | 스몰볼 침투 Small Ball Penetration

마주 보고 있고 3~4m 거리에서 제자리서 팔 벌려서 테니스 볼을 놓는다. 드리블러는 빨리 원 바운스에 볼을 잡는다.

⊙ Set Up – 볼 1개, 테니스볼 1개, 2명

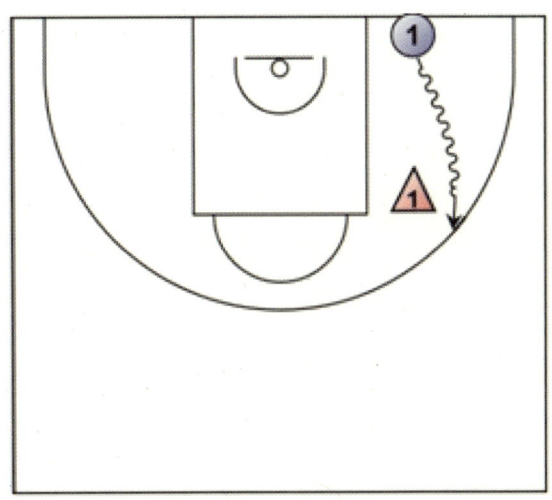

15 | 순간 침투 Flash Penetration

마주 보고 있고 3~4m 거리에서 상대가 패스 후
오른팔이나, 왼팔 한쪽 팔을 어깨 높이로 들면 드리블러는 그 방향으로 드리블 돌파한다.

⊙ Set Up – 볼 1개, 2명

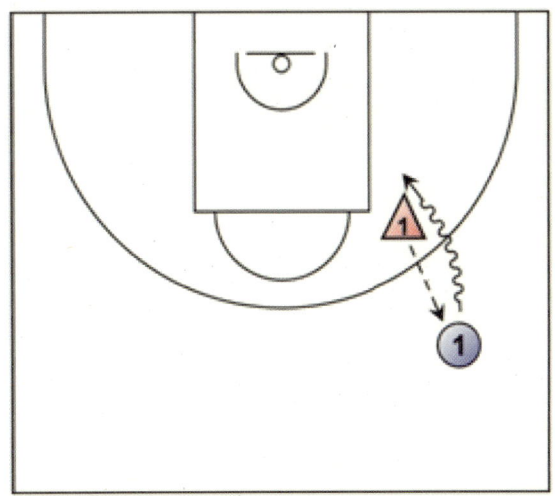

16 | 스톱 피봇 패스 Dribble Stop Pivot and Pass

마주 보고 있고 4~5m 거리에서 세모 1이 패스

동그라미 1은 드리블, 세모 1 뒤로

한 바퀴 돌아온 다음 점프 스톱 후 피봇 패스,

세모 1은 근처에 서 있다가 오면 손을 들고 방해한다.

교대로 반복한다. 오른쪽, 왼쪽

◉ Set Up – 볼 1개, 2명

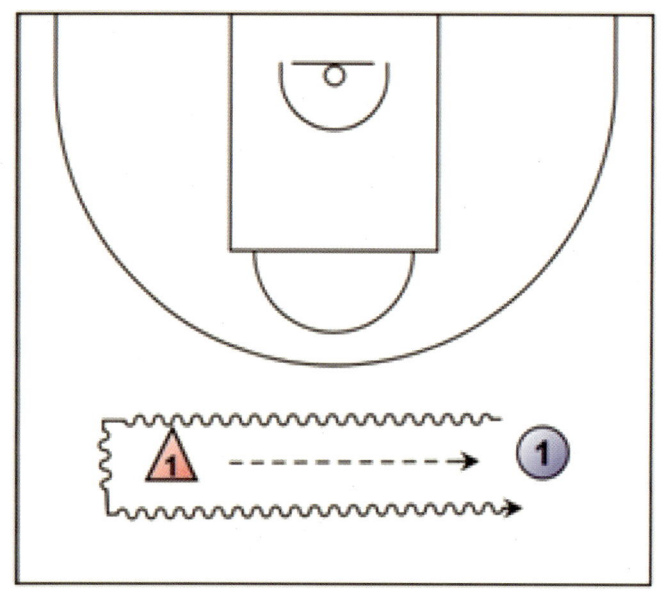

17 | 드리블러 방해하기 Dribbler Rapping

① 제자리에서 드리블러 팔을 치면서 방해한다.

② 제자리에서 드리블러 뒤에서 고무줄 밴드를 이용하거나 아니면 옷을 당기거나 밀어서 방해한다.

③ 코트에서 드리블러가 앞으로 전진할 때 어깨를 세게 밀어 방해하면서 진행한다.

(제자리 드리블, 크로스오버(Cross Over) 오른손, 왼손)

◉ Set Up – 볼1~2개, 2명, 굵은 고무줄밴드

(없으면 손으로 밀거나 당긴다.)

18 | 슬로우 앤 퀵 Slow and Run Back Dribble

코트를 길게 4등분(프리드로우라인, 센터라인, 프리드로우라인, 베이스라인)으로 임의로 나눈다.

천천히 Slow -->빨리 quick -->뒤로 Back-->천천히 Slow

-->빨리 quick -->뒤로 Back-->천천히 Slow

-->빨리 quick 순으로

오른손, 왼손 Baseline에서 출발한다.

◉ Set Up – 1인당 볼 1개

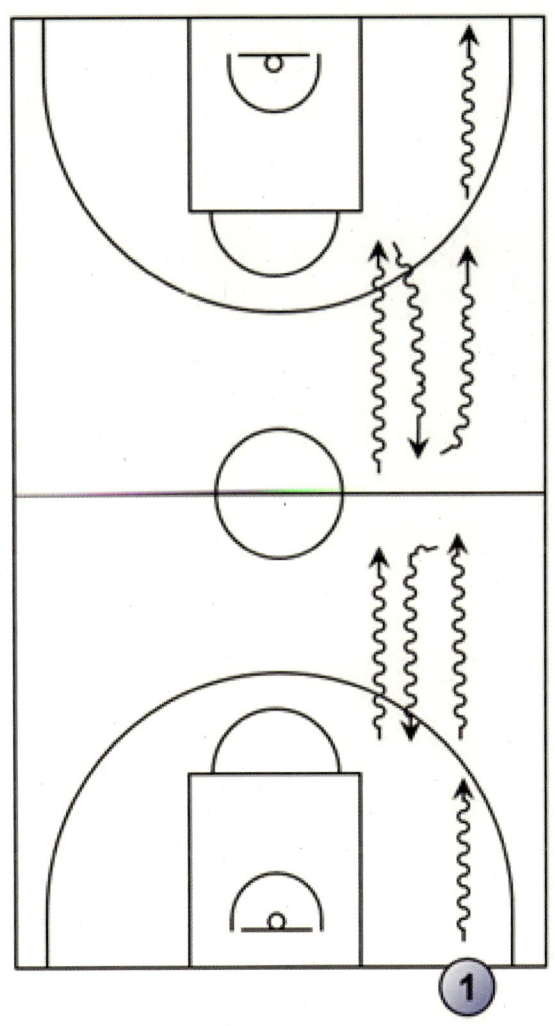

19 | 콘 잡고 놓기 Move the Pylons

한 손으로 드리블하면서 콘 잡고 이동하고 놓고 잡고 이동 놓고 잡고 드리블을 반복한다.

⊙ Set Up – 콘 4개, 볼 4개

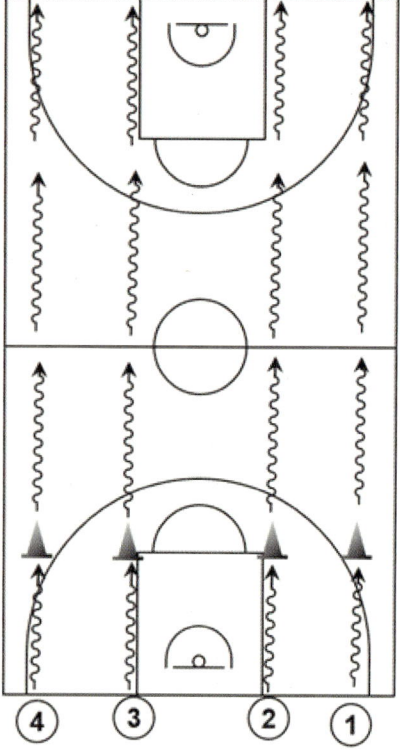

20 | 콘 터치 Cone Floor Touch

낮은 자세로 드리블하면서 콘 위쪽을 터치하고 지나간다. 오른손, 왼손

20-2. 낮은 자세로 드리블하면서 콘을 들고 거꾸로 바닥에 터치하고 다시 세우고 반복해서 한다.
　오른손, 왼손

20-3. 낮은 자세로 크로스 오버 드리블하고 콘 위쪽을 터치하고 지나간다.
　오른손, 왼손
　⊙ Set Up – 1인당 볼 1개

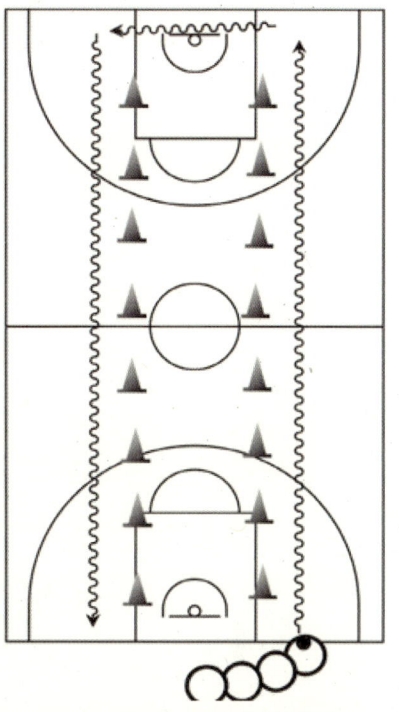

21 | 아찔한 릴레이 Dizzy Basketball Relay

제자리 드리블을 7~8바퀴 돌고 드리블 레이스 게임을 한다.
　오른손, 왼손

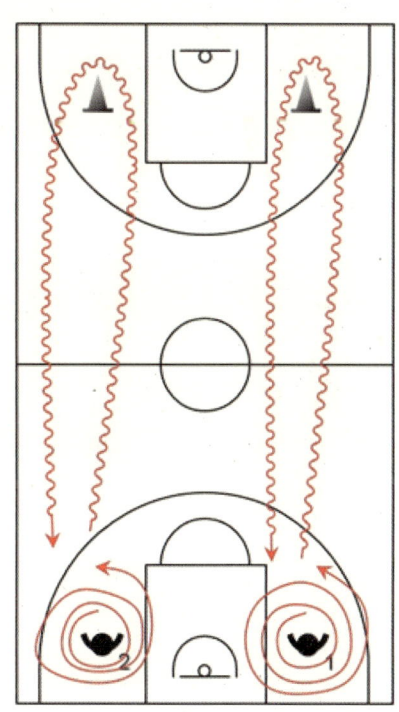

🏀 양손 드리블 Two Ball Dribble

한 번에 두 개의 볼을 드리블한다.
항상 볼 컨트롤과 밸런스를 유지한다.
코트에서 위, 아래로 움직인다.
천천히 하거나 멈추지 않아야 하고 가능한 드리블에 전념한다.

1 | 제자리 양손 드리블 Two Ball Dribble

1-1. 제자리 양손 동시에 드리블 30초

1-2. 제자리 양손 엇박자 드리블 30초

1-3. 한 손 로우드리블, 한 손 하이드리블 30초
오른손, 왼손

1-4. 한 손은 멀리, 한 손은 몸 가까이 회전 드리블하면서 볼을 다른 손으로 바꾼다. 30초
오른쪽 방향, 왼쪽 방향

1-5. 한 손은 위로 다른 손으로 패스, 한 손은 다른 손으로 V드리블 30초
오른쪽 방향, 왼쪽 방향

1-6. 발 옆에서 앞, 뒤로 V드리블 30초

1-7. 드리블 손을 X자로 바꾸고 드리블 연속으로 한다. 30초

손 위치 위, 아래 바꾼다.

1-8. 제자리 양손 V자 드리블 30초

1-9. 양손 드리블, 한 손은 얼굴 가까이 양 눈을 가리고 한 손은 V-드리블 30초
오른손, 왼손

2 | 풀 코트 양손 드리블 Full Court Two Ball Dribble

2-1. 양손 드리블 동시에 드리블 Full Court

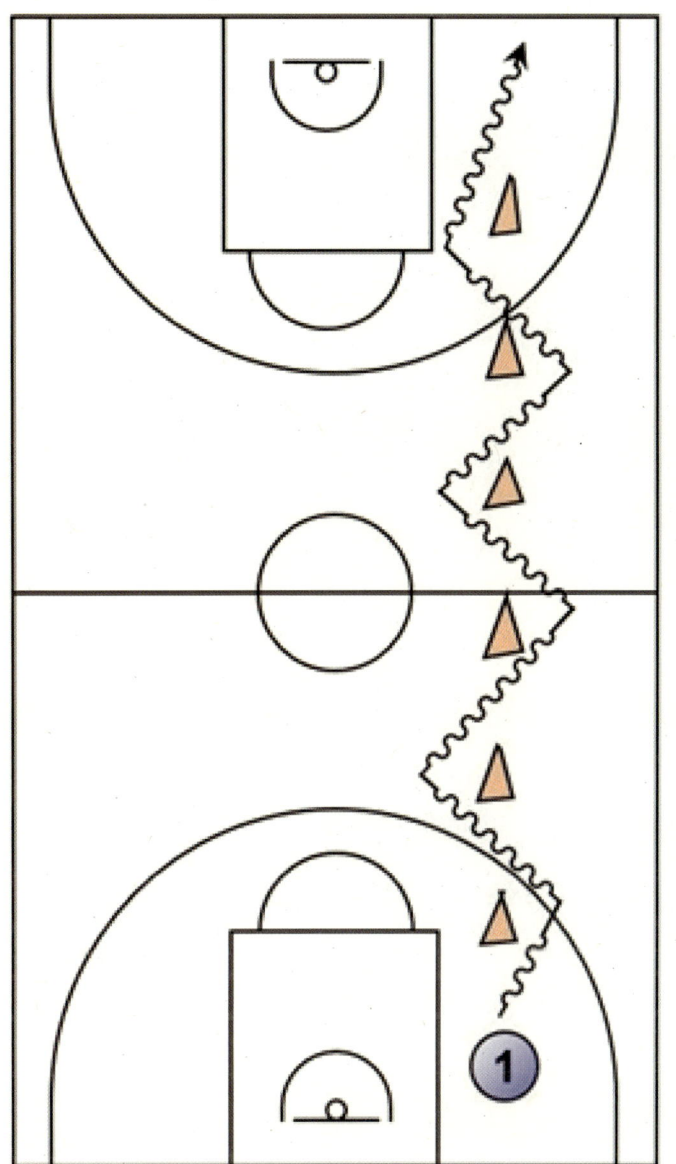

2-2. 양손 드리블 엇박자 드리블 Full Court

2-3. 양손 드리블 한손은 드리블, 다른 한손은 볼 굴리면서 가기

오른손, 왼손

2-4. 양손 드리블 동시에 드리블 Full Court Slide Step

2-5. 양손 드리블 엇박자 드리블 Full Court Slide Step

2-6. 양손 드리블 동시에 드리블 Full Court Cross Step

2-7. 양손 드리블 엇박자 드리블 Full Court Cross Step
⊙ Set Up − 1인당 2개

3 | 풀 코트 장애물 양손 드리블 Two Ball Obstacle Dribble
Cone 및 장애물을 사용하여 좌, 우로 통과한다.

3-1. 한 손 드리블 다른 한 손은 볼 굴리기

3-2. 양손 High, Low 드리블

3-3. 엇박자 드리블 Alternate

3-4. 크로스 오버 Cross Over

3-5. 옆으로 콘 사이에 드리블 Wave Side

◉ Set Up - 1인당 볼 2개 콘 6개 이상

볼 캐칭 Ball Catching

캐칭 Catching

농구 경기에서 매우 중요한 부분이다.

성적이 좋은 팀은 항상 강력하고 정확한 패스를 하고 볼을 잡는다.

코치들은 자신의 플레이어가 패스하고 캐치하고 기본 및 메커니즘을 이해하고 있는지 확인한 다음 연습해야 한다.

볼캐칭

패스를 하고 볼을 잡을 수 있다면 좋은 것이다.

따라서 플레이어는 항상 볼을 잡을 준비가 되어있어야 한다.

언제 어디서 패스를 할 것인지 모두 예상해야 한다.

볼을 잡기 위해서는 가능한 한 오픈 되어야 한다.

볼을 받으려면 다음을 연습한다.

가슴에서 손을 내밀어라.

손가락이 서로 가까이 닿을 때 손가락을 가리키고 편안하게 펼친다.

이 위치를 통해 그들은 즉시 볼을 잡을 수 있다.

패스하려는 플레이어와 볼을 받으려는 플레이어 사이에는 서로 간의 볼을 전달하려는 암묵적 신호가 있다. 이것은 볼을 받으려는 플레이어가 "나는 열려 있어! 볼을 줘!"라고 말하는 것이다.

모든 패스가 완벽하지는 않을 것이다.

그들은 잘못 패스를 하거나 빗나간 패스를 받기 위해 순간적으로 옆으로 움직일 준비가 되어 있어야 한다.

실제로 볼을 잡을 때까지 볼을 놓치지 말고 지켜본다.

단 1초 만에 볼에서 눈을 떼면 패스한 볼을 못 잡거나 놓칠 수 있다.

팔을 뻗어 볼의 패스의 길이를 줄일 수 있도록 한다.
또한, 이것은 수비가 앞쪽으로 개입해서 볼스틸하는 것을 막는다.
볼이 그들의 손가락에 닿으면 팔꿈치를 구부리면서 가슴을 향해 볼을 가져온다.
이것은 패스의 충격을 완화시키면서 볼 컨트롤을 한다.
이제 그들은 가슴 위치에서 볼을 가지고 있으면 패스하거나 빠르게 슈팅을 할 수 있다.

설명

볼 받으려는 플레이어는 팀원에게 명확한 목표를
제공한다.
목표물과 수비수는 떨어져 있어야 한다.
손이 움푹 패인 것처럼 하고, 손가락을 펼쳐서
바깥쪽을 향하게 한다.
(손을 들고 항상 볼을 받을 준비가 되어있음).

그들은 항상 손으로 볼을 잡아야 한다.
플레이어들은 볼이 몸에 부닟지지 않아야
한다.

손과 팔꿈치는 몸 앞쪽으로 나와야 한다.
플레이어들은 볼을 잡을 때마다 손 앞을
바라봐야 한다.
어린 플레이어들은 볼을 잡을 때 고개를
돌리는 경향이 있다.

한 발자국 앞에서 볼을 잡는다.

볼을 잡을 때는 힘있게 단단하게 잡아야 한다.

손안으로 볼이 들어가는 것을 보아라.

먼저 볼을 잡고 난 다음 행동을 취하여야 한다.

플레이어들은 볼을 잡기 위해 스텝 방향을

팀원에게 향해야 한다.

(뒤로 물러 나지 않는다).

1 | 무빙 캐칭 Moving Catching

수비 없이 Without Defensive

점프 스트라이드 스텝 Stride Step - 서 있다가 볼 쪽이나 윙으로 가 볼을 받으면서 림을 바라보고 낮은 자세로 원, 투 스텝으로 잡는다.

2 | 수비와 함께 With Defense

점프 스트라이드 스텝 Stride Step - 수비수와 같이 서 있다가 볼 쪽이나 윙으로 퀵 스타트 해서 볼을 받으면서 림을 바라보고 낮은 자세로 원, 투 스텝으로 잡는다.

3 | 방향을 바꾼다 Change Direction

몸과 발이 반대 방향으로 한 스텝을 놓자마자 반대 방향으로 빠르게 움직인다.

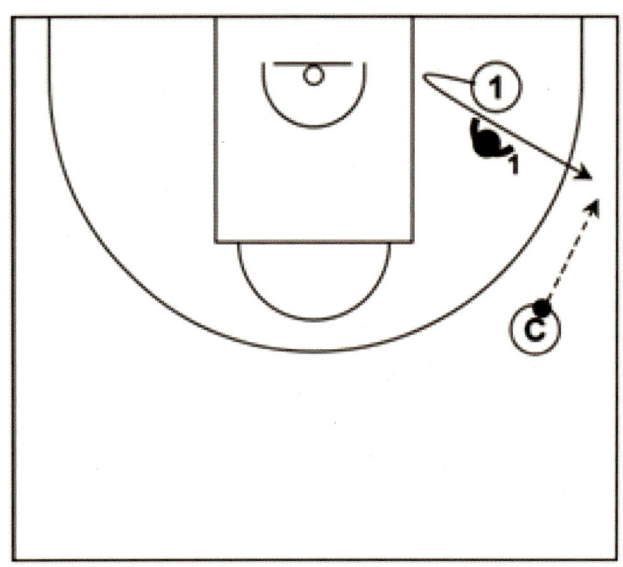

4 | 회전을 한다 Spin

몸과 발이 반대 방향으로 페이크하고 스텝을 놓자마자 회전하면서 반대 방향으로 몸을 빠르게 움직인다.

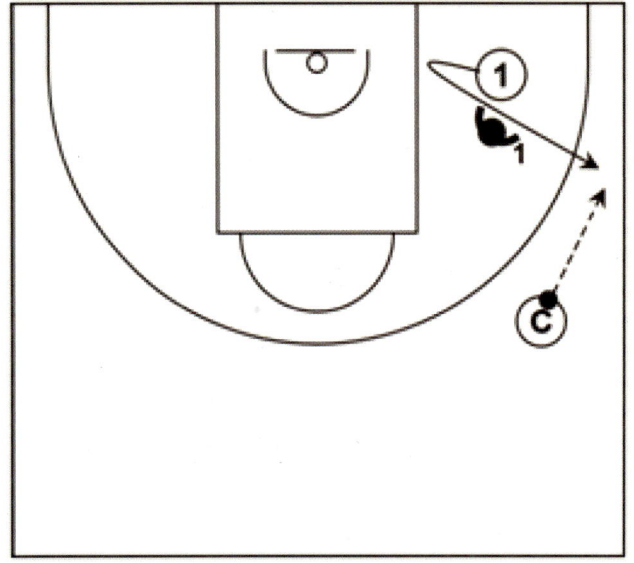

패스 Pass

농구 패스 Basketball Pass

패스는 중요한 기술이며 다양한 유형이 있다.

패스는 오픈된 공격 플레이어를 찾고 적절한 패스 유형을 찾아하는 것이다.

농구에서 가장 흔하게 사용되는 2가지 패스는 체스트와 바운스 패스이다.

체스트 패스

볼이 가슴에서 가슴으로 팀원에게 직접 패스하여 이동한다.

이것은 볼을 옮기는 가장 직접적인 방법이며 잡기가 가장 쉽다.

바운스 패스

볼은 가슴이나 허리 영역을 시작하며 팀원 손으로 바닥에서 한 번 튀어 오른다.

볼이 수비수 근처에서 튀어나오고 손을 댈 수 있는 시간이 없기 때문에 이것은 가장 어려운 패스이다. 이것이 바운스 패스가 매우 효과적이고 인기 있는 이유이다.

설명
두 손으로 패스한다

볼에 양손을 가짐으로써 더 많은 컨트롤을 할 수 있고 볼에 백 스핀을 쉽게 넣을 수 있다.

스텝 밟고 패스한다

적당한 속도와 컨트롤을 위해 체중을 실어 패스한다.

끝까지 본다

좋은 슈터와 마찬가지로 좋은 패스를 한 플레이어는 뒤따른다.

엄지손가락을 아래쪽으로 향하게 한다

당신의 엄지손가락 끝이 아래로 쭉 뻗어 있어야 한다.

이를 통해 백 스핀이 제대로 회전할 수 있게 한다.

패스를 쉽게 잡는다

만약 필요하지 않으면 엄청 빠른 패스를 하지 않는다.

팀원들의 몸짓을 항상 읽고 그들은 패스할 준비하고 있는가?

그들의 손은 어디에 있는가?

수비수와 멀리 떨어져 있는다

적극적인 수비수들은 패스 라인을 노리고 있다가 인터셉트를 할 것이다.

수비수가 가까이 있을 때 팀 플레이어에게 옆쪽으로 패스를 할 때는 수비수의 위치를 보고 한다.

쉬운 패스를 한다

아마추어가 저지르는 대부분의 플레이어들은 어렵거나 불가능한 패스를 시도하기 때문에 발생한다. 오픈된 플레이어에게 가까운 거리에서 짧은 패스만 하면 팀원이 쉽게 잡을 수 있고 볼 소유를 유지할 수 있다.

패스는 동료의 손에 간다

당신의 팀원이 그 위치 슈팅하기 좋은 자세로 있다면 정확히 당신이 겨냥하는 곳을 확인한다. 그들이 손을 높이 들고 패스를 방해한다면 손가락 끝으로 오버헤드 패스나, 로브 패스(높이 던져서 하는 패스)를 한다. 상대방이 낮은 자세 위치에 있다면 바운스 패스는 하지 않는다.

필요한 플레이어에게만 한다

볼 받으려는 플레이어에게 패스하다가 종종 볼을 뺏기는 경우가 있다.

패스가 필요 없는 경우 팀원이 활짝 오픈되어 있어도 볼을 패스하지 않는다. 천천히 패스

해도 공격을 할 수 있다.

트릭 패스는 신중히

트릭(속이는) 패스는 효과가 있을 때 인상적으로 보일 수 있지만, 종종 실수하기도 한다. 수비수를 속이면서 트릭 패스를 사용한다.

점프 패스하지 않는다

일단 볼 가지고 점프하면 착지할 수밖에 없고 그 순간 잠깐 사이에 패스할 곳이 막히면 나쁜 패스를 할 수 밖에 없다.

목표를 선택

팀원 목소리만 듣고 일반적인 방향으로 함부로 패스하지 않는다.

★코칭포인트☆

드리블 없이 연습 게임을 한다.
3대3이나, 5대5 등 나누어서 드리블을 하지 않고도 패싱 게임을 할 수 있도록 해 본다.
그것은 여러분이 패스하는 데 집중하도록 강요할 것이다.

공격자의 움직임과 수비자의 움직임을 정확히 살펴보고 패스한다.
상황에 맞은 패스를 선택해서 한다.
같은 팀원과 4~5m 거리에서 패스를 하는 것이 좋다.
패스를 받기 위해 좋은 위치를 선택 한다.

1 | 체스트 패스 Chest Pass

체스트 패스는 이름이 체스트(가슴)에서 나온 것이기 때문에 이름이 붙여졌다.

그것은 볼을 바로 뒤에 엄지손가락으로 측면에서 볼을 잡고 던졌다. 패스가 던져지면 손가락이 볼 뒤에 있고 백 스핀으로 나아가면서 엄지손가락은 아래로 내린다. 결과적으로 손이 뒤틀려서 똑바로 뻗으면 엄지손가락을 마주 보게 된다. 볼에는 멋진 백 스핀이 있어야 한다. 체스트 패스를 던지면 플레이어는 받는 플레이어의 가슴 쪽으로 던지려고 노력해야 한다. 높거나 낮은 곳으로 패스하면 볼 잡기가 어렵다.

⊙ Set Up – 볼 1개, 2명

2 | 바운스 패스 Bounce Pass

바운스 패스는 체스트 패스와 동일한 동작으로 던져지지만, 바닥을 향해 겨냥된다.
볼이 허리 높이에서 시작하여 볼 받는 플레이어에게 튀어 나오도록 멀리 던져야 한다.
어떤 사람들은 3분 2지점 정도의 거리가 튀어나오는 기준점이 될 수 있지만,
각 플레이어는 패스해서 받는 플레이어에게 제대로 도달해서 캐치하는지 알아야 한다.
패스에 적절하고 일관된 백 스핀을 두면 거리를 쉽게 판단할 수 있다.

⊙ Set Up - 볼 1개, 2명

3 | 오버헤드 패스 Overhead Pass

오버헤드 패스는 종종 아웃렛패스(리바운드 후나 볼을 소유할 때 속공으로 연결하기 위해 하는 패스)로 사용된다. 볼 양쪽에 양손으로 이마 바로 위에 팔을 뻗고 볼을 가져온다.

팀원의 턱 부분 겨냥한다.

일부 코치들은 빼앗길 수 있다고, 패스를 던지기까지 1초 이상 걸리기 때문에 머리 뒤로 볼을 가져오지 말 것을 조언하기도 한다.

◉ Set Up - 볼 1개, 2명

4 | 베이스볼 패스 Baseball Pass

야구 패스는 투수와 같은 동작을 사용하는 한 손 패스이다.

이것은 종종 긴 패스하는 데 사용된다.

어린 플레이어들에게는 가능한 한 하지 않는다.

◉ Set Up - 볼 1개, 2명

5 | 쇼울더 패스 Shoulder Pass

쇼울더 패스는 어깨 앞이나 팔을 뻗어서 한 손으로 사용하는 패스이다.

체스트 패스를 대용해서 사용하기도 한다.

◉ Set Up - 볼 1개, 2명

6 | 비하인드 패스 Behind Pass

볼을 드리블 위해 볼을 등 뒤로 돌릴 때는 백 패스를 하는 것이 좋다.

여러분 앞에 있는 수비수를 피하기 위해 가로지르는 패스를 할 때 사용된다.

또한 속공 시 뒤에 쫓아 오는 플레이어에게 볼을 패스하는 데 사용될 수 있다.

나는 많은 연습으로 볼과 익숙할 때까지 사용하지 말라고 권고한다.

좌, 우도 연습한다.

⊙ Set Up – 볼 1개, 2명

7 | 2명 패스 Two Person Passing

7-1. 한 손 패스 오른손, 왼손

7-2. 볼 2개 한 손 패스

7-3. 원 드리블 후 패스 오른손, 왼손

7-4. 무릎에 볼 돌리고 패스

7-5. 8자로 돌리고 패스

⊙ Set Up - 볼 1개 또는 2개, 2명

🏀 패스 연습 Passing Drill

1 | 1대1 핸드 체크 Hand Check

1대1 제자리 서서 볼 소유자는 볼을 아래위, 좌우로 움직인다. 수비자가 볼 소유자에게 손을 들어 볼이 움직이는 방향으로 적극적으로 방해한다. ⊙ Set Up - 볼 1개, 2명

2 | 피봇 패스 Pivot Pass

2대1 제자리 서서 볼 소유자는 볼을 아래위, 좌우로 움직이고 수비자는 볼소유한 자에게 손을 들어 볼이 움직이는 방향으로 적극적으로 방해한다. 볼 패스를 받는 사람과 수비자가 3~4m 벌려 서서 Pivot이나 스텝을 놓으면서 다양한 패스를 한다. ⊙ Set Up - 볼 1개, 3명

3 | 일렬 패스 Follow Your Pass Drill

두 그룹 4~5m에서 서서 체스트(Chest), 바운스(Bounce), 오버헤드(Overhead) 패스하고 그들의 뒤로 간다.

⊙ Set Up – 볼 1개, 팀 훈련

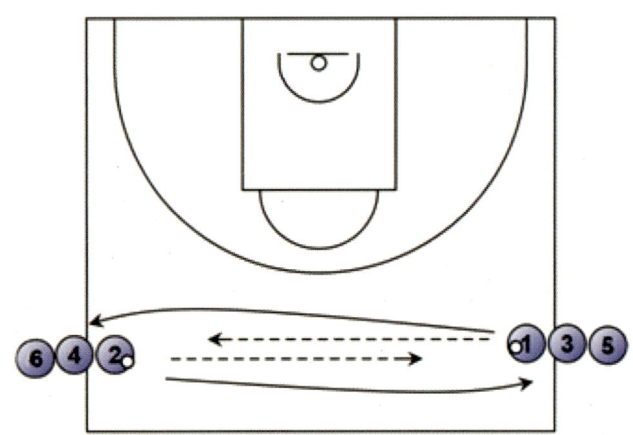

4 | 사각 패스 Square Pass

네 군데에 위치한다.

2개의 농구 볼이 필요하다. 상대방 서 있는 오른쪽부터 패스로 시작한다.

농구 볼 한 개는 반대편에 서 있는 그룹에서도 동시에 시작한다.

⊙ Set Up – 볼 2개, 팀 훈련

5 | 사각 패스 런 Give and Go Square

네 군데에 위치한다. 2개의 농구 볼이 필요하다. 상대방 서 있는 오른쪽부터 패스로 시작한다.

농구 볼 한 개는 반대편에 서 있는 그룹에서도 동시에 시작한다. 둘 다 오른쪽에 볼 패스 후 똑바로 뛰어가면서 가운데에서 볼을 다시 받는다.

그다음 받은 볼을 당신 앞에 서 있는 그룹에 패스하고 그들의 뒤에 합류한다.

⊙ Set Up - 볼 2개, 팀 훈련

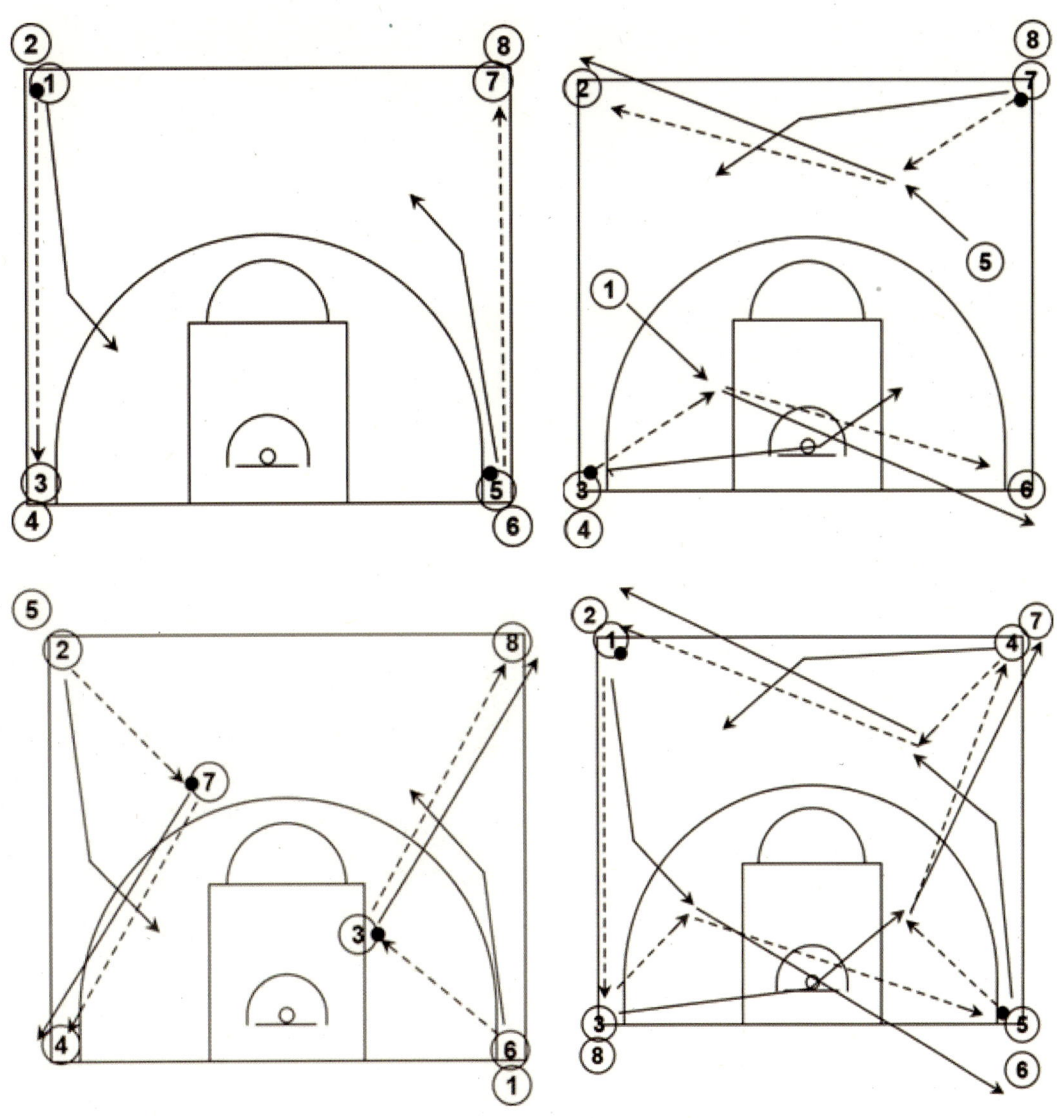

6 | 사각 패스 런 Give and Go Square 1

허리에 볼 한번 돌리고 패스한다.

⊙ Set Up - 볼 2개, 팀 훈련

7 | 퀵스톱 패싱 Quick Stop Passing Drill

볼 4개 써클 중심으로 네 군데 박스 형태로 선다.

써클 방향으로 네사람 동시에 2~3 드리블하고 점프 스톱 45° 피봇(Pivot) 후 옆 사람에게 패스한다.

⊙ Set Up - 볼 4개, 팀 훈련

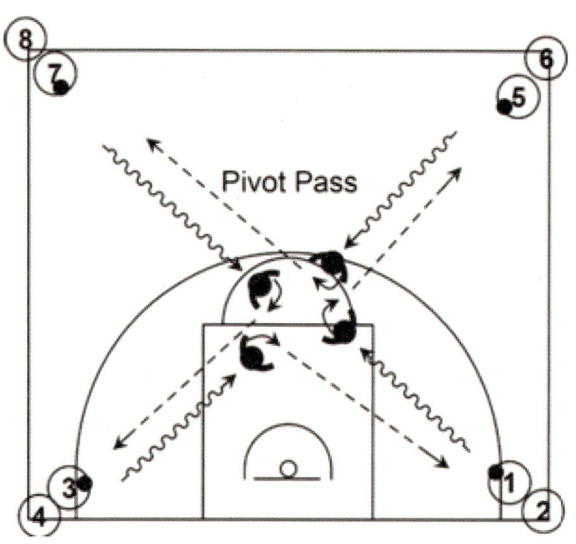

8 | 투라인 패스 Two Line Speed

베이스라인 앞, 뒤로 서서 시작한다.

반대 베이스라인 향해 앞, 뒤로(1~2m) 주고 받는 패스를 하면서 스피드하게 뛴다.

이때 볼은 뜨거운 불덩어리라고 생각하고 잡자마자 바로 패스하고 최대한 빨리 주고받으면서 한다.

⊙ Set Up - 볼 1개, 2명

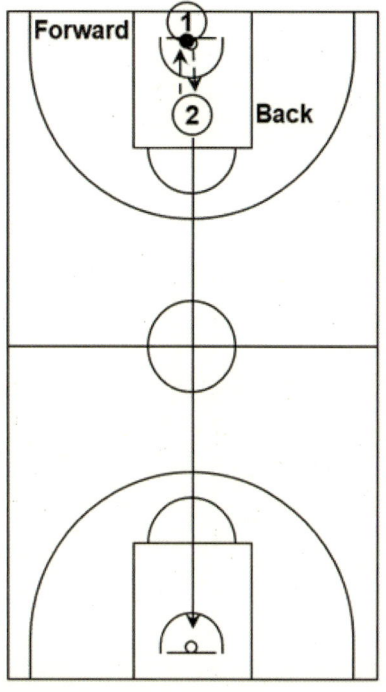

9 | 투라인 패스 슬라이드 스텝 Slide Step Run Pass

두 그룹으로 나누어 풀 코트(Full Court)로 슬라이드 스텝(Slide Step)으로 체스트, 바운스(Chest Pass, Bounce Pass)하며 간다.

⊙ Set Up - 볼 1개, 2명씩

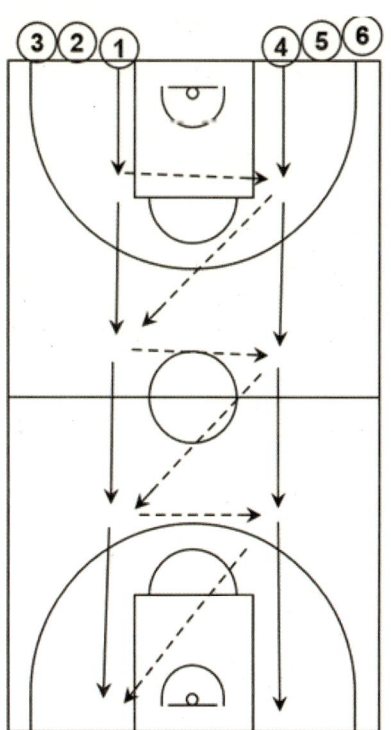

10 | 투라인 패스 런 Two Line Run

바스켓에서 윙 쪽으로 패스 후 퀵 스타트하여 프론트코트로 향해 전력 질주를 한다.
러너가 지나간 뒤 볼 가진 플레이어는 중앙으로 드리블하면서 간다.
프리드로우 라인까지 가서 러너가 오는 걸 보고 스톱 후 패스 레이업을 한다.

◉ Set Up – 볼 1개

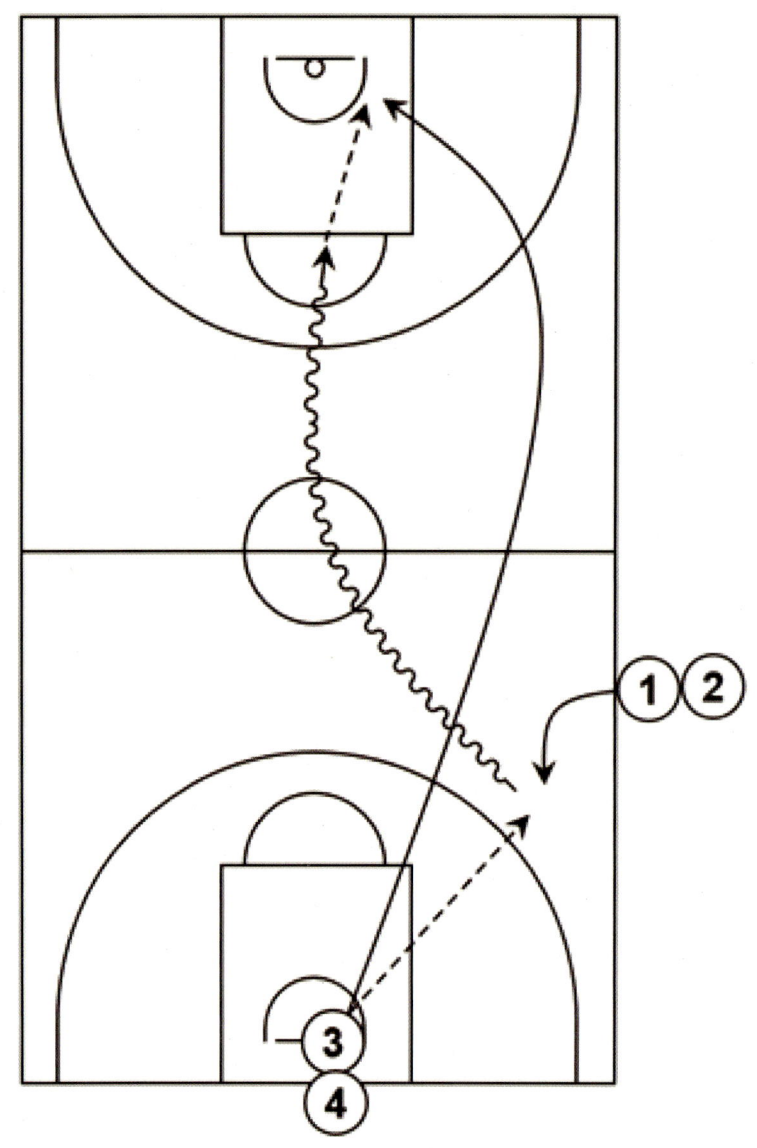

11 | 3인 크로스 패스 Three Line Cross Pass

베이스라인에서 세 명이 서서 ②,①,③, 시작한다. 가운데 ①는 볼을 가지고 오른쪽 ②에게 패스한다. 패스 후에 ②의 뒤로 돌아간다. 오른쪽 ②은 앞으로 뛰어가면서 볼을 잡고 바로 앞으로 나오는 ③에게 패스한다. 패스 후에 ③의 뒤로 돌아간다. 왼쪽 ③은 다시 ①에게 패스 후 ①의 뒤로 돌아간다. ①은 처음 시작한 것처럼 계속 반복해서 한다. 반대편 Base Line까지 가서 마지막 바스켓에서 볼을 잡으면 레이업을 한 후 다시 순서대로 크로스 패스하면서 다시 온다. 항상 패스 후 볼 받은 플레이어 뒤로 돌아간다.

◉ Set Up - 볼 1개, 3명

12 | 풀코트 패스 Full Court Pass

이 연습을 시작하려면 두 그룹을 양쪽 베이스라인(Base Line)일렬로 세운다.

리바운드(Rebound) 후 사이드라인(Side Line) 서 있는 사람에게 패스 그리고 런 다시 패스 받아 사이드라인(Side Line) 서 있는 사람에게 패스 후 런 다시 패스 받아 레이업 후 반대 편에서 다시 한다. 다시 사이드라인(Side Line) 서 있는 사람에게 패스 그리고 런 다시 패스 받아 사이드라인(Side Line) 서있는 사람에게 패스 후 런 다시 패스 받아 레이업 슛을 한다.

◉ Set Up - 볼 1개, 7명

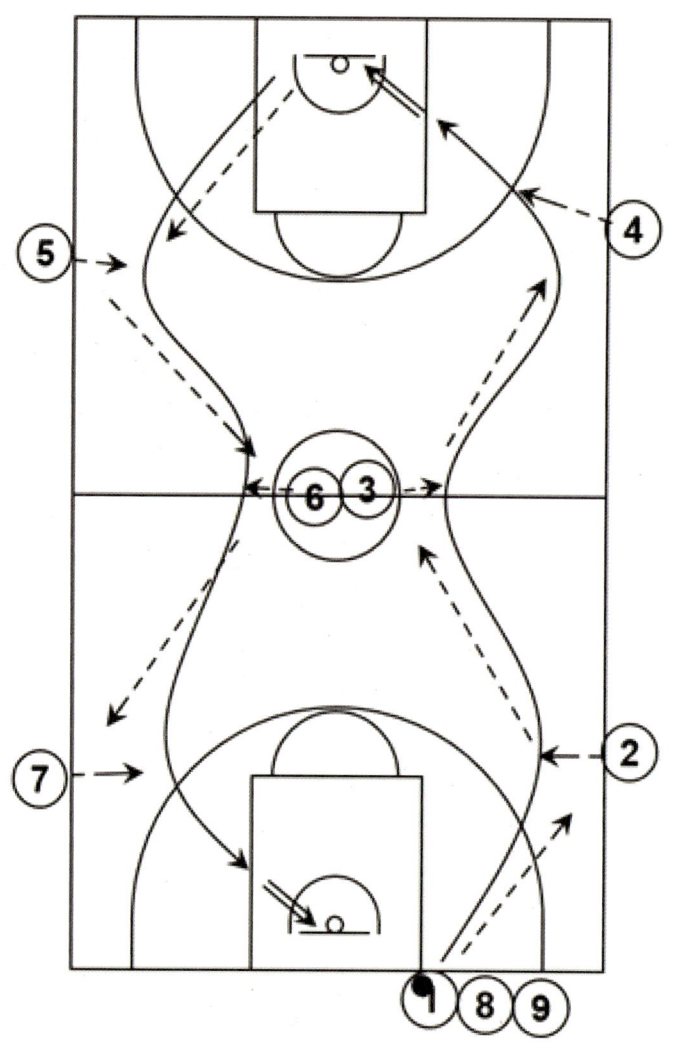

13 | 오펜스 패싱 연습 Offense Passing Drill

하프코트(Half Court)에서 공격 플레이어 ①, ②, ③과 수비수 4명이 Box 형태로 수비 위치에 선다.

공격자 3명은 Top과 45도 위에서 수비자 사이를 One 드리블이나 Two 드리블 후 Fake 패스를 한다.

⊙ Set Up - 볼 1개, 공격자 3명,
　　　　　　수비수 4명

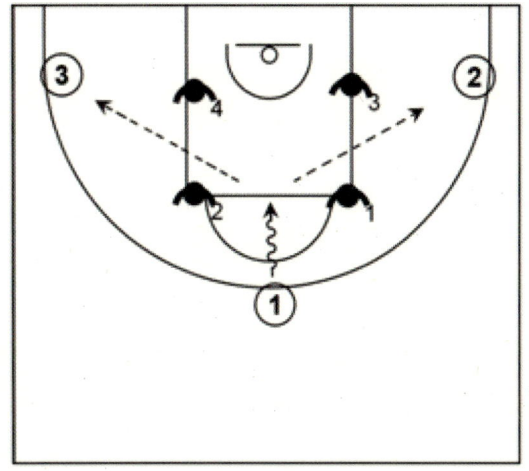

14 | 인터셉트 Interception

4~5m 거리에 프리드로우 라인 엘보에 2명 서고 수비수 1명 서서 시작한다.

삼각형으로 패스 주고받을 때 인터셉트를 노린다.

패스하는 사람은 패스모션이나 속이는 동작은 하지 않고 한다.

수비수 3~5개 인터셉트 후 교체

⊙ Setup Up - 볼 1개, 공격자 3명,
　　　　　　　수비수 1명

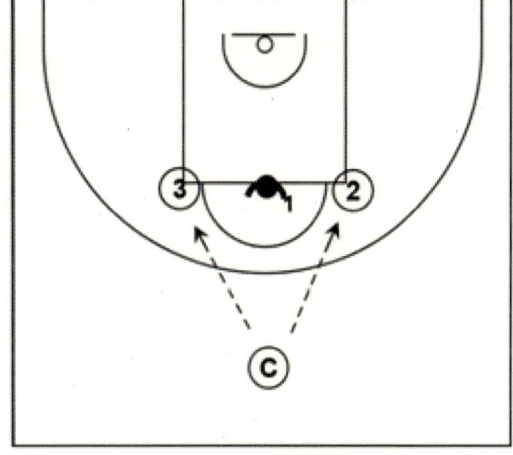

레이업 LayUp

레이업(Layup)은 플레이어가 가장 널리 사용되고 배워야 할 슈팅기술 중 하나이다.

처음에 농구를 배우는 청소년에 대해 이야기할 때 레이업은 일반적으로 사용되는 유일한 슈팅기술이다.

레이업은 대단히 기본적인 기술이지만 농구를 처음 접한 사람들이나 실력을 늘리려는 사람들에게는 몇 가지 어려움이 있다.

레이업을 둘러싼 가장 공통적으로 논의되는 문제 중 하나는 플레이어가 바스켓의 오른쪽, 왼쪽 모두를 자유스럽게 레이업 할 수 있어야 한다는 것이다.

이것은 거의 코치가 그렇게 가르치지만 많은 플레이어들이 실제로 사용할 때 많이 쓰는 한쪽 손을 선호한다는 현실이 있다.

이로 인해 플레이어는 종종 한 손을 다른 손으로 대체한다.

이것은 코치가 연습하면서 적절한 시기에 고치고 보정을 항상 적극적으로 해야 하는 것이다.

실행 초기의 플레이어에게 즉시 중요한 것은 아니지만, 플레이어가 바스켓의 왼쪽과 오른쪽 모두에서 기술적으로 완벽하게 수행할 수 없다면 본인 농구 실력이 더디게 발전되는 것으로 중요한 영향을 미칠 것이다.

오른쪽 레이업(lay-up)을 가르칠 때 중요한 포인트가 있다.
① 볼을 갖고 있는 손의 오른발이 앞으로 튀어나온다.
② 안쪽 발이라고 불리는 이 다리는 플레이어를 바스켓으로 높이기 위해 들어 올린다.
   볼을 올리는 손과 같은 쪽 다리가 들어 올린다.
③ 예를 들어 오른쪽 손으로 볼을 올리면 점프해서 오른쪽 다리가 올려져 바스켓 방향으로 움직인다. 다리가 무릎에서 구부러지며 이렇게 하면 플레이어가 앞쪽에서 공간을 보호할 수 있다.
   점프는 바스켓 쪽으로 올라가고 있어야 한다.

항상 플레이어는 레이업을 할 때 바스켓 쪽으로 뛰어오르지만 몸을 비틀거나 돌리지는 않는다. 플레이어는 레이업을 할 때 백보드 높이만큼 높은 점프를 시도하도록 하는 것이다.

③ 점프할 때 플레이어는 백 보드에서 점프를 시작하고 바스켓 아래에서 끝내야 한다.

④ 드리블하고 볼을 들어 올리면 볼은 가슴과 턱의 끝에 있어야 한다.

플레이어의 두 손으로 볼을 잡고 가슴과 턱 쪽으로 가져가면 안전하게 컨트롤 할 수 있다. 또한 이 위치에서 볼을 빠르게 올리거나 레이업을 수행할 때 플레이어의 주변 시야를 볼 수 있다.

⑤ 볼을 집어 들면 플레이어의 눈은 바스켓에 집중시켜야 한다.

이 행동을 함으로서 중요하며 플레이어는 자연스럽게 목표물 쪽으로 빠르고 짧게 바스켓으로 이동한다. 또한, 플레이어가 목표물에 집중하는 시간이 길수록 레이업을 수행하는 데 필요한 거리와 속도를 추정 할 때 판단력이 높아진다.

⑥ 일단 볼을 잡고 들어서 플레이어의 이마를 지나면 볼 잡은 양손으로부터 손이 분리되고 바깥쪽 팔을 들면 몸과 볼을 수비수로부터 앞쪽과 측면으로 보호한다.

이 바깥쪽 팔을 사용해서 수비수를 밀거나 하면 공격적인 파울의 위험이 있고 이 팔은 볼을 공격적으로 보호하는 데 사용될 수 있다.

⑦ 볼 가진 손은 완전히 손목을 쓸어 밀고 넘겨야 한다.

레이업의 슈팅 필에 관한 점프 슛과 유사한 많은 가르침 포인트를 갖는다.

⑧ 볼은 백 보드와 농구 림에 가볍게 올려놓아야 한다.

이 기술은 부드러운 터치라고 한다.

왜냐하면 너무 빠르게 달리면서 레이업을 하면 몸에 가속도가 붙어 볼이 림과 백 보드에서 밀려나 성공이 되지 않는다. 왼쪽 레이업은 반대로 하면 된다.

이것은 볼이 발사되는 속도와 볼이 백 보드와 림에 지나가는 속도와 타이밍 그리고 가속도 대해 설명한다. 레이업은 필수적인 기본 기술이며 처음에는 이 기술을 숙달하는 데 많은 시간을 할애해야 한다. 일단 기본 기술이 완료되면 플레이어는 드리블의 변화와 방향을 레이업과 연결해서 게임이 될 수 있도록 해야 한다.

1 | 레이업 스텝 중요성 1단계

오른발을 앞으로, 왼쪽 발을 뒤쪽으로 하여 바스켓에 가깝게 제자리 서서 시작한다.

무릎을 구부리고 낮추어 튀어 나갈 준비한다.

왼발로 한 발짝 내딛고 점프하고 레이업을 쏜다.

리바운드를 후 시작한 곳으로 돌아가서 다시 한다.

오른쪽 손레이업 - 오른발 앞으로
왼쪽 손레이업 - 왼발 앞으로

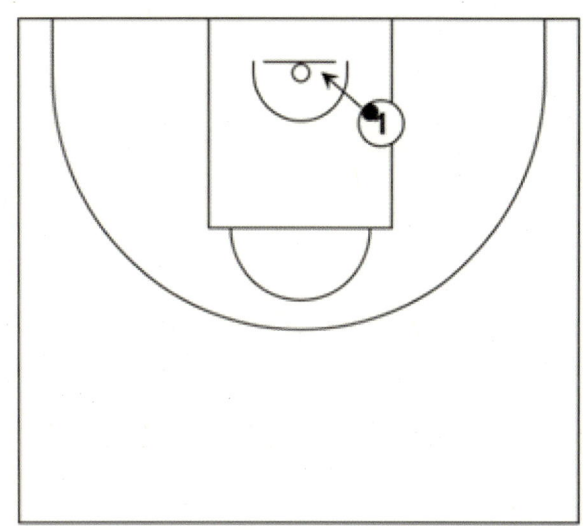

2 | 레이업스텝 눈과 허리 옆 강조 2단계

마무리하기 전에 플레이어들이 눈으로 표적을 찾도록 가르치는 것이 중요하다.

많은 플레이어들이 가지고 있는 나쁜 습관은 그들의 몸 바깥쪽에서 몸 안쪽으로 볼을 갖고 있는 것이다. 이것은 수비수에게 볼이 오픈되어 수비수가 스틸하는 것이 쉽게 된다.

오른손잡이를 연습할 때 플레이어가 올바르게 허리 옆에서 볼로 시작하여 슈팅 동작을 따라 점프해서 올라갈 때 몸의 측면에 볼을 유지하는 데 초점을 둔다.

이것은 수비로부터 볼을 보호한다.

오른손을 단련할 때, 여러분의 플레이어들이 오른쪽 허리 옆에 볼을 대고 그들의 몸이 움직임을 통해 올라가는 것에 초점을 맞추도록 한다.

이것은 수비로부터 볼을 막는다.

왼발로 한 발짝 내딛고 점프하고 레이업을 쏴라.

이 레이업은 바스켓의 양쪽에서 연습해야 한다.

왼쪽에는 왼쪽 허리 옆에 볼을 놓고 해야 한다.

3 | 드리블 레이업 스텝 3단계

다음 진행은 드리블을 레이업에 추가하는 것이다. 어린 청소년들은 프리드로우 라인 근처에서 시작해야 한다. 경험이 많았던 플레이어는 3점 슛 라인에서 시작할 수 있다.

첫 번째 진행과 마찬가지로 플레이어는 오른발을 앞으로, 왼발을 뒤에 있는다. 그들에게 드리블을 한 번하고 레이업을 쏜다.

왼쪽 발을 앞으로 내디디면서 좌측에서도 동일한 것을 완성할 수 있다.

오른손잡이를 위한 스텝 : 왼쪽 - 오른쪽 - 왼쪽

왼손잡이를 위한 스텝 : 오른쪽 - 왼쪽 - 오른쪽

이러한 연습은 단순해 보일지 모르지만, 많이 추가하지 않는 것이 중요하다.

경험이 부족한 플레이어를 한꺼번에 많은 시간을 더하는 것은 볼품이 없고 잘못되게 실행할 수 있다.

이 초보자는 당신과 팀을 위해보다 성공적인 레이업과 더 나은 실력을 갖출 것이다.

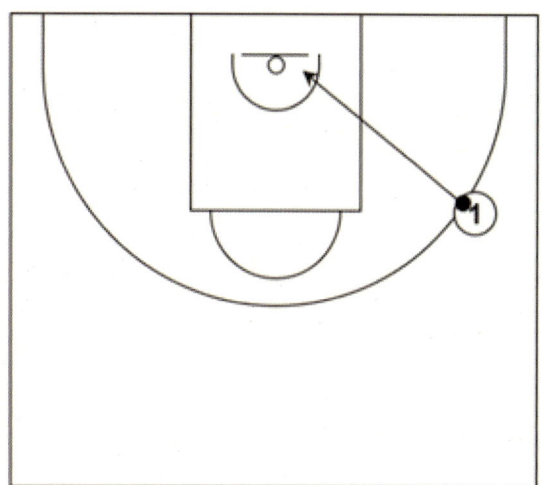

🏀 다양한 레이업 Lay-up Variety

1 | 오른손, 왼손 레이업 Right & Left Hands Layup

🏀 **목적**

플레이어는 레이업 슛의 기본 사항을 연습한다.

🏀 **설명**

오른쪽 윙에 플레이어가 나란히 있고 각 플레이어는 볼을 가지고 있다.

플레이어는 드리블을 하고 레이업 슛하고, 리바운드를 하고 왼쪽 윙에 간다.

모든 플레이어가 오른쪽에서 다 하면, 왼쪽에서 첫 번째 플레이어가 드리블을 하고 레이업을 쏜다. 던진 후 리바운드를 하고 오른쪽 윙으로 간다. 코치가 멈추거나, 휘슬이

올릴 때까지 연습은 계속된다.

첫째, 플레이어는 전통적인 레이업을 쏜다.

둘째, 플레이어들은 바스켓 정면 가운데서 하거나, 반대편에서 레이업을 하거나, 림을 지나 백 슛을 쏜다.

★코칭포인트☆

플레이어는 드리블하거나, 볼을 두 손으로 패스하고 뛰어서 수비수로부터 멀어지도록 한다. 대부분의 레이업은 웨이터가 쟁반을 들고 있는 것처럼 볼 옆과 밑에 잡고 슈팅해야 한다. 플레이어들은 바닥에서 정말로 림 쪽으로 높은 점프 해서 도약을 시도해야 한다.

2 | 패스하고 레이업 Layup off the pass

 목적

플레이어는 패스하고 움직이고 볼을 잡고 등을 위해 레이업을 하는 법을 배운다.

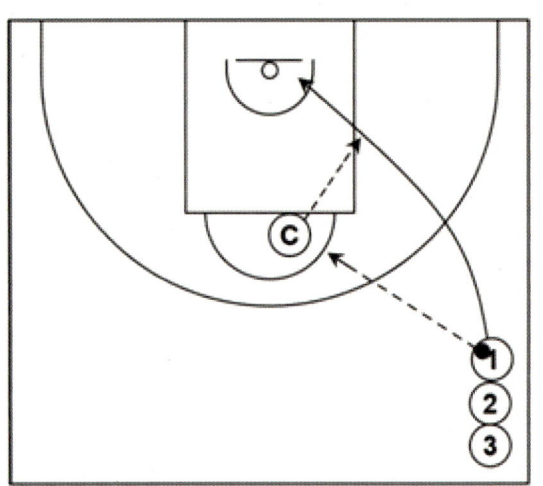

설명

플레이어들은 전통적인 레이업보다 조금 더 멀리에서 하고 각 플레이어는 볼을 가지고 있는다.

① 플레이어는 코치에게 패스하고, 움직여서 패스를 받고 레이업을 슛을 한다.

② 코트의 양쪽에서 연습을 실행한다.

★코칭포인트☆

플레이어는 패스를 받은 후 드리블을 하지 않고 레이업을 시도해야 한다.

3 | 레이업과 리바운드 Layup And Rebounding

🏀 설명

플레이어는 두 라인을 만든다.

첫 번째 레이업 라인은 향한 3점 라인 바깥쪽에 있는다.

리바운드 라인은 코트의 반대쪽 3점 라인 근처에 있는다.

첫 번째 레이업 라인에는 볼을 가지고 코트의 3점 라인 부근에 서 있는다.

레이업(lay-up) 라인의 플레이어는 바스켓을 향해 강한 드라이브로 레이업을 한다.

Rebounder는 강력한 리바운드를 예상하고 바스켓으로 움직인다.

레이업을 한 후 플레이어는 리바운드 라인의 끝으로 이동한다.

리바운드한 플레이어는 강력한 투 드리블을 하고 다음에게 패스를 한다.

레이업 라인으로 패스한 다음 끝으로 이동한다.

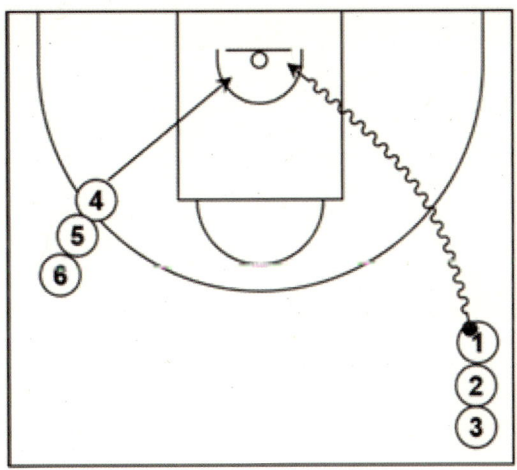 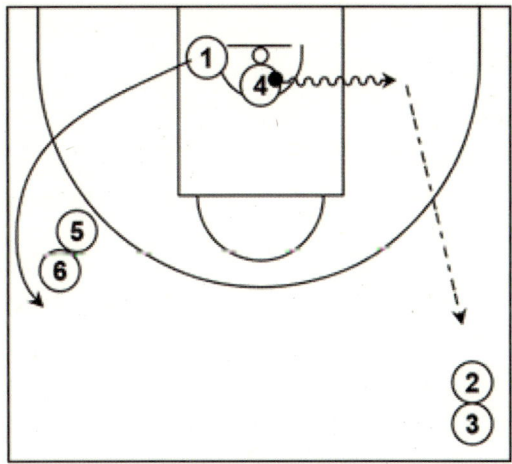

🏀 레이업 변형

코트를 바꿔서 하라.

볼의 수를 늘려라(플레이어 수만큼 허용).

다양한 종류의 레이업(예 : 리버스, 두발 파워 레이업 등)

★코칭포인트☆

여러 가지 레이업을 시도한다.

바스켓에 강한 드라이브를 한다(게임 속도).

볼은 리바운드하면서 바닥에 떨어지지 않게 한다.

강한 리바운드, 볼 보호, 파워 드리블, 빠른 패스.

레이업 라인에서 볼을 받기 위해 손을 들거나 뻗는다.

4 | 엘보 레이업 Elbow Layup Drill

 목적

플레이어는 레이업과 볼로 커팅하는 작업을 한다.

 설명

플레이어는 오른쪽 엘보에 있는 볼을 잡는다.

플레이어가 드라이브를 하고 레이업을 한다.

플레이어는 리바운드를 잡고 왼쪽 엘보로 프리드로우 라인을 발로 밟는다. 그는 바스켓으로 돌아와서 왼쪽에서 레이업을 쏜다.

플레이어는 엘보, 레이업, 반대 엘보, 레이업 등으로 계속 진행한다. 연습은 코치가 정한 일정 횟수를 지속한다.

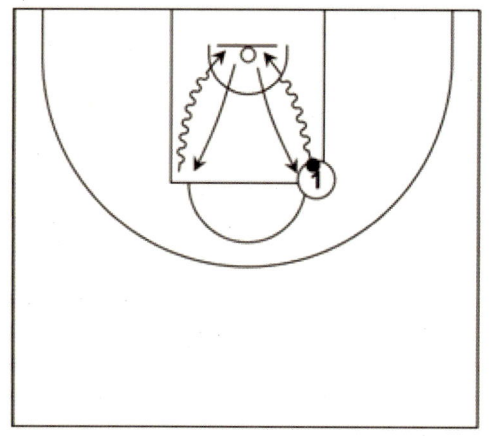

★코칭포인트☆

플레이어가 왕복 드라이브를 하는 것을 잘 지켜본다.

플레이어는 레이업을 할 때는 볼을 드리블하고, 볼을 보호하고, 볼을 잘 다루어야 한다.

5 | 하프코트 3인 레이업 Half Court Three Man Layups

🏀 목적

풀 스피드와 시간 압력하에서 패스하고 빠르게 레이업 하는 연습 강도를 높이기 위한 훌륭한 연습.

🏀 설명

하프코트에서 각 3라인으로 이상의 적어도 2명 이상 플레이어가 있다.

당신 팀만큼 많은 수가 있다.

가운데 라인에서 시작.

하프코트에서 플레이어는 윙 플레이어가 레이업을 하면 끝난다.

중간라인 플레이어가 볼을 리바운드하고, 아웃렛 패스를 보낸 다음, 볼이 다시 시작한다.

오른쪽 레이업을 위해 연습을 하기 위한 지침.

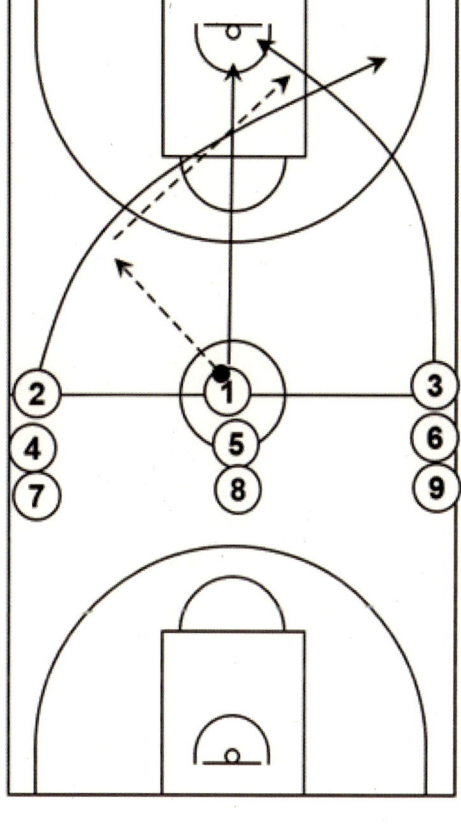

왼손 레이업은 모든 것을 반대로 한다. 볼을 가진 중간라인 플레이어 1은 왼쪽 윙을 달리는 플레이어 4에게 볼을 패스하고 즉시 오른쪽 윙에 있다가 레이업을 위해 달리는 플레이어 3에게 패스한다.

왼쪽 윙 플레이어 4가 볼을 패스한 직후 코트를 빨리 가로질러 뛰어서 아웃렛 패스를 받을 준비를 한다.

연습을 시작한 플레이어 1은 가운데를 질주해서 우측이 레이업 한볼을 리바운드한다.

중간플레이어 1은 옆쪽으로 돌아서 볼을 플레이어 4에게 보낸다.

플레이어 4는 하프코트에서 가운데 라인의 다음 플레이어 3에게 즉시 패스한다.

처음으로 돌아와서 중간 플레이어가 볼을 잡자마자 다음 그룹은 같은 과정을 반복한다.

🏀 채점 방식

팀은 짧은 시간 내에 가능한 많은 레이업을 만들기 위해 경쟁한다.

연습은 대개 3분 동안 실행된다.

🏀 변형

왼손 - 전체 연습을 반대로 뒤집고 오른손 대신 왼손 레이업으로 팀 연습을 한다.

가까운 곳에서 슛 -레이업 대신 플레이어가 가까운 곳에서 점프 슛을 던진다.

훨씬 더 멀리에서 슈팅을 권장하지 않는다. 리바운드가 너무 길어 연습을 망칠 수도 있다.

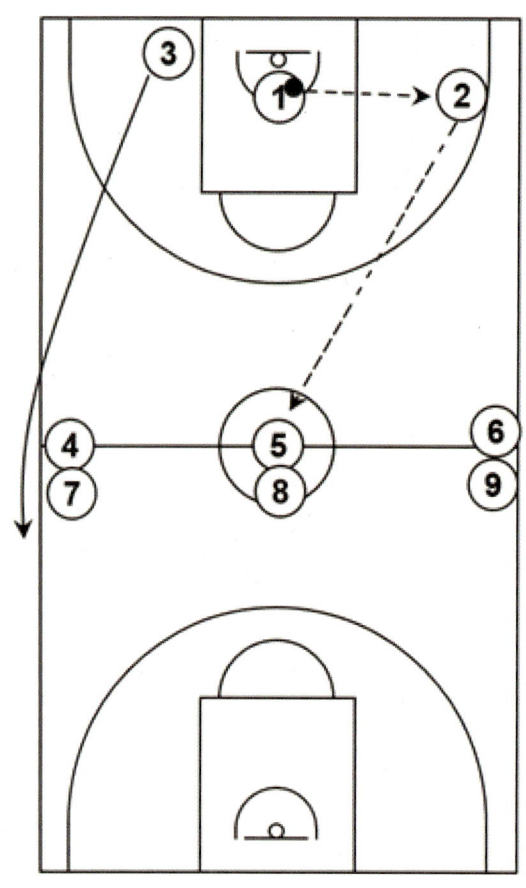

피봇 Pivot

피봇 플레이는 코치들이 플레이어들에게 어떻게 가르쳐야 하는지 알고 있다.

여러분이 연습하고, 배우고, 게임을 할 때 여러분은 피봇 플레이를 배웠던 기억이 생각나나요? 피봇은 대부분 코치에게 배운 것이 아니라는 것이다.

농구피봇

하지만 농구 기초의 탄탄하게 배워야 하는 가장 중요한 기술 중 하나이다.

직사각형의 농구 코트에 대해서 리바운드와 블록 슛, 스크린 후 돌아서, 아래로 떨어지는 스텝, 길게 빠지는 스텝, 압박 수비를 드리블로 벗어나고 이 모든 것이 피봇 플레이와 관련이 있다.

대부분의 오른손잡이 플레이어는 왼발을 더 편안하게 피봇 할 것이다.

왼손잡이 플레이어들은 오른쪽 발을 피봇 하는 것을 선호한다.

돌이켜 생각해보면 양쪽 오른쪽 다리, 왼쪽 다리를 다 사용한다.

왼손 피봇 풋이 있는 오른손잡이가 오른쪽 다리와 발을 사용하여 작업을 하고 있다.

플레이어들에게 이것에 관해 이야기하는 것이 좋다.

우리는 균형을 가르치고 모든 플레이어들은 양쪽 발을 피봇 하는 것을 배워야 한다.

플레이어들이 특정 피봇 풋에 더 편안하게 느낄 수 있도록 하는 것이 좋을 뿐만 아니라 다른 쪽을 개발하기 위해 조금 더 노력해야 한다. 좌측통행과 유사하게, 양쪽 모두를 똑같이 잘 사용할 수 있는 이점이 있다.

기본적으로 농구코트에서 모든 플레이에 필수적이다.
  - 동작이 느린 플레이어도 상당히 빨리 만들 수 있다.
  - 키 작은 플레이어가 키 큰 플레이어를 상대할 수 있게 한다.

- 실력과 관계없이 모든 플레이어에게 중요하다.
- 예를 들면, 개인 (공격, 수비)움직임, 리바운드, 포스트 플레이를 원활하게 한다.
- 앞 오른쪽, 앞 좌측 및 뒤 오른쪽, 뒤 좌측으로 움직인다.
- 트리플(슛, 드라이브, 패스) 위협을 준다.
- 볼 잡기 위해, 패스를 만나기 위해 이용된다.

이것은 청소년 플레이어들의 피봇과 패스를 가르치는 가장 좋은 연습이다.
우리는 처음 볼을 만지는 초보자를 대상으로 모든 연습에서 이 방법을 사용한다.
이 연습은 경험이 많은 플레이어와 함께 워밍업으로 사용할 수도 있다.

경험이 많은 플레이어들은 바스켓에서 연습을 하고 슛으로 끝내기를 좋아한다.
그러나 어린아이들은 제대로 쏠 힘이 없다.
그래서 우리는 대신이 연습을 사용한다.
초보 플레이어 조차도 2~3m 패스를 할 수 있다.

1 | 앞, 뒤 Front, Back Turn

Step사용하여 180° 움직인다.

⊙ Set Up - 1명당 볼 1개

2 | 팔을 어깨 높이 휘두르며 좌, 우 Front, Back Step

팔과 다리를 사용하여 크게 휘두르며 180° 움직인다.

◉ Set Up – 볼 1개 1명당

3 | 팔을 무릎 아래로 휘두르며 좌, 우 Front, Back Step

팔을 무릎 아래로 내려서 크게 휘두르며 180° 움직인다.

◉ Set Up – 볼 1개 1명당

4 | 점프 스톱 후 피봇 Jump Stop Front and Back Pivot

드리블 후 점프 스톱한다. 프론트(Front, 앞), 백(Back, 뒤로) 피봇 후 패스한다.

반대 방향도 한다.

◉ Set Up – 볼 1개 2명당

5 | 2대1 피봇 One-on-Two Pivoting

볼 소유자는 좌, 우 방향으로 원~투 드리블 후 점프 스톱하고 빼앗기지 않게 볼을 보호하는 좌, 우 피봇을 한다. 수비수는 적극적으로 앞, 뒤로 움직여 볼을 빼앗아 본다.

◉ Set Up – 볼 1개 3명

★코칭 포인트☆

먼저 기본 피봇(앞 45° 피봇, 180° 피봇, 백 피봇)부터 시작한다.

매일 한가지 피봇을 가르치고 편안하게 피봇을 천천히 추가한다.

앞면과 안쪽으로 피봇을 사용하여 플레이어가 180° 피봇을 만들고 균형을 유지하도록 한다. 다음 패스를 한다.

점프 스톱 시 두 발이 동시에 플로우에 닿아야 한다.

모든 피봇에는 허리를 펴고 무릎을 구부려 낮은 자세로 한다.

리바운드 연습 Rebound Drills

플레이어들이 즐겨하는 농구 연습은 성공적인 플레이어가 되는 데 있어 매우 중요한 역할을 하고 있으며, 이러한 농구 연습은 그들의 기량을 향상시킬 수 있을 것이다. 만약 여러분이 플레이어로 리바운드를 정말로 하고 싶다면 리바운드 연습을 하는 데 적어도 20분씩은 해야 된다.

농구에서 리바운더(주로 포스트맨, 포워드)의 일은 짐작할 수 있듯이 팀의 공격에서, 수비에서 리바운드를 얻는 것이다.

적절한 리바운드 기술을 통해 누구든지 효과적이고 향상된 리바운드를 만들 수 있다.

플레이어가 키가 큰지 아니면 점프력이 좋은지는 중요하지 않다.

단신 플레이어는 올바른 리바운드 팁과 기술을 활용하여 훌륭한 리바운드가 될 수 있다.

그것은 플레이어가 농구 골대나 백 보드에서 도움이 되는 적절한 기술과 기법을 습득한다.

좋은 리바운더가 될 수 있는 4가지 기본적인 측면이 있다는 것을 명심하라.

플레이어는 모든 슛이 실패할 것으로 예상하고 리바운드 적극적으로 한다는 스스로의 마음가짐을 가져야 한다.

가르치기 힘든 기술은 플레이어들에게 단호하고 적극적인 자세를 취할 필요가 있다.

위치 선택 Positioning

슈팅 시 볼을 못 보았을 경우 볼이 어디에 닿을지 알 수 있어야 하기 때문에 위치를 선택하는 것은 매우 중요하다.

볼을 잡을 수 있는 올바른 위치에 있다면 볼에 대한 다른 팀의 플레이어와 싸울 필요가 없다. 볼이 던져질 곳을 주시하고 어디로 튀는지 예상하고 준비가 되어 있어야 한다.

여기서 가장 중요한 것은 볼이 튀는 각도를 읽고 반응하는 것이다.

농구 골대로 슈팅 후 림이나, 백보드 등에 닿으면 민첩하게 반응한다.

적절한 리바운드 자세 Proper Rebounding Stance

균형을 위해 다리를 벌리고 무게 중심을 낮춘다.

리바운드 후 상대방이 볼을 빼앗으려고 한다면, 이것은 당신을 밀어내기 어렵게 만들 것이다.

팔을 벌리고 엉덩이를 가장 가까운 상대방의 허리 쪽으로 밀착한다.

이 리바운드 기술을 박스 아웃이라고 하며, 위치를 유지하고 리바운드를 볼 잡는데 좋은 방법이다.

리바운드 볼 보호 Preventing Steals

리바운드를 볼 잡은 후에는 절대로 드리블하지 않는다.

수비팀의 플레이어가 당신을 막고 볼을 빼앗으려 하기 때문에 즉시 볼을 보호한다.

가슴 쪽 턱 아래로 볼을 가져오고 팔꿈치를 벌린다.

이것은 당신이 볼을 보호하고 패스하는데 도움이 된다.

볼 팁핑 Tipping the Ball

플레이어가 리바운드 볼을 세게 잡을 수 없는 경우가 많다.

이 경우 리바운드를 얻을 수 있도록 다른 플레이어를 향해 볼을 팁(톡 치는 것) 하는 것이 좋다.

당신의 방향으로 볼이 약간 옆으로 튀는 경우 팀 동료에게 팁을 하여 볼을 잡을 수 있게 한다. 팁핑은 오히려 유익할 수 있으며 올바른 위치에 충분히 빨리 도달할 수 없는 경우 필수 요소일 수 있다.

★리바운드 팁 Rebound Tip☆

볼을 움켜잡는다.

연습한 기술을 이용한다.

박스 아웃 한다.

무릎을 구부린다.

볼을 본다.

타이밍이 중요하다.

멀리 튕기는 볼을 예상한다.

볼이 슈터 쪽으로 되돌아올 가능성 높다.

볼은 턱 아래 및 가슴 위로 볼을 팔꿈치를 벌려서 잡고 보호하는 자세를 취한다.

슛 던지는 것을 미리 예상해서 리바운드 지역 위치를 잡는다.

🏀 탑(Top)에서 슈팅 후 볼이 튕기는 방향(%)

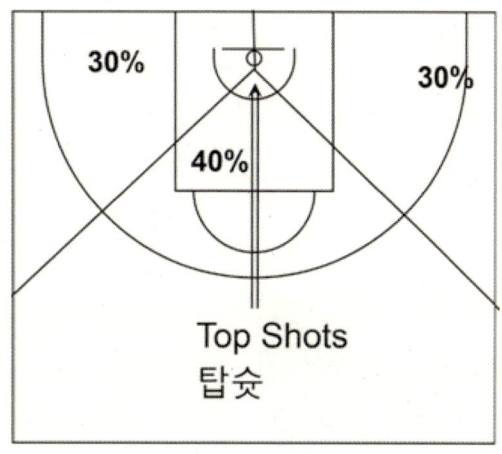

🏀 윙(Wing)과 코너(Corner)에서 슈팅 후 볼이 튕기는 방향(%)

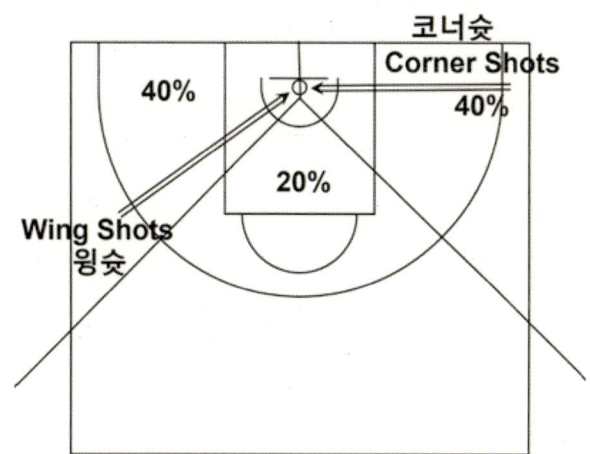

1 | 두 손 리바운드 Two Hand Rebound

🏀 목적
리바운드에서 높이, 힘 및 민첩성을 얻을 수 있게 해주는 연습

🏀 설명
리바운드는 두 손으로 잡으며 두 발이 움직인다. 리바운드하려면 예상 낙하지점을 빠르게가서 팔을 들고 점프한다. 그리고 두 손으로 볼을 잡고 두 발로 착지를 한다.

볼없이 시작해서 출발 명령을 사용하면서 플레이어는 퀵 스타트로 프리드로우 라인으로 가서 도움닫기로 파워 있게, 높이 점프해서 볼을 잡고 팔 벌려서 착지한다.

플레이어는 볼을 잡고 착지할 때 볼을 턱과 가슴 사이에 넣고 팔꿈치를 벌려서 내려온다. 볼을 보호하는 가장 좋은 방법이다.

2 | 꽉 잡다 Grabbing

마주 보거나 등을 맞대고 한명은 볼을 두 손으로 높이 들고 다른 한 명은 점프해서 볼을 힘껏 낚아채면서 잡아 턱 아래 및 가슴 위로 갖다 놓는다.

◉ Set Up - 볼 1개, 2명

3 | 탭 Tab Drill

벽이나 백보드에 볼 던진 후 제자리서 한 손으로 연속으로 탭 점프를 반복한다.

◉ Set Up – 볼 1개, 1명

4 | 풋 백 리바운드 Put Back Rebounding Drill

설명

볼을 던지는 것과 떨어지는 볼의 속도를 예상해야 한다. 백보드 약 2 미터 떨어진 곳에 선다. 림 높이로 볼을 던진다. 튀어나오는 볼을 점프하고 리바운드 후 볼을 턱과 가슴 사이에서 갖고 있는다.

★코칭포인트☆

슛을 정확히 백보드에 맞추어서 튀어나오도록 한다. 볼을 세게 잡고 팔꿈치를 벌린다.

◉ Set Up – 볼 1개, 1명

5 | 파워 리바운드 Power Rebound Drill

Back Board 반대쪽으로 점프 패스,
반대쪽으로 점프 패스를 반복한다.

◉ Set Up – 볼 1개, 2명

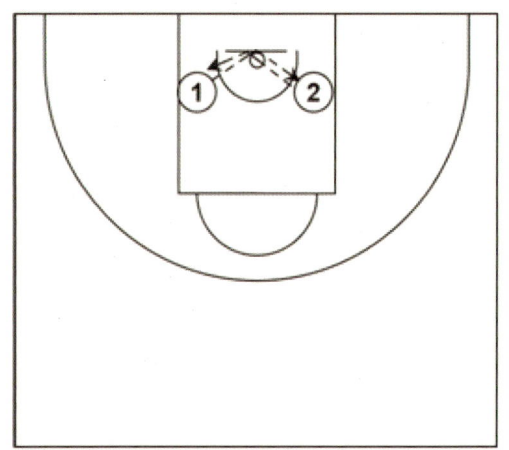

6 | 아웃렛 패스 Rebound and Outlet Pass

바스켓 밑에서 볼을 던져 점프해서 잡고 내려올 때 볼이 턱 아래, 팔꿈치를 벌리고 볼을 보호하는 자세를 취하고 왼발 스텝을 사이드 라인 쪽으로 놓으면서 패스를 한다.

⊙ Set Up – 볼 1개, 팀 나누어서

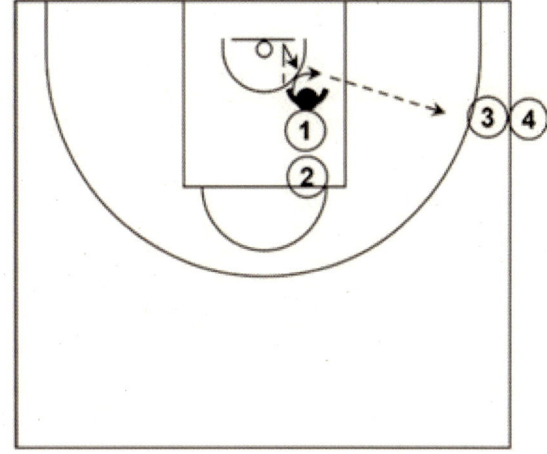

7 | 파워 풋 백 Power Rebound Putback

각 번호가 매겨진 위치에서 볼을 백보드에 던지고 점프 리바운드 후 슛, 다음 번호 가서 볼을 던지고 점프 리바운드 후 슛한다. 연속으로 한다.

리바운드 시에 턱 밑으로 볼을 잡고 아래로 내리지 않는다.

⊙ Set Up – 볼 1개, 1명, 10 슛 2세트

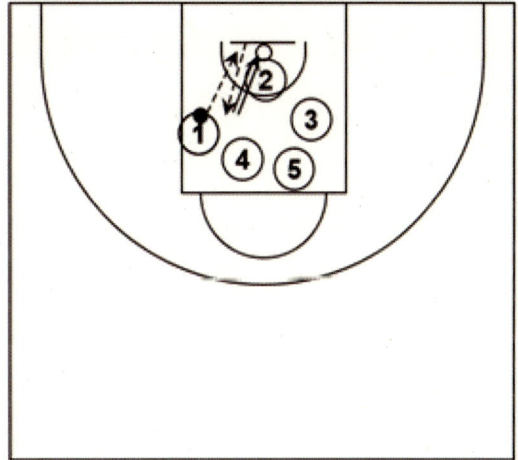

박스 아웃 Boxing Out

박스 아웃은 농구에 관한 쉬운 기술 중 하나이지만 수비수는 수동적이기 때문에 공격 플레이어의 능동적인 움직임을 막기 어려운 부분이 있다.

팀의 플레이어가 성공적으로 할 수 있게 하려면 팀 플레이어들에게 먼저 "할 수 있다"와 반듯이 "해야 하는" 할 일을 항상 기억하게 하는 연습이 어려운 것 같다.

1 | 기본 Basic

신호에 따라 수비수는 공격 플레이어의 위치에 가서 등 뒤로 밀착 적극적으로 좌, 우로 막는다.

손을 어깨 높이로 들어 사용한다.

(박스 아웃 공격자를 밀착할 때 스텝을 이용 반복)

⊙ Set Up – 볼 1개, 3명

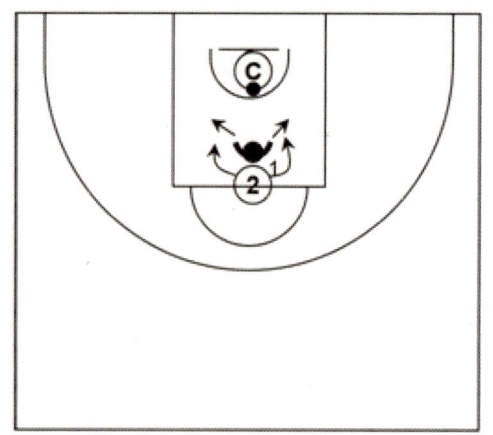

2 | 윙 리바운드 Wing Rebound Drill

45°에서 슈팅하면 반대편 공격 플레이어는 적극적인 리바운드를 참가한다.

수비수는 공격 플레이어가 이동하는 것을 끝까지 보고 몸을 가까이 밀착하여 박스 아웃 리바운드한다.

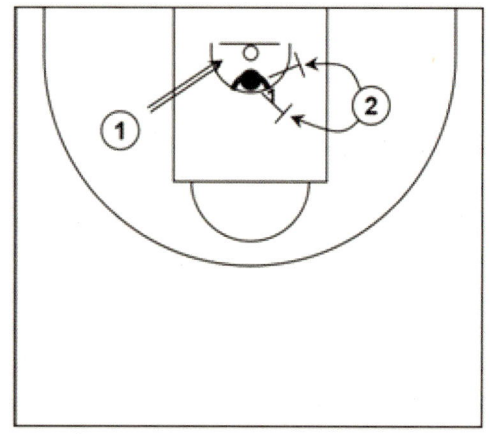

3 | 2대2 윙 리바운드 Wing Rebound Drill 2on2

탑이나 프리드로우 라인에서 슈팅하면 양쪽에 공격 플레이어는 적극적인 리바운드를 참가한다. 수비수는 공격 플레이어가 이동하는 것을 끝까지 보고 몸을 가까이 밀착하여 박스 아웃 리바운드한다.

⊙ Set Up - 볼 1개, 3~4명

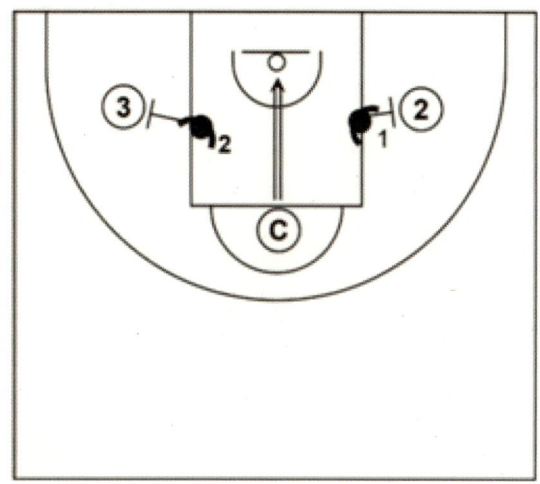

4 | 프리드로우 라인 Free Throw Shot Rebounding

공격자보다 먼저 스텝을 안쪽으로 넣고 팔을 들고서 공격자의 이동하는 것을 끝까지 보고 몸을 가까이 밀착 박스 아웃 후 적극적인 리바운드를 참가한다.

⊙ Set Up - 볼 1개, 5명

5 | 1:1 리바운드 Rebound 1on1

이것은 수비 리바운드를 잡고 볼을 가지고 플레이하는 것을 방해하는 좋은 연습이다.

첫 번째 수비수가 있고, 다음 플레이어의 라인을 정렬한다.

수비수는 매번 새로운 공격 플레이어로 3회 연속 리바운드를 잡는 것이 목표이다.

리바운드를 할 때 수비수가 볼을 잡고 팔을 벌린 상태에서 턱 아래서 가져와서 피봇을 하여 코치에게 패스한다. 볼이 경계선을 벗어났거나 공격 플레이어에게 리바운드를 허용하면 카운트가 되지 않는다.

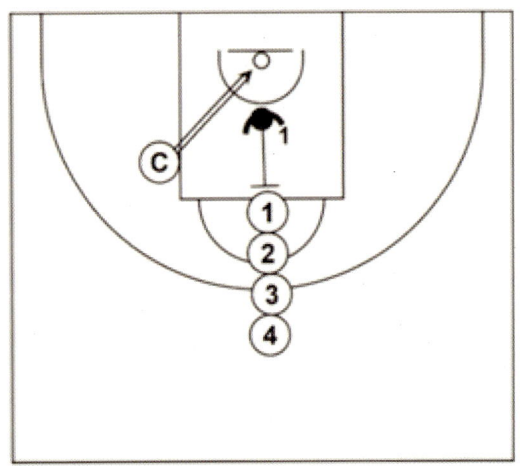

6 | 리바운드 무브 Move Rebound Drill

수비수는 공격 플레이어를 순회하면서 슛 신호와 공격 플레이어의 이동 방향을 찾아가서 몸을 가까이 밀착하고 박스 아웃 리바운드를 한다. ⊙ Set Up - 볼 1개, 7명

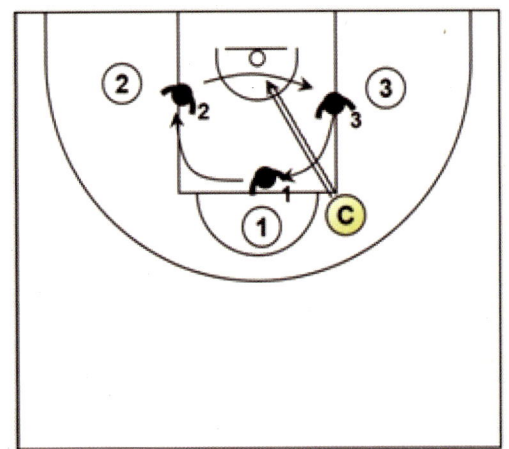

7 | 리바운드 박스 아웃 Box Out Rebounding Drill

페인트 존에 수비수 4명이 줄 서서 있고 공격 플레이어를 4명 45° 코너에 있는다.

코치에게 패스하면서 숫자를 얘기하면 번호 수비자가 패스 받은 공격자를 박스 아웃 한다.

⊙ Set Up - 볼 1개, 9명

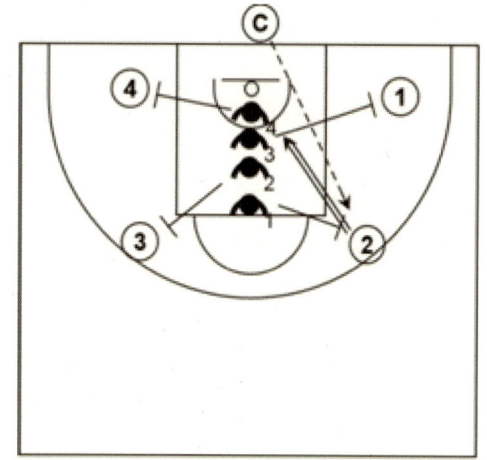

8 | 쉘 드릴 박스 아웃 Shell Drill Boxout

 목적

4명의 공격 플레이어와 수비수 날개(윙), 또는 코너 위치. 4명의 플레이어는 수비 위치에 있는다. 다음 룰에 따라 공격 플레이어가 볼을 가지고 주위로 패스를 윙과 코너로부터 주고 받거나, 드리블로 이동하면서 움직인다. 수비수는 정상적으로 공격 플레이어를 쫓아다니면서 수비 포지셔닝을 유지한다. 코치가 어느 한 공격 플레이어에게 "슛"하고 큰소리로 이야기하면 볼 가진 플레이어는 슈팅을 한다.

수비수들은 빨리 공격 플레이어를 찾아 박스 아웃을 한다.

공격 플레이어들은 리바운드하러 페인트 존으로 들어간다.

★코칭포인트☆

공격 플레이어들에게 적극적으로 움직이게 하고 패스를 5번 이상 한 후 코치가 소리를 지른다.

팀당 연속 리바운드 5개~10개를 잡고 교대한다. 수비수들의 수비 포지셔닝을 본다.

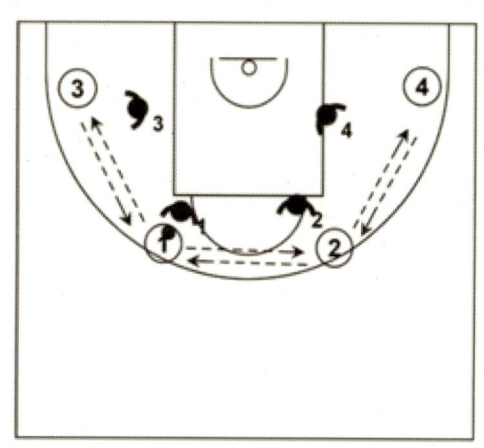

슈팅 Shooting

슈팅 자세와 기본 Shooting Basic

농구에서 슈팅은 배우기가 가장 어려운 기술이다.

슈팅 폼이나 자세를 틀리거나 다르게 배우고 연습하면 바로 잡는 것이 매우 어렵다.

가장 정밀하고 정확성을 위해서는 근육 운동의 맞춤 근육이 필요하다.

이러한 활동은 손, 팔, 몸통, 다리, 심지어 발가락에서부터 온다.

근육운동이 반복될 수록 근육이 이러한 움직임 패턴으로 된다.

신체의 많은 부분이 슈팅에 관련되어 있어 자세나 움직임을 보면 틀렸는지 쉽게 알 수 있다. 따라서 직선 자세 개념을 알리므로 쉽게 자세를 수정할 수 있다.

플레이어는 모든 자세를 직선으로 단순 정렬로 취하게 한다.

완벽하게 정렬되면 슈터는 볼을 던져서 위쪽을 향해 앞으로 나아가게 한다.

따라서 일직선으로 정렬된 자세를 가르쳐 자세나 움직임을 쉽게 수정될 수 있도록 한다.

볼을 들고, 준비하고, 던지는 것은 고대의 투석기와 같은 방식으로 볼을 던져서 고정된 표적을 맞추는 것이다.

이 경우 농구의 타깃이다.

일관된 슈팅기술

일관된 슈팅기술의 중요성을 이해하지 못하면 결코 위대한 슈터가 될 수 없다!

솔직히 말해서 이것은 모든 농구플레이어가 각자 다른 슛 자세를 하고 있다.

그러나 단순하고 강력한 개념을 이해하면 훌륭한 슈터가 될 것이다!

슛 구성 요소를 생각해보라 단계마다 일관성 있고 동일한 방식으로 수행되어야 한다.

스텝은 매번 같은 위치에 있어야 한다. 이것은 당신이 슛 연습하는 데 도움이 될 것이다.

슛 자세는 매번 같아야 한다. 일반적으로 말해서, 볼은 당신의 배와 가슴 사이에 있어야 한다. 생각해보라 슛 자세에서 볼의 위치가 달라지면 슛의 타이밍과 컨트롤은 물론 파워와 슛 거리도 떨어진다.

슛 동작과 팔 위치가 매번 동일해야 한다.

무릎을 구부리고 점프하는 것이 일관되어야 한다. 점프의 높이도 거의 동일해야 한다.
(높이 점프하는 것은 가장 좋지 않다.)

팔을 쭉 펴서 슛을 던지는 동작은 매번 동일해야 한다.
손이 똑같은 자세로 있어야 매번 같은 동작을 반복해야 한다.
같은 동작을 일관성 있게 한다.

만약 당신이 조금이라도 다른 슈팅 자세로 슈팅을 한다면 당신은 확실히 당신의 슛을 날려 버릴 것이다.
여러분은 이러한 미묘한 차이를 최소화해야 한다.
신체와 근육이 혼동을 일으키지 않도록 하는 것이 좋다.

슈팅 기술과 자세

이제 훌륭한 슛을 하기위한 것. 뛰어난 슈터가 되기 위한 좋은 슈팅기술은 필수품이다.

타깃을 보자 Eyes on Target

정확도를 높이려면 빨리 표적(림)을 봐라.
목표물을 주시하고 던질 때 볼을 보지 마라.
목표를 계속 보고 있는 것이 매우 중요하다.

슛 자세와 균형(오른손 슈터) Stance and Balance

스텝은 어깨너비로 벌려라.
스텝은 편안하게 있고 한쪽 발은 약간 앞서서 있는다.
스텝은 바스켓 방향으로 향하고 편안한 자세를 선호하지만, 직각으로 된 자세를 사용할 수도 있고 다른 한발은 약간 뒤에 있다.
편안한 슛 자세를 취하고 발을 일렬로 세워서 어떤 자세를 취하든 일관된 자세가 중요하다.

슛 던지기 위해 볼 이동 위치 Shot Pocket

당신이 볼을 잡으면 슛 이동 위치로 빠르게 옮긴다.

눈과 볼, 바스켓에 직선으로 본다. 이것은 매우 중요하다.

볼이 허리와 가슴 중간위치에 있는다.

볼을 올바르게 잡고 슛 던질 준비를 한다.

매번 반복적으로 슛 이동 위치로 볼을 준비한다.

당신은 그것을 잡는다.

꽉 잡은 볼 Grip

가운뎃손가락과 집게 손가락 사이로 공기 구멍에 놓는다.

집게 손가락을 공기 구멍에 직접 갖다 댄다.

손가락을 검은색 이음매에 수직으로 정렬한다.

당신은 스핀(볼 회전)을 볼 수 있다.

볼과 손바닥 중간 사이에 공간을 둔다.

볼과 손바닥 부분에 손가락 하나를 넣을 수 있어야 한다.

균형 있게 편안하게 손가락을 벌린다.

다른 손가락을 볼 옆에 대고 있어야 한다.

볼 잡은 손의 균형 Balance Hand

당신의 오른손은 볼의 옆에 있어야 한다.

균형 잡힌 손에 힘을 더하거나 슛을 던질 때 일부러 회전을 시키지 않는다.

슛 던질 때 볼을 받드는 손의 모양이 움직이지 않고 항상 먼저 오픈을 해야 한다.

슛 발사 Delivery

볼은 배, 가슴 근처에서 시작하여 바로 위로 향해서 움직임을 시작해야 한다.

팔꿈치는 아래로 편안하게 위치해 있어야 한다.

볼은 당신의 머리 뒤로 가서는 안 되고 이마 앞쪽에 남아 있는다.

당신의 팔, 다리 몸의 중심조절하여 잡아 준다.

당신의 팔꿈치와 손목은 바스켓 쪽 일직선으로 쭉 뻗어야 한다.

슛을 한 손은 림까지 직선으로 뻗어야 한다.
던질 때 손 위치는 매우 중요하다.
손에서 볼이 완벽한 백 스핀(역회전)으로 나와야 한다.
그림에 표시된 바와 같이 손의 방향은 그대로 유지된다.
측면 손은 볼의 비행에 영향을 미치지 않는다.

점프 상승과 착지 Up force and Landing

점프 후 머리 위 바로 앞까지 볼을 놓는다.
무릎을 구부리고 펴서 힘을 생성한다.
당신이 점프 슛한 위치 앞에서 내린다.
그것은 당신의 슛 동작이 균형을 잘 잡았다는 것을 보여준다.

쭉 뻗는 팔의 동작 Follow Through

다리, 허리, 팔을 사용하여 몸의 힘을 조절한다.
당신의 팔꿈치와 손목은 일직선으로 뻗어서 바스켓으로 던져야 한다.

점프 슛의 쭉 뻗는 팔의 동작 Follow Through

던진 후 손목이 편안해야 한다.

손가락은 표적(림)을 향해야 한다.

높은 곳에서 던져라. 당신은 맨 위에 있는 손가락을 보세요.

볼이 림에 닿을 때까지 자세를 유지한다.

슛 자세가 정확한지 검사하라

필요하다면, 슈팅기술을 즉시 바로잡아라.

예를 들어, 만약 당신이 슛 자세가 나쁜 것을 알아챘다면 당신의 팔을 위치를 변경해보라.

왜!

이 기술은 당신의 나쁜 슛 습관을 빠르게 바꾸게 될 것이다.

다른 슛 자세를 즉시 수정함으로써,

여러분은 다음번에 정확한 슛을 하게 하도록 한다.

무빙 슈팅 Moving Shooting

농구코트에서 슛하는 던지는 방법을 알지만, 게임을 하기 위해 계속해서 움직이고 있다.

그것이 바로 여러분이 좋은 스텝이 필요한 이유이고, 어떻게 '움직이는 것'에 대해 배워야 한다.

더 다재다능하게 움직이고 순발력이 좋을수록 수비수가 지키기가 어려워진다.

순발력이라는 것은 어떤 방향으로도 효과적으로 가속할 수 있으므로 자신과 수비수 사이에 공간을 만들어 자신을 위해 슛을 할 수 있는 기회를 창출하는 것이다.

당신의 목표는 농구의 필요한 기술을 최대한의 순발력에 결합하는 것이다.

농구 게임에 필요한 기술 스피드, 기술, 순발력, 그리고 훌륭한 슈터가 되기 위해서는 스텝이 필요하다.

배울 과제는 앞, 뒤, 옆으로 움직이는 균형 잡힌 운동으로 전환하는 것이다.

전방, 후방 또는 옆쪽으로 중심이 흔들리거나 스텝이 엇갈리면 제어하기가 어렵고 균형이 무너진 슛 자세가 발생한다.

풋워크(Footwork)에서 두 가지 선택을 할 수 있다. 슛 모션으로 들어가거나 풀업 점프 슛 한다.

일반적으로 스텝을 밟으면서 하면 슛을 더 빠르게 던질 수 있다.

슈팅을 하는 것은 당신과 수비수 사이에 공간을 만들어 낼 수 있고, 완벽하게 슛 타이밍을 맞출 수 있는 패스를 잡아내게 해 준다.

자유롭게 슛을 구사하는 것이 쉽게 된다.

슈팅 시작 단계

당신의 발의 움직임을 시작하고 한 발에 중심을 세우고 당신의 슛 동작에 발이 딛자마자 제자리 위로 뛰어오른다.

오른쪽 또는 왼쪽으로 이동할 때는 바스켓에 가장 가까운 발을 사용하는 것이 가장 중요하다.

이 슛동작을 사용하여 시작하는 방법은 점프스톱 방법을 사용하는 것보다 더 빠르다. 당신은 슛을 하기 위해 점프에서 떠 있는 시간을 낭비하지 않는다.

공격 플레이어들은 슈팅할 수 있는 동작이 가볍고 단순하고, 더 많은 플레이를 하거나 지속적으로 할 수 있다.

많은 플레이어들이 손을 가지고 볼 잘 다루는 것처럼 한쪽 발도 익숙해야 한다.

피봇에서 양쪽 발을 잘 사용하는 것을 배움으로써 농구코트에서 더 많은 곳에서 효과적으로 발휘할 수 있다.

만약 당신이 왼쪽으로 이동한다면, 당신의 오른발이 닿자마자 슛을 던지세요

패스를 받으면 가능한 한 가까이에 볼이 슛 이동 위치에 있다.

왼발을 피봇 풋(회전 축)으로 사용하여 발 뒤꿈치를 먼저 대고 발바닥도 닿는다. 이 방법은 탄력을 줄이는 데 도움이 된다. 무릎을 구부리면서 슈팅 자세로 오른쪽 다리를 움직이면서 중심을 낮추고 가속도를 완전히 멈추게 한다.

이때까지 눈은 림에 초점을 맞추고 있어야 한다.

완벽하게, 오른발은 슈팅 자세, 왼쪽 발 몇 인치 앞에, 바스켓을 향해, 그리고 다리 사이가 어깨 너비만큼 벌어져 있어야 한다.

만약 당신이 왼쪽으로 이동한다면, 당신의 오른쪽 발에서 당신의 슛을 던져라.

오른쪽 발이 피봇 발이 된다.

발뒤꿈치에 대고 발에 힘주어 가속도를 멈추도록 한다.

왼쪽 다리는 무릎이 구부러진 상태로 돌려서 낮은 무게 중심을 설정하고 가속도에 맞춘다.

오른손잡이라면 왼손으로 볼을 잡아 슛 이동 위치 있는다.

슈팅 자세에 왼발을 닿는다. 정확히 오른쪽 발 몇 인치 뒤, 초점은 바스켓을 보며 스텝은 어깨너비로 벌린다.

올바르게 준비가 되었다면 올바른 자세에서 풀업 점프 슛 던지고 점프해서 내린 곳은 몇 인치 앞에 착지 되어 있을 것이다.

점프 스톱에서 슈팅

풀업 점프 스톱에서 슈팅은 동시에 양쪽 발이 착지하는 것과 같이 동시에 슛을 던지는 것을 포함한다.

풀업 점프 스톱 슛 - 오른쪽 또는 왼쪽으로 이동하여 슛을 던질 때 당신의 발에서 슛을 위한 탄력을 조절한 후 슛을 시도한다.

당신이 오른쪽으로 이동하는 경우, 왼쪽 발 움직이며 당신의 풀업 점프 스톱 슛 도약 위치로 움직인다.

당신이 왼쪽으로 이동하는 경우, 오른쪽 발 움직이며 당신의 풀업 점프 스톱 슛 도약 위치로 움직인다.

만약 당신이 점프 스톱에서 바스켓으로 던지고 포물선이 순조롭다면, 당신은 어느 쪽 발이 편안하게 착지하는지를 느껴라.

슈팅의 기본과 잘못된 슈팅을 고치는 방법

슈팅을 위한 기본적인 원리를 배우고 개념을 철저히 이해하는 것이 중요하다.

비결은 당신의 슈팅기술에서 벗어나 바스켓 가까이에서 던지는 것이다. 몇 차례 반복 연습 후에 게임에서 슛을 던져라!

게임 도중에 슈팅기술에 대해 생각해서는 안 된다. 그냥 던져라!! 어떤 생각이든 나면 잘못된 거다.

기초에 관해 생각해야 하는 시간은 연습시간에 있다.

만약 여러분이 연습을 시작하면 근육을 자유자재로 움직이고 활동을 시작해준다.

슛 자세나 슈팅기술을 수정해야 하느냐?

그렇다. 잘못된 것을 빨리 분석하지 말고 슛 연습 중에 수정할 수 있다.

우리는 슈팅하는 동안에는 어떤 생각도 하지 않아야 한다.

당신의 마음이 깨끗하고 편안해야 한다.

슈터의 비결은 슈팅을 충분히 반복연습을 통해 얻는 것이고, 게임에서 슛을 던질 뿐 슈팅

기술에 대해 생각하지 않는 것이다.

당신은 슛 연습을 했지? 그러면 슛 쏘는 법을 잊지 않을 것이다. 하지만 어떤 슛이든 성공되는 확률이 적기 때문에 슛이 잘 들어가지 않는다.

세계 최고의 플레이어도 50%를 놓치기 때문에 계속해서 슛 연습을 반복적으로 한다.

당신은 로봇 같은 슛을 원하지 않는다!
당신의 슈팅기술이 절대로 '교과서'가 될 수 없다는 것을 알아야 한다.
때때로 당신은 편안함과 일반적인 생각을 사용할 필요가 있다.
마지막으로 원하는 것은 정교한 슛이다.

슈팅 연습 Shooting Drill

코치가 실제로 동일한 슈팅 연습을 반복해서 사용하면 두 가지 현상이 발생한다.
팀은 지루해하고, 팀은 슈팅 연습을 중단하고 싶어 한다.

코치는 이런 일들이 일어나기를 원하지 않는다.
슈팅 훈련을 다양하게 사용하면 더 나은 농구코치가 되며 플레이어들에게 흥미롭고 관심을 갖게 될 것이다.
아래의 모든 농구 슈팅 훈련에는 드릴, 변형, 점수 시스템 및 코칭포인트를 설정하고 실행하는 방법에 대한 전체 지침이 나와 있다.
여기서는 많은 농구팀의 슈팅 연습을 통해 더 높은 성공 비율로 슈팅을 할 수 있도록 도와준다.

소개

이 부분에서는 코치의 편의를 위해 효과적인 슈팅 훈련을 충분히 설명하고 편리하게 활용할 수 있다.
슈팅을 강화하기 위해서는 간격을 두고 간단한 슈팅 관련 기술을 반복 연습을 해야 한다.
슈팅 시 볼을 잘 다루고 적절한 숫자를 유지하고 슈팅 후 동작을 부드럽게 유지해야 한다.
이 모든 것들을 짧은 시간 동안 할 수 있다.

1. 슈팅 형태 - 한 손으로 직접 슈팅하기

2. 슈팅 형태 - 양손으로 볼을 잡고 슈팅 후 손을 계속 뻗고 있고 볼을 끝까지 본다.

3. 줄 서서 슈팅 - 양쪽 라인을 따라 줄 서서 슈팅 연습한다.

4. 벽면 슈팅 - 벽 쪽으로 약 4.5m 높이까지 슈팅을 한다.

5. 최고조 – 한 타임에 40~50개를 림에서 약 60cm~1m 50cm 떨어진 곳에서 슈팅한다. 연속 슈팅을 유지하고 림에 집중하는 것을 잊지 않도록 한다.

주어진 거리에서 연속으로 정확하게 연습함으로써 시간을 줄이고 슈팅 거리 범위를 넓혀 나간다.

★코칭포인트☆

다음 연습 중 일부는 팀 맥락에서 슈팅 연습을 제공한다.

그들은 많은 슛을 만들어 던지고 플레이어들이 움직이게 하고 다양한 기술을 강화할 수 있는 기회를 제공한다.

우리는 어느 방향으로 든 움직이는 순간부터 풀업 점프 슛을 던질 수 있게 초점을 맞춘 연습을 시킨다.

우리는 또한 게임을 위해 드리블을 하면서 3점 라인에서 슈팅하는 연습을 한다.

더 많은 슈팅 연습이 필요한 코치라면 당신이 하는 연습을 고려해 보는 것이 좋다.

더 공격적인 패턴과 운동량을 높인 슈팅 연습을 공격 플레이어에게 제공하여 습득할 수 있게 연습패턴을 고안하고 개발한다.

만약 여러분이 몇 가지 간단한 원칙을 명심한다면 효과적인 연습을 생각해내는 것은 그리 어렵지 않다.

이러한 점에서 다음 사항을 유념하십시오.

당신은 가능한 한 줄을 서서 기다리면서 반복적인 연습을 원할 수 있다.

플레이어들이 혼란스럽고 좌절하지 않도록 쉽게 이해할 수 있고 연속적으로 할 수 있는 것을 원한다

당신은 플레이어들에게 연습을 하면서 그들에게 목적을 명확하게 알릴 필요가 있다.

연습을 항상 모니터하고 기대 이상의 성능과 노력을 요구해야 한다.

개인 및 팀 슈팅 연습

1 | 미칸드릴 Mikan Drill

목적

이것은 슛을 성공시키기 위한 훌륭한 연습이다.

또 모든 것을 시작할 수 있는 준비운동 드릴이기도 하다.

슛 연습 이 드릴에서는 리바운드와 빠른 스텝이 중요한 역할을 한다.

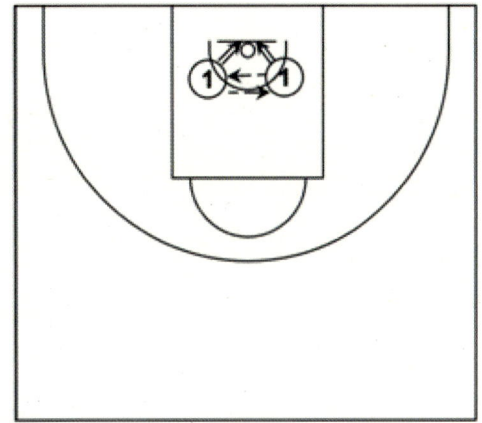

설명

볼 가지고 림(rim)의 한쪽에 선다. 왼발 점프해서 오른손으로 슛을 한다.

백보드 네모 안을 맞추어서 슛을 한다. 볼과 함께 파워 점프를 한다

점프 슛 한 후 볼을 리바운드하고 옆쪽으로 빨리 이동해서 오른발 점프, 왼손 슛을 한다.

백보드 네모 안을 맞추어서 슛을 한다. 다시 반대로 가서 반복한다.

왼쪽과 오른쪽 손으로 슛을 하면서 좌, 우로 연속 진행한다.

이 외에 리버스 레이업, 백 슛 등 프론트 코트를 보고 좌, 우 스텝으로 하면서 같은 드릴을 시작할 수 있다.

2 | 파트너와 슈팅 Partner Shooting

목적

이것은 여러분이 임의로 하는 슈팅 연습을 집중할 때 매우 효과적인 슈팅 훈련이다.

그것은 슈팅 연습을 향상시키는 동시에 당신의 슈팅 스텝이 완벽하게 하는 데 도움이 된다.

🏀 설명

슛터와 리바운더가 필요하다.

2명을 정하고 몇 가지 예는 다음과 같다.

엘보에서 엘보,

윙에서 윙(45°-45°)

베이스라인에서 윙(45°)

윙(45°)에서 탑

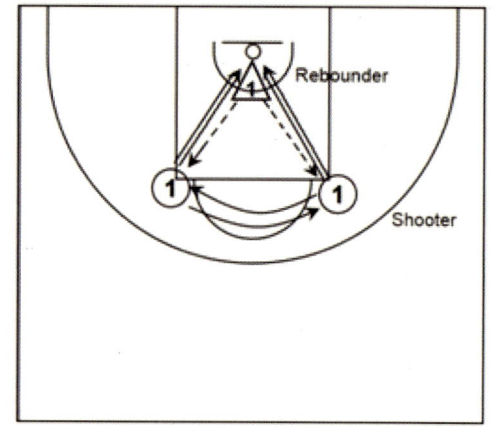

이 예제(이미지)에서는 엘보에서 엘보까지 하는 것이다.

리바운더는 림 아래 근처에서 볼을 갖고 시작한다.

슛터가 오른쪽 엘보에서 시작하여 왼쪽 엘보까지 달리고 움직이는 스피드는 중간으로 시작하여 차츰 빠르게 달린다.

리바운더가 볼을 슛터에게 패스한다.

슛터는 자신의 취향에 따라 슈팅 지점(엘보)으로 뛰어가서 패스를 받자마자 슈팅을 한다.

리바운더가 볼을 잡으면 슛터는 반대 엘보 위치로 다시 달리며 슈팅을 한다.

계속해서 코트에서 반복 연습을 한다.

강력하게 연습한다.

자세를 낮게 유지하고 엘보에서 엘보로 움직일 때 슈팅 할 준비를 한다.

이렇게 하면 게임 상황에 도움이 되는 슛이 빠르게 만들어진다.

자세가 높으면 다시 슈팅 자세로 내리려면 반 타임 정도가 슛이 느려 진다.

슛 전에 자세를 낮추지 않으면 슛이 짧거나 슛 포물선이 낮아진다.

슛 거리를 조금씩 늘려서 하거나 원 드리블, 또는 투 드리블을 사용해본다.

3 | 라인 슈팅 Line Shooting

🏀 목적

이것은 슛 자세에 초점을 맞춘 훌륭한 슈팅 훈련이다. 많은 플레이어들이 라인을 맞추었거나 놓쳤는지 따라 다르다.

그들이 잘못된 자세나 또는 형태로 슛을 해도 그것이 잘못된 거라 생각하지 않는다.

만약 그것을 계속 시도를 안 한다면 그들은 왜 실패했는지, 왜 라인을 못 맞추었는지 생각을 집중하지 않는다.

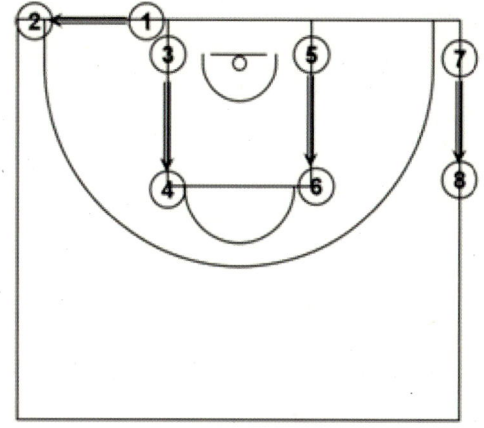

우리는 그 연습을 통해 경쟁력 있게 만들어야 한다.

🏀 설명

각 플레이어는 파트너와 한다. 각 쌍은 농구 코트에서 라인을 찾는다.

(이미지에서 보는 것처럼 하프코트 라인, 사이드라인, 프리드로우 라인 등) 각각 팀에는 볼이 필요하다.

플레이어가 상대방에게 슛을 쏘고 라인에 맞춘 숫자를 세어본다. 볼이 라인을 맞추면 성공이고 라인을 못 맞추면 그것은 실패로 간주된다. 처음에는 좋은 형태에 집중하면서 슈팅을 왕복하면서 하도록 한다.

1~2분 후에 팀당 많은 라인 맞춘 사람을 찾아본다.

★코칭포인트☆

슈팅 연습을 좋아하게 하라

자세를 낮게 유지하고 패스를 받을 위치에서 슈팅을 할 준비가 되어 있어야 한다.

이렇게 하면 게임 상황에 도움이 되는 슈팅 찬스가 빠르게 난다.

슈팅 전에 자세가 높으면 다시 슈팅하려면 자세를 다시 내려야 한다.

그러면 반 박자 느려 져서 슈팅 거리가 짧거나 슈팅 포물선이 평평해진다.

이 반복 슈팅 연습을 윙과 베이스라인에서 반대쪽 엘보로 시작하는 많은 장소에서 슈팅하는 경우 지속적으로 이를 패턴으로 만들어서 게임에 적용해본다.

반복 연습의 변형은 림에서 슛 거리를 늘리거나 드리블을 사용하거나 두 가지를 조합해서 슈팅 연습하는 것이다.

4 | 9개 지역 슈팅 게임 9 Spot Shooting Game

🏀 목적
이것은 농구 코트 안에서 하는 재미있는 슈팅 게임이다.

🏀 설명
9개 지점을 선택한다. 1인당 슛 3~5개를 지정하여 시작한다. 연령과 기술 수준에 따라 숫자를 높이거나 낮춘다.

각 지점으로 이동하여 9개 지점에서 슈팅을 하고 성공한 숫자를 센다.

총 메이드(성공한) 슈팅 수를 계산한다.

당신의 목표를 설정 동등 또는 그 이하를 슈팅하는 것이다.

진 팀은 페널티를 적용한다.

★코칭포인트☆

각 지점에서 다양하게 슛을 시도할 수도 있다.
예 : 제자리 서서, 원 드리블, 뱅크 슛, 클린 슛, 스핀 아웃

5 | 사다리꼴 슈팅 Trapezoid Shooting

목적

이 연습은 적절한 패스와 슈팅 자세를 잡는 데 도움이 되고 팀원들 간의 의사소통을 강조한다.

설명

네 팀으로 나눈다. 각 팀에 한 줄에 서고 각 줄마다 볼을 하나씩 갖고 있는다.

각 줄의 첫 번째 사람이 슈팅을 하고 리바운드해서 가져오거나 패스한다.

패스 후 슈터는 시계 방향으로 옆 라인의 끝으로 가서 선다. 가는 방향은 이미지에서 표시된다.

네 줄 모두 각각 팀으로 던진 개 수를 센다.

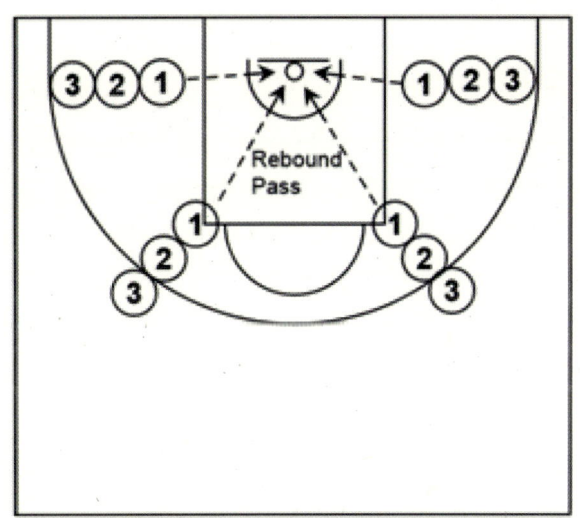

★코칭포인트☆

이 연습에서 의사소통이 매우 중요하다는 것을 플레이어들에게 강조한다. 플레이어는 정확한 패스를 하고 정확한 슛을 던져야 한다.

변형

이 연습의 시간제한은 임의대로 3분 이상 정해서 한다.

플레이어는 코트 안 다양한 장소에서 슈팅한다.

6 | 세 지역 슈팅 3Way Shooting

🏀 목적
슈팅 자세를 준비하고 볼을 원하는 곳에 패스한다.

슈팅 후 리바운드해서 팀원에게 패스

🏀 설명
3개의 볼과 6명 이상의 플레이어.

양쪽 베이스라인과 탑 쪽에 세 군데 정렬한다.

각 팀의 첫 번째 플레이어는 볼을 준비한다.

연습은 플레이어 1, 4, 7의 풀업 점프 슛으로 시작된다.

슛을 쏘면 플레이어는 바로 리바운드를 위해 림으로 볼을 따라 간다. 리바운드 후 볼은 다음 팀원(시계 방향)으로 패스한다.

플레이어는 패스한 곳을 따라가서 뒤쪽으로 선다.

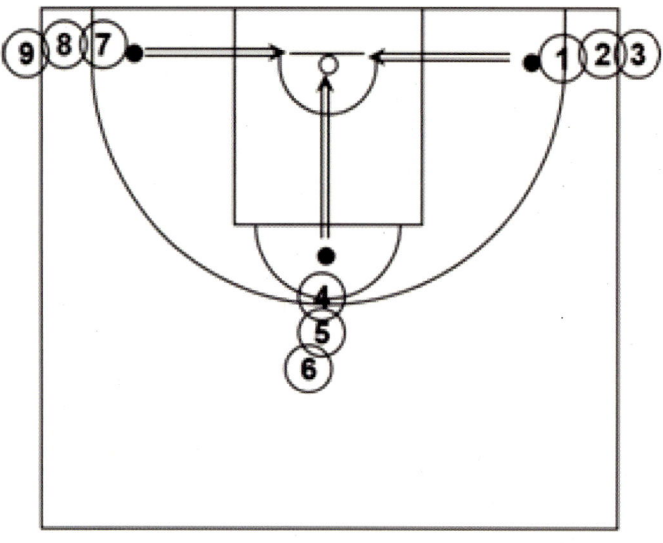

★코칭포인트☆
패스 후 슛을 막으려고 쫓아가서 손들고 방해한다.

12명 이상의 플레이어가 전체 코트를 사용한다.

7 | 세 지역 컷 앤 캐치 슈팅 3pt Cut Catch Shooting

🏀 목적
간단하면서도 효과적인 3포인트 슛, 또는 짧은 거리를 커팅 후 슈팅 연습한다.

🏀 설명
연습은 플레이어 1은 림을 향해 커팅하고 3포인트 라인 밖으로 돌아 나와 플레이어2의 패스를 받는다.

플레이어 1이 3점 슛을 던지고 자신의 볼을 리바운드하여 다시 라인 뒤로 간다. 2는 림으로 커팅하여 동일한 동작을 수행한다.

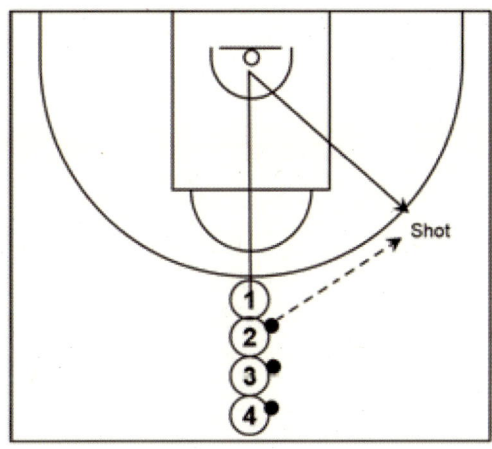 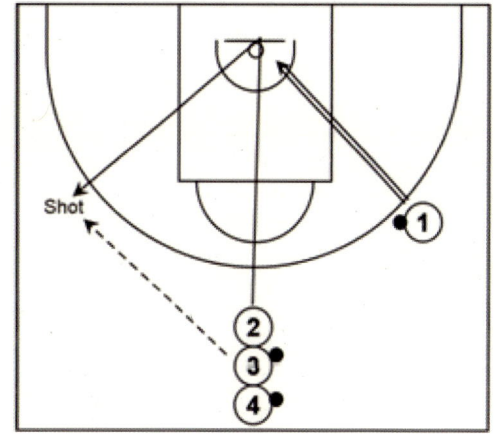

★코칭포인트☆
플레이어들이 3점 슛 거리가 짧거나, 안 될 경우 3점 슛 라인 안쪽으로 유도해서 슈팅을 한다.

8 | 브이 컷과 슛 V-Cut and Shot

목적
간단하면서도 효과적인 미들 슛, 또는 짧은 거리를 V 컷 후 슈팅 연습한다.

설명
플레이어 1은 반대로 갔다가 되돌아오는 V 컷해서 볼을 잡으러 가고 엘보 위치에서 볼을 받아 풀업 점프 슛한다.

플레이어 2는 리바운드를 잡아 탑으로 패스 후 돌아간다.

계속 반복을 한다.

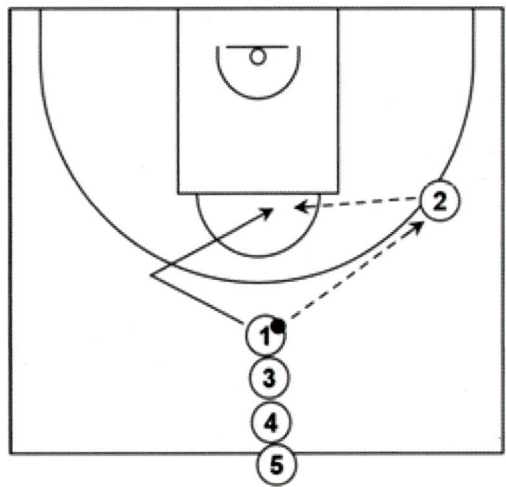
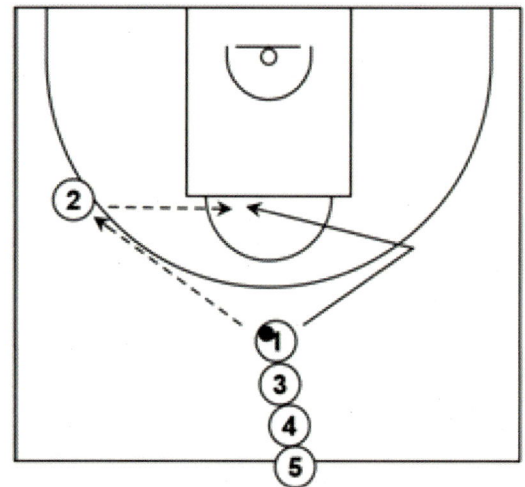

★코칭포인트☆

더 많은 플레이어를 사용할 수 있다.

슈터는 패스하러 윙으로 가고 패스한 플레이어가 리바운드한다.

9 | 다양한 지역 슈팅 5 Spot Variety

🏀 목적

하프코트 전체에서 다양한 슛을 연습순서를 기다리는 동안 이 연습은 빨리 움직이며 플레이어들은 너무 오래 기다릴 수 없다.

준비 모든 플레이어는 농구볼을 움켜잡고 같은 콘 뒤에 정렬한다.

각 플레이어는 5개 콘에서 4가지 슛을 한다.

핵심 4가지 슛은 두 번의 레이업과 두 번의 풀 업 점프슛이다. 코트에 있는 3점 슛 라인 밖에 5개의 다른 지역에서 콘 5개 배치한다. 양쪽 베이스라인, 양쪽 날개(윙) 및 탑 모든 플레이어는 농구볼이 필요하다. 모든 플레이어는 같은 콘 뒤에 정렬한다.

우리는 한 번에 이 연습에 7명 이상의 플레이어가 필요하지 않다.

플레이어가 많은 경우 다른 코트 사용한다.

플레이어는 슛을 던지기 전에 각 지역 한 바퀴 돌면서 슈팅할 위치와 슛 종류를 알아야 한다. 각 플레이어는 4가지 종류의 슛을 쏠 것이다.

플루터 슛, 유로 스텝(Euro Step), 레이업, 투 드리블 풀업 점프 슛, 캐치 앤드 슛

🏀 설명

모든 플레이어는 베이스라인 콘 뒤에 같은 라인에 있나.

코치가 플로터로 시작하기로 결정하면 라인의 첫 번째 플레이어가 몇 번 드리블을 하고 플로터 슛을 하고 다음 콘 뒤로 가서 합칠 것이다. 라인에서 첫 번째 플레이어가 볼을 던지자마자, 다음 플레이어가 드리블을 시작한다. 이것은 모든 플레이어가 첫 번째 콘에서 슛을 던질 때까지

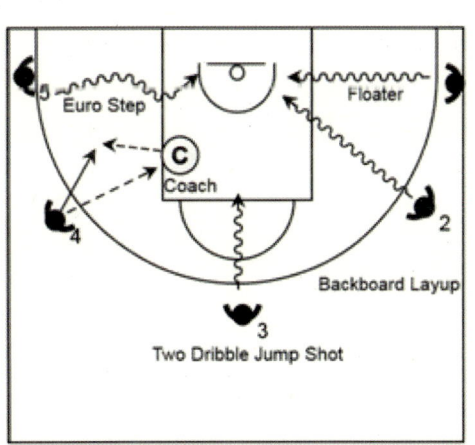

계속된다. 마지막 사람이 첫 번째 콘을 시작하면 두 번째 콘에있는 첫 번째 플레이어가 이전 콘에서 수행한 작업을 반복합니다. 이것은 모든 사람이 모든 콘에서 슈팅을 할 때까지 계속된다. 플레이어들은 첫 번째 콘에서 다시 끝나고, 코치는 새로운 슛을 골라내며 같은 루틴이 발생한다. 네 가지 슛 모두에 이렇게 한다.

10 | 스핀 슈팅 Spin Outs Shooting

🏀 목적

이 슈팅 연습은 쉬지 않고 연속적으로 하는 것에 효과가 있다.
파트너와 함께한다. 이 연습을 통해 볼을 다루는 방법을 보여 준다.
그러면 타이밍을 잘 관리할 수 있다.

🏀 설명

1. 하프 코트에서 볼을 가지고 시작한다.
2. 볼을 엘보 쪽이나 3점 라인 쪽으로 패스한다. 적당히 높게 패스를 한다.
3. 볼을 가슴 아래에서 캐치를 하고 풀업 점프 슛을 한다.
4. 그리고 바로 바스켓으로 가서 리바운드를 한다.
5. 볼을 하프 코트 쪽으로 드리블 할 때 3점 라인에서 드리블 방향을 바꾸면서 진행한다.
6. 하프 코트로 돌아오면 다시 반복한다.
7. 파트너와 함께 일하는 경우, 파트너는 자신이 엘보나, 3점 라인으로 향하게 하고, 하프 코트에서 출발해서 위치에 도달할 때 패스를 한다.

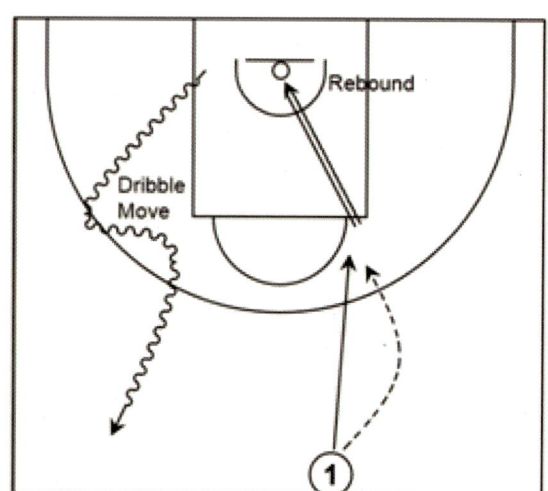

★코칭포인트☆

반대편 지역으로 이동해서 한다.

11 | 연속 슈팅 게임 Beat the Pro

🏀 목적

이 슈팅 게임은 재미있는 연습이다. 이 연습은 파트너 그룹과 함께 직접 할 수 있다. 당신이 좋아하는 프로 플레이어를 상대로 슈팅 게임을 한다고 상상할 수도 있다.

🏀 설명

1. 10점까지 플레이하십시오. 성공하면 매 순간마다 +2점. 실패하면 매 순간마다 -1점.
2. 본인이 슛하고 리바운드를 하고 패스한다.
3. 2명, 3명, 4명, 5명 팀 구성해서 함께하는 경우도 똑같이 본인이 슛하고 리바운드를 하고 같은 팀 플레이어에게 패스를 한다. 슈팅 위치에서 반복한다.
4. 상대방 팀 볼을 고의로 방해하거나 만지면 -1점이 된다.

★코칭포인트☆

경쟁심을 높이려면 점수 포인트를 높여라. 슈팅 성공을 +1을 하고, 실패하면 -1로 바꾼다.
정말 경쟁시키려면 슈팅 성공을 +1을 하고, 실패하면 -2로 바꾼다.
연속 슈팅을 놓칠 때마다 이 값이 두 배가 된다. -1, -2, -4, -8 등이 있다.
매회 이동하면서 정해진 슈팅 지역에서 하고 슈팅 거리를 조정한다.

12-1 | 체어 드리블과 슛 Chair Drill: 2 Up, 2 Back

🏀 목적
Go & Back

이 연습은 드리블과 슈팅을 개선한다. 또한 드리블과 볼 핸들링 기술을 향상시킨다. 혼자, 여러 명의 플레이어들과 함께할 수 있다.

🏀 설명
림에서 약 21피트(6m 40cm) 정도의 의자 또는 콘을 놓는다.

의자 쪽 앞으로 2번 드리블을 한다.

의자에 다 달았을 때 2번 백 드리블을 한다.

방향 전환 드리블을 사용한다.

원 드리블 풀업 점프 슛한다.

각 의자 앞에 반복연습한다.

12-2 | 체어 드리블과 슛 Chair Drill: 2 Up, 2 Back

crossover

12-3 | 체어 드리블과 슛 Chair Drill: 2 Up, 2 Back

insideout

★코칭포인트☆

2번의 어려운 드리블 공격을 해야 한다.

당신이 수비를 앞에 두고 백 드리블 할 때마다 당신은 큰 이점이 있다.

볼을 수비에 노출시키지 마라! 백 드리블을 할 때 볼 보호에 전념한다.

공격 드리블은 림에 직선으로 가야 된다.

그것은 수비를 제치고 원 드리블로 완료되어야 한다.

자세를 낮추어 머리를 숙인다.

당신의 드리블 방향전환을 할 때 낮은 자세를 유지하고 무릎을 굽힌다.

서 있는 자세는 수비수를 지나서 슈팅 자세로 준비가 되었을 때다.

드리블할 때 손가락 패드를 사용하고 손바닥을 사용하지 않는다.

당신은 드리블을 하는 동안에 원 드리블로 기회를 노린다.

당신은 스텝과 드리블로 수비를 제친다.

연습을 많이 하고 빨리 익숙해야 하고 상상력을 발휘해서 새로운 기술을 연마할 때 실수로 볼을 놓치는 것에 신경 쓰지 않는다. 그냥 주워서 다시 하자.

13-1 | 윙 드리블 슈팅 Wing Shooting off of the Dribble

🏀 목적

이 연습은 드리블 슈팅에 좋다. 그것은 혼자 또는 팀에서 행해질 수 있다. 그 의자를 놓아서 수비수를 흉내 내는 데 도움이 된다. 우리가 사용할 수 있는 세 가지 효과적인 변화를 보여 준다.

🏀 설명 -1

콘 1개와 볼 1개

하프 코트 앞에서 시작하여 콘 쪽으로 드리블하며 간다.

콘 앞에서 드리블(cross-over 교차, leg through 다리 사이 등)로 방향을 바꾸고 풀업 점프 슛을 한다.

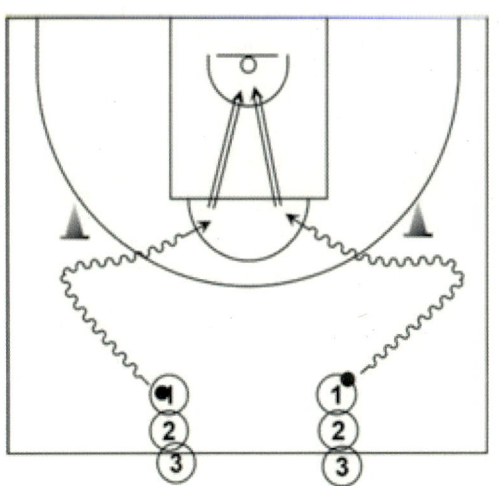

슛이 안 들어가면 리바운드해서 슛을 한다.

다시 볼 잡아서 시작 위치로 되돌린다.

시작 위치로 돌아가면 다른 방향으로 드리블을 사용하여 할 수 있다.

🏀 **설명 -2**

콘 2개와 볼 1개 방향전환 드리블

하프 코트 앞에서 시작하여 첫 번째 콘 쪽으로 드리블하며 간다.

콘에서 드리블로 (cross-over 교차, leg through 다리 사이 등) 방향을 바꾸고 두 번째 콘 쪽으로 드리블한다.

콘에서 두 번째 방향 전환 드리블을 드리블 (cross-over 교차, leg through 다리 사이 등)하고 풀업 점프 슛을 한다.

슛이 안 들어가면 리바운드해서 슛을 한다.

다시 볼 잡아서 시작 위치로 되돌린다. 시작 위치로 돌아가면 다른 방향으로 드리블을 사용하여 할 수 있다.

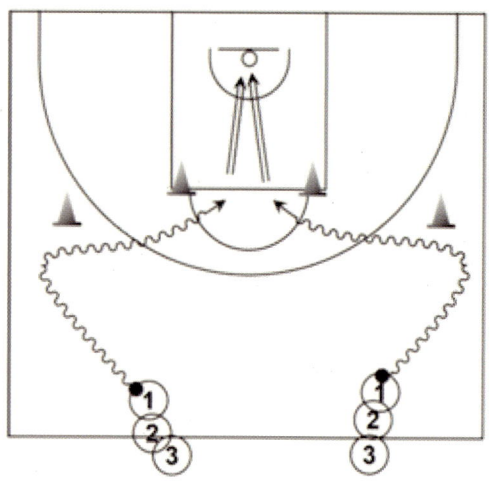

🏀 **설명 -3**

콘 2개와 볼 1개 방향전환 드리블

이 연습은 이전의 것과 비슷하다.

단, 플레이어는 두 번째 의자를 지나서 림을 향해 풀업 점프 슛을 한다.

★코칭포인트☆

드리블할 때 자세를 낮게 유지한다(엉덩이를 낮게 유지).

각각 드리블로 최대한 멀리 나간다.

콘에서 날카롭게 방향 전환하라

빠른 속도로 하면서 슈팅 연습으로 간주하라.

14 | 윙 슛과 드리블 Wing Shot & Dribble

🏀 **목적**

슈팅 자세를 준비하고 볼을 원하는 곳에 패스한다.

리바운더는 코너 지나서 윙, 탑까지 드리블

🏀 **설명**

탑에 있는 각 플레이어는 6명 이상이 볼을 가지고 있다.

플레이어 6은 플레이어 1에게 패스하여 풀업 점프 슛을 던지게 한다.

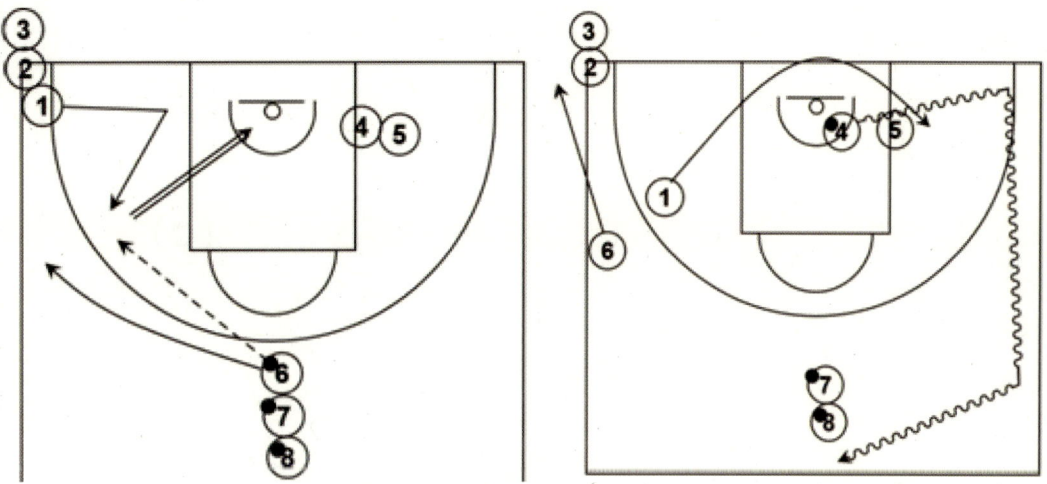

플레이어 1이 슈팅 후에 림 쪽으로 간다.

플레이어 6은 패스 후에 왼쪽 코너 뒤로 가고, 플레이어 4는 리바운드해서 오른쪽 코너 쪽으로 드리블해서 탑까지 간다.

★코칭포인트☆

다른 위치에서 슛을 던진다.

또는 페이크 슛도 한다.

15 | 포 코너 슈팅 Four Corner Shooting

목적

매일 또는 필요에 따라. 워밍업과 스트레칭을 한 후 시작하기에 좋은 연습이다. 플레이어를 움직이게 하고 기술 작업을 많이 하여야 한다. 이 연습 중에는 모든 플레이어가 볼을 가지고 있다. 코치나 플레이어가 C 자리에 선다.

설명

1번 팀에서 첫 번째 플레이어가 볼을 코치나 플레이어에게 패스한다.

베이스라인 쪽으로 가다가 급선회해서 윙이나 3점 슛 라인 쪽에서 볼을 잡아 슛을 한다.

2번 팀은 코치나 플레이어에게 패스 후 방향으로 가다가 급선회해서 림 방향으로 가서 볼을 받아 슛한다.

3번팀은 볼을 코치나 플레이어에게 패스한다.

베이스라인 쪽으로 가다가 급선회해서 엘보 쪽에서 볼을 잡아 슛을 한다.

4번 팀은 볼을 코치나 플레이어에게 패스한다.

엘보 쪽으로 급 출발해서 볼을 잡아 슛을 한다.

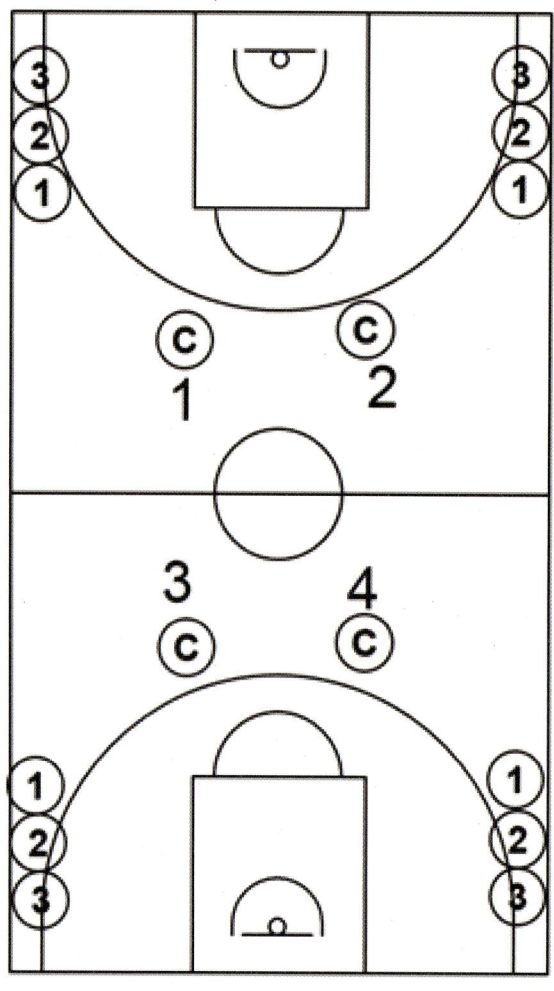

15-1 | 포 코너 슈팅 Four Corner Shooting

코치나 플레이어에게 볼을 패스 후 상태에서 코치가 원하는 장면을 만들거나 커트할 대상을 플레이어에게 알려준다.

코치나 플레이어는 커트 후에 볼을 플레이어에게 패스한다.

플레이어는 슈팅 후 득점하거나 마친 후 다음 차례로 간다.

각 코치는 연습에서 한 번의 커팅, 이동 및 슛을 할 수 있고 연습순서를 변경할 수 있다. 플레이어는 급선회와 볼을 잡으러 갈 때는 최대한 빨리 움직인다.

★코칭포인트☆

발 움직임, 슈팅, 질서 있는 움직임, 대화(토킹), 이해력, 패스, 볼 잡기

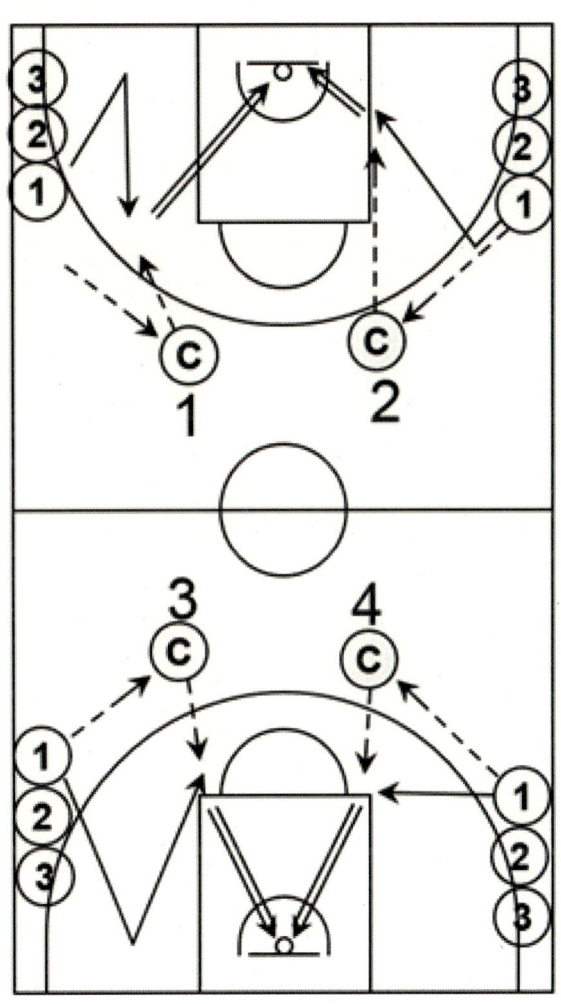

16 | 드라이브와 패스 슈팅 연습 Drive and Pass Drill

목적

이 연습은 플레이어에게 드리블 돌파를 하여 2명의 수비수 사이에 가서 팀 동료에게 패스(어시스트)하여 오픈 슛을 하는 방법을 가르친다. 연습이 재미있고 경쟁력 있게 유지하려면 마지막 플레이어가 코너에서 슈팅을 한다.

설명

림 밑에 있는 플레이어 4는 볼이 있는 구석에 있는 플레이어 2에게 볼을 패스하고 그 자리로 갑니다.

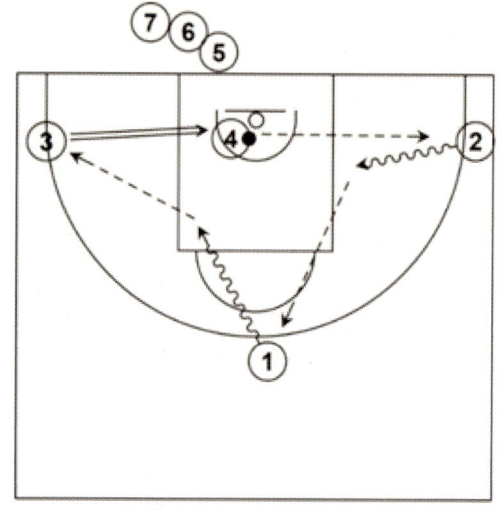

플레이어 2는 두 번의 드리블 돌파로 수비 사이를 돌파한 다음 탑으로 패스 후에 해당 위치에 갑니다.

탑플레이어 1은 플레이어 3에게 패스하기 전에 두 번의 드리블 돌파로 수비 사이를 돌파한 다음 플레이어 3에게 패스 후에 해당 위치에 갑니다.

플레이어 3이 코너에서 슛을 던진 다음 라인 밖에 줄에 선다. 라인 밖의 플레이어 5가 플레이어 4자리에 와서 리바운드한다. 필요한 연습시간 동안 반복한다.

★코칭포인트☆

시간 - 플레이어들의 숙련된 농구에 따라 이 연습을 실행하는 시간을 조절한다.

슛 거리 - 숙련된 플레이어들을 코치한다면 슈팅 거리를 짧은 거리, 중 거리, 3점 슛 거리에서 할 수 있다.

방향 변경 - 플레이어들이 어느 쪽이든 자신감 있게 돌파할 수 있도록 수비 사이로 방향을 바꿔야 한다.

한 손 또는 두 손 패스 - 젊은 플레이어들은 양손 패스를 능숙히 해야 한다고 생각하지만 플레이어가 숙련될 수 있도록 한 손으로 드리블과 패스하는 데 익숙해 져야 한다.

Fakes(속임 동작과 돌파) - 정확한 스텝으로 드리블 돌파 전에 슛 페이크와 발로 속이는 동작을 가르치기 위한 연습이기도 하다. 플레이어가 볼을 받아 돌파를 하기 전에 슛 페이크와 발로 속이는 동작을 해야 한다.

17 | 프리드로우 슛 Free Throw Shooting

🏀 목적
프리드로우 라인에서 플레이어가 슛이 성공하도록 집중할 수 있도록 하는 목표로 돌아가면서 슈팅하는 재미있는 게임이다.

🏀 설명
플레이어는 라인을 따라 정렬하고 시계 방향으로 돈다.

각 플레이어는 라인으로 가서 프리드로우 하나를 던진다. 성공하면 계속 라인 따라 하고 다음 플레이어가 슛을 계속 던진다. 그러나 성공하지 못하면 노메이드 지역으로 간다.

다음 플레이어를 본다. 다음 플레이어가 자유투에 실패하면 노메이드 지역으로 간다.

단 한 명의 플레이어 남을 때까지 계속된다.

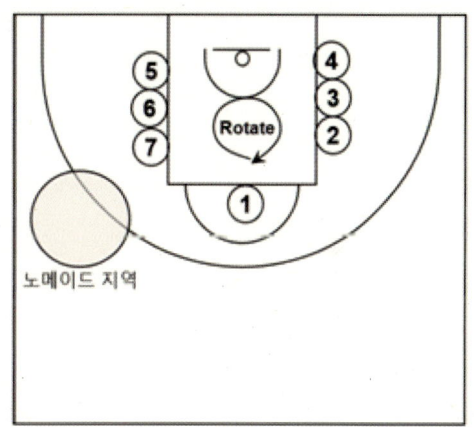

★코칭포인트☆
프리드로우 슛은 개인적인 노력이다. 코치는 가르칠 수 있지만 숙련된 슈터가 되기 위해서는 전적으로 개인플레이어가 해야 한다. 효과적인 프리드로우 연습은 목적과 목표가 있어야 한다. 아무 생각 없이 던지지 말아야 한다. 실전과 같이 신중하게 꼭 성공할 수 있도록 마음속으로 기억한다.

각 프리드로우 시도마다 일정한 자세와 리듬과 함께 적절한 방법을 사용해야 한다.

18 | 주고받는 슛 Give and Go Shooting

 목적

드리블 기술을 연마하는 훌륭한 훈련, 스텝을 잡는 것, 그리고 다양한 슛들

 설명

슈팅 연습선택

- 볼 잡고 슛
- 볼 잡고, 페이크 슛
- 볼 잡고, 페이크 슛, 드라이브
- 볼 잡고 및 드라이브
- 볼 잡고 원 드리블 점프슛
- 그리고 당신이 생각할 수 있는 다른 것?

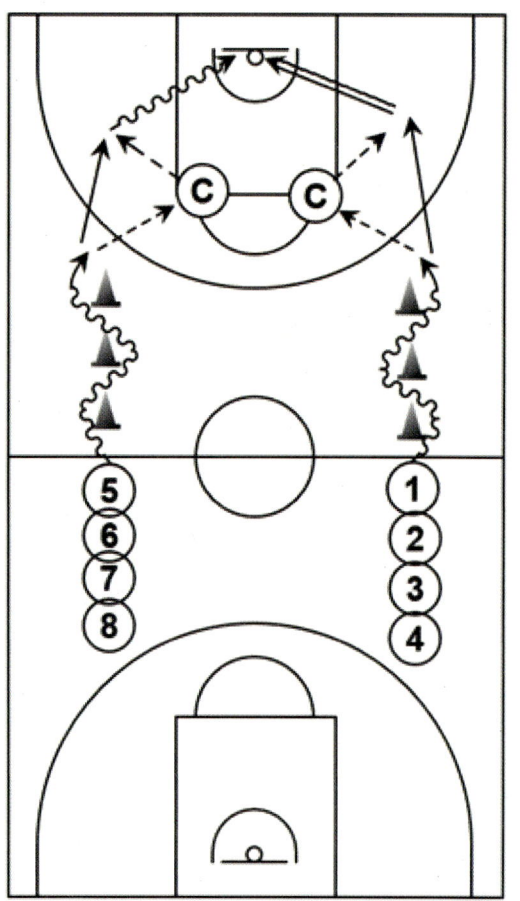

코치는 먼저 플레이어들에게 어떤 종류의 슛을 먼저 해야 하는지 알려줘야 한다.

코치가 시작하게 되면 첫 번째 플레이어가 콘 사이에 지그재그 드리블로 한다.

드리블이 끝나면 플레이어는 코치에게 양손 패스 또는 나이와 숙련된 수준에 따라 한 손으로 패스한다. 코치는 첫 번째 플레이어에게 볼을 받고 선택한 연습을 한다.

코치가 플레이어에게 패스를 주면 다음 사람이 드리블을 시작한다.

플레이어는 자신의 슛을 리바운드하고 반대편 라인으로 드리블하여 반대 라인에 합류한다.

★코칭포인트☆

연습시간 압력을 가하여 플레이어가 일정 시간 동안 일정량의 슛을 시도하도록 할 수 있다.

Dribbling Cones - 풋워크 부분을 연습하기 원하면 콘을 치울 수 있다.

Full Court 사용 - 4명의 코치 (또는 다른 플레이어)가 있는 경우 4명으로 시작하여 각 플레이어는 더 많은 슛을 던질 수 있다. 플레이어가 슈팅한 후에는 시계 방향으로 가게 한다.

포스트 플레이 Post Play

포스트 플레이어가 할 일 Post Player work

'포스트 플레이어'는 센터, 포스트맨, 또는 빅맨이라고 부른다.

이 플레이어는 위, 아래 포스트 지역에 대한 책임이 있다.

농구에서 키가 큰 플레이어는 대개 '포스트(키 큰 플레이어를 위한 지역)'에서 뛰게 된다.

포스트 플레이어가 능숙한 볼 핸들링 모습과 가까운 거리에서 슛을 하는 것은 팀 전체에 매우 도움이 된다.

-포스트 플레이어가 게임에서 해야 할 것은 박스 아웃을 하며 리바운드를 한다.

이것은 가르치기가 쉽지만 때로는 플레이어가 게임에서 놓치기도 한다.

-포스트 플레이어는 팀 수비의 중심이다.

(포스트 앞쪽에서 볼 가진 공격 플레이어와 수비수를 같이 볼 수 있다.)

그렇기 때문에 공격과 수비 때 열심히 하드 토킹을 해야 된다.

-침투하는 공격 플레이어를 막아야 하고, 수비 틈 사이로 돌파하는 공격 플레이어를 반듯이 도움 수비를 한다.

-강력하고 단순하고 공격적인 플레이를 해야 하고, 득점하면 팀에 절대 도움이 된다.

-수비수 2명이 붙으면 다른 한 곳은 비우게 되어 피봇을 하여 아웃렛 패스(Outlet Pass) 하면 공격 찬스가 난다.

이것 5가지가 포스트 플레이어의 임무이며 이를 위하여 매일 연습을 반복적으로 해야 된다.

포스트 기본적인 기술

점프, 볼 캐치, 패스, 푸트 웍, 볼 핸들링(기본), 프리드로우 슛, 레이업, 뱅크 슛, 기본 수비 (손을 위로 들고 좌우로 움직이기).

★코칭포인트☆(지속적으로 포스트 플레이어들에게 이야기한다.)

파워 드리블을 할 때 낮게 하라.

볼을 수비수에 노출시키지 마라

드롭 스텝에 이은 드리블을 할 때 안쪽 어깨를 바스켓 방향으로 한다.

수비 위치에서 넓게 벌려서 있고 수비수가 앞으로, 옆으로 빠져나가게 하지 않는다.

코트의 양쪽에서 이 연습을 하지 않으므로 포스트 플레이어들은 코트의 한쪽에서만 연습을 할 수 있도록 한다.

연습을 시작하려면 수비수 없이 하라! 그리고 플레이어가 좋은 컨디션을 유지하도록 한다.

명백히 포스트 플레이어는 항상 1대1 공격, 수비만 있는 것이 아니다

연습을 위해 다른 포스트 수비수 2명을 투입해서 더블팀을 한다.

그러면 포스트 플레이어는 넓은 지역으로 이용해 위치를 벗어나 공격 플레이를 하거나 슛을 한다.

공격 플레이어는 수비수의 다리 옆으로 드롭 스텝을 실행하면서 플레이와 연결하며 득점한다.

🏀 포스트 위치

수비수는 공격 포스트 플레이어가 로우, 하이 포스트 위치에서 자리를 잡게 해서는 안된다. 그 위치는 항상 수비수가 자리에 있어야 한다. 즉, 볼 라인 따라 움직이고 그 자리에 수비수가 빨리 가서 선점해서 지키고 공격 플레이어에게 그 위치를 빼앗기면 안 된다.

🏀 포스트 움직임

포스트 플레이어는 최대한 많은 '포스트 움직임'에 대해 배워야 한다.

배우는 것뿐만 아니라 매일 또는 자주 연습하여 자연스럽게 하거나 습관이 되어야 한다.

🏀 적극적인 수비 Make the Defensive work

공격 플레이어가 포스트에서 공격 위치를 잡으려고 하면 수비수는 공격에 유리한 위치를 주지 않고 위해 적극적으로 수비해야 한다.

🏀 볼을 요구

포스트 플레이어는 볼을 요구해야 하며, 패스를 지시할 때 토킹이나, 손으로 표시를 할 수 있어야 한다.

🏀 패스 옵션

포스트에서 패스를 받을 때 윙 지역이나 코너 지역으로 볼을 패스 할 수 있음을 알고 있어야 한다(이것은 외곽슛을 위한 수비를 뚫을 수 있고 포스트 플레이어가 다시 볼을 받을 수도 있다).

🏀 포스트에서 지위를 수립하기 위해서는 수비수와 영역 싸움에서 이기는 것은 중요하다.

포스트 플레이어는 수비수를 패스 측면에서 '봉인' 해야합니다.

(동료에게 패스를 가장 잘 받을 수 있는 위치에 있는다.)

좋은 포스트 플레이어는 포스트의 포지션을 '몸싸움'하면서 배우기 시작한다.

공격 시 수비자가 수비 지역에 있는 모든 장소에 대해 우선권을 행사하기 때문에 열심히 움직이고 유리한 공격 위치를 잡기 하여 적극적으로 몸싸움을 한다.

🏀 공격 리바운드

어떤 공격 리바운드도 잡으면 바로 슛으로 연결시켜야 한다.

(점프하고, 볼을 잡으며, 착지하고, 주저 없이 다시 점프해서 슛을 해야 한다.)

포스트 플레이어 수비 Defensive Post Players

포스트 플레이어 수비자세

플레이어들은 다음과 같은 수비 자세를 이해하고 사용해야 한다.

이 정보는 플레이어들이 상대편의 강점과 약점에 어떻게 대처하는지 이해하는 데 도움이 될 것이다.

정면, 후면 및 4/1 턴 수비자세

로우 포스트 지역에 있는 포스트맨 5의 수비수 5는 "앞면으로 향하게" 되어 공격 플레이어가 진입을 하지 못하도록 한다.

(이 수비수 5가 볼이 오는 것을 거부 함, 볼을 만질 수 없다면 득점도 할 수 없다.)

탁월한 로우 포스트 수비 동작(바스켓에서 득점력이 좋은 포스트맨)으로 공격 플레이어에게 패스하는 볼을 막는다. 하이 포스트 지역에서 포스트맨 5의 수비수 5는 "후면에서" 수비하면서 공격 플레이어는 하이 포스트에서 패스가 허용될 수 있다.

포스트 플레이어(미들점프 슛 없는 플레이어)가 득점력이 약한 하이 포스트 지역에서 볼을 잡도록 허용한다. '쿼터 턴(Quarter-Turn)' 위치에 있어 수비수는 포스트 플레이어 앞에서(바스켓을 지키면서) 한발 앞걸음을 내디딜 수 있다.

포스트 수비 위치

🏀 4분의 1턴 수비자세 Quarter-Turn Stance

포스트 플레이어 수비와 관련하여 4분의 1턴 수비자세 스탠스는 뒤쪽으로 더 많이 설정하는 데만 사용해야 한다.

바로 뒤에 서 있거나, 파워가 필요할 때 사용한다.

(포스트 플레이어의 푸트웍(발의 움직임)을 확인한다).

수비수는 공격 플레이어 등에 대고 서 있는다.

볼을 보고, 신체접촉을 유지하고, 공격적인 플레이어 뒤에서 손을 뻗고, 반대편 손을 공격 플레이어 뒤에 엘보에 대고 지켜야 한다.

🏀 후면 수비자세 Behind Stance

수비수가 바로 뒤에 있다.

공격적인 플레이어와 이 플레이어를 수비할 수 있는 위치에 있는 플레이어가 볼을 쏠 준비가 되어 있다.

접촉을 유지하십시오

(공격 플레이어의 등 뒤에 대고 팔꿈치로 밀어야 함).

수비수들이 공격 플레이어의 발을 어떻게 벌려서 움직이는지 주목해라.

몸을 낮추고, 신체 접촉을 유지하면서, 반대편 손을 뻗고 고개를 숙여 패스를 막는다.

🏀 앞면 수비자세 Fronting Stance

이 자세는 훌륭한 포스트 움직임과 드리블 기술을 가진 좋은 포스트 플레이어에게 사용하는 것이 가장 좋다.

득점력이 좋은 포스트 플레이어에게 사용한다.

(앞쪽에서 패스하는 볼을 손으로 막을 수 있다.)

포스트 레인에서 다리 넓게 유지하고, 접촉을 유지하고, 팔을 위로 뻗는다. 수비수는 팔을 내려서 수비하지 않아야 한다. 이것은 반칙으로 간주될 수 있다.

🏀 포스트 플레이어 수비 규칙

(특히 공격력이 있는 포스트 플레이어인 경우) 공격적인 포스트 플레이어의 '측면'에 절대 서면 안 된다. 이렇게 하면 수비수를 제치고 플레이하면서 수비수의 파울이 나거나 득점하는 것이 더 쉬워진다.

포스트 수비 Post Player Defensive

🏀 포스트 배치

공격 포스트 플레이어가 공격 태세를 취하기 전에 미리 수비수가 움직여서 공격 위치를 선점을 하거나 해서 수비수에 의해 쉽게 패스를 받을 수 없도록 한다.

🏀 박스아웃

박스아웃은 플레이어들에게 꼭 필요한 것이다. 쉽게 배우는 농구 기술일 수도 있다.

하지만 실제로 게임에서 하기 힘든 농구 기술이다. 이러한 기술은 더 많은 정신력을 필요하며, 모든 포스트 플레이어의 가장 중요한 연습이다.

🏀 리바운드 Rebounding

반듯이 볼을 리바운드하겠다는 굳은 마음이 필요로 하며, 플레이어는 각각의 치열한 몸싸움으로 극복하기 위해 노력해야 한다.

훌륭한 리바운더의 최선의 태도는 항상 슛이 성공하지 못한다는 것을 가정하에 있다.

리바운드는 모든 경기의 결과에 영향을 줄 수 있는 매우 중요한 육체적인 기술이다.

모든 포스트 플레이어가 소유해야 할 매우 중요한 기술이다.

리바운드를 위한 적절한 단계는 다음과 같다.

- 박스 아웃을 하고
- 좁은 곳에서 점프
- 큰 동작으로 착지
- 팔꿈치 양쪽으로 벌리고 / 볼은 턱 아래로 위치
- 바깥쪽으로 아웃렛 패스

🏀 수비자세

포스트 지역에 있는 공격 플레이어 옆에 절대로 서거나 뒤에서 앞으로 나오지 않는다.

미리 포스트 지역에서 앞서거나 옆에 있을 때 수비하고 볼이 앞에 있을 때는 움직이지 않는다.

1 | 포스트맨 무브 디펜스 Postman Move Defensive

전면 수비, 쿼터 턴 수비, 후면 수비를 볼 따라 이동하여 포스트맨을 수비한다.

포스트에서 위치 이동하면서 수비할 때는 공격 포스트맨과 강하게 신체접촉을 하면서 움직인다.

2 | 포스트 지그재그 디펜스 Post ZigZag Defensive

엘보에서 포스트맨 공격 플레이어가 슬라이드 스텝으로 지그재그 드리블하면서 간다. 수비수는 드리블할 때마다 통통 신체 접촉하면서 가고 레인 바깥으로 밀어낸다.

수비수는 손을 사용하지 않고 배나 가슴으로 상대 공격 포스트맨을 세게 밀친다.

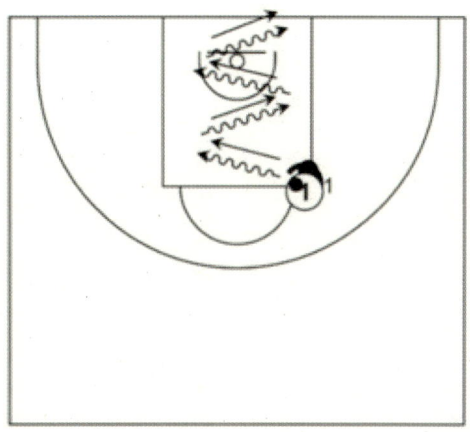

 포스트 플레이어 연습 Post Player Drills

6 | 벽 닿기 제자리 점프 Wall Taps Jumping Drill

플레이어가 도약 능력을 발휘하는 데 도움이 되는 최고의 포스트 플레이어 훈련 중 하나는 벽 닿기다.

간단하지만 매우 효과적인 포스트 플레이어 연습으로 사용된다.

플레이어는 벽에 제자리 서서 뛰어오르고 양손으로 벽에(반복적으로) 닿아 항상 손을 머리 위로 든다.

15~20회

7 | 도움닫아 점프 벽 닿기 Run to Wall Taps Team Drill

좋은 포스트 플레이어 연습은 수비(그리고 좋은 점프 / 컨디셔닝 연습)에서 파울을 안하고 멈추는 방법을 배우는 것을 도와준다. 약 2미터 떨어진 곳에 서서 가까이에서 한다.

그럼 도움 닫아 정지해서 점프, 연속 3번 똑바로 점프(양손) 몸의 어떤 부분으로 벽에 부딪치지 않도록 한다. 이것은 포스트 플레이어를 위한 아주 좋은 훈련이다(팀 훈련으로도 효과적이다). 20회 계속 한다.

8 | 제자리 점프 벽에 볼 던지고 잡기 Wall Ball Tab

플레이어가 볼을 가지고 도약 능력을 발휘하는 데 도움이 되는 최고의 포스트 플레이어 연습 중 하나는 벽으로 던지고 잡기다. 간단하지만 매우 효과적인 포스트 플레이어 연습으로 사용된다. 플레이어는 벽에 서서 뛰어오르고 벽에 볼을 던지고 잡는다. (반복적으로)항상 양손을 머리 들어서 한다. 볼과 타이밍, 점프능력을 조화시키는 기술로 적합하다.

15~20회

9 | 양손 파워 드리블 Power Slam

부드러운 손(볼을 잡는 데 어려움을 겪고 있는 플레이어)을 위한 간단하지만, 매우 효과적인 볼을 다루는 연습이다. 양손으로 볼을 잡고 볼을 머리 뒤쪽으로 가져와서 볼을 당신 가슴 앞으로 내리면서 바닥으로 세게 드리블한다. 일단 플레이어가 익숙해지면 속도가 빨라진다. 20회

🏀 포스트 플레이어 연습2 Post Player Drills 2

1 | 한손슛 One Hand Easy Shot

프리드로우 라인에서 바스켓 아래로 달려와 바닥에 있는 볼을 잡고 한 손으로 슛을 던진다.

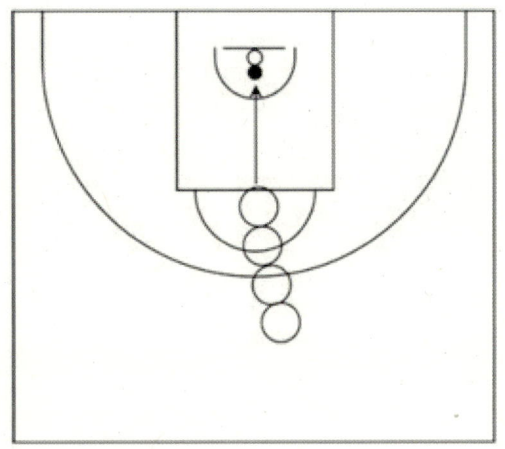

2 | 슈퍼맨 드릴 The Superman Drill

최고의 포스트 플레이어 연습 플레이어는 볼을 집어 들고 좌, 우로 스텝을 놓아 훅 슛이나 레이업을 한다. 끝난 후에 다음으로 빨리 가서 연속으로 한다. 옆에 있는 플레이어들은 볼을 잡아 빠르게 바닥에 놓아야 한다. 양쪽으로 오고 가며 한다. 15~20개

3 | 미칸 드릴 Mikan Drill

최고의 연습 중 하나인 것으로 입증된 포스트 플레이어 연습 레이업 및 컨디셔닝에 적합한 매우 인기 있는 슈팅 연습이다. 플레이어는 항상 손과 팔을 올려야 한다.
(그리고 볼이 바닥에 닿지 않도록 한다)양쪽으로 오고 가며 한다. 15~20개

4 | 압박과 파워 스텝 슛 Pressure and Power Shot (Front, Left, Right)

프리드로우 라인에서 바스켓 아래로 달려와 수비수 앞에서 볼을 파워 슛을 한다.
(정면, 좌측, 우측)

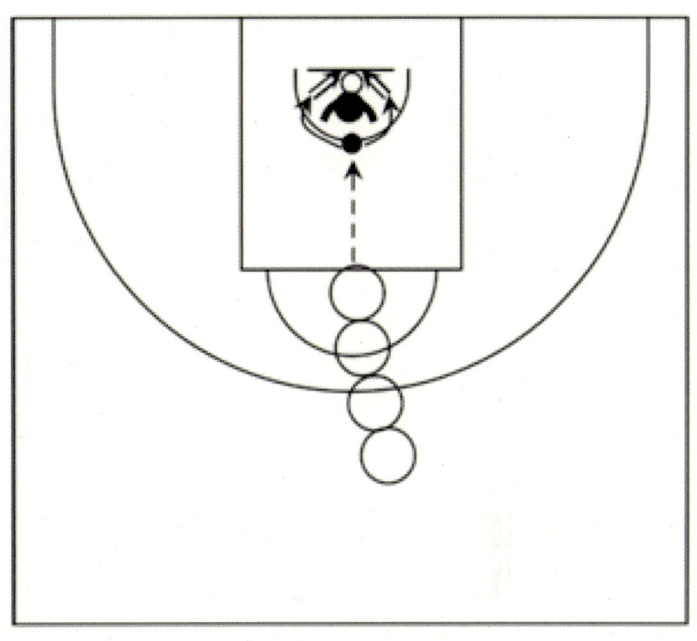

🏀 정면
- 볼을 잡고 힘있게 점프, 파워 슛을 한다.

🏀 수비 앞에 놓고 슛 오른발 스탭 놓고
- 볼을 잡고 우측으로 오른발을 한 스텝을 놓고 점프를 하고 오른손으로 슛을 한다.

🏀 수비 앞에 놓고 슛 왼발 스탭 놓고
- 볼을 잡고 좌측으로 왼발을 한 스텝을 놓고 점프를 하고 왼손으로 슛을 한다.

🏀 수비 앞에 놓고 파워 슛 With the Defensive

윙에서 바스켓 아래로 로우 포스트로 달려와 볼을 잡고 수비수 앞에서 팔을 뻗고 파워 슛을 한다.

우측, 좌측 한다.

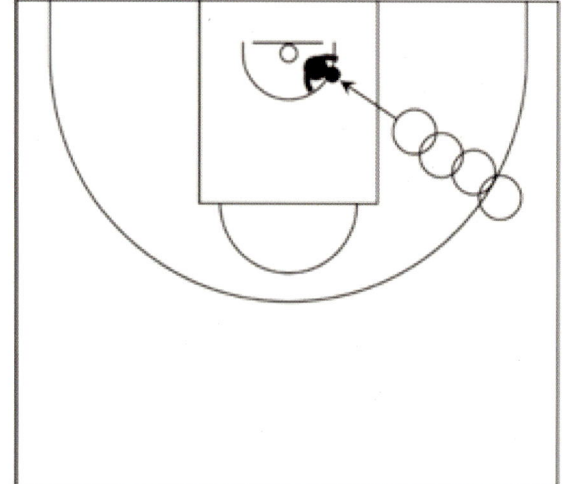

좌측

우측

5 | 리바운드와 풋백 연습 Offense Put Back Drill

모든 포스트 플레이어가 마스터할 수 있는 매우 중요한 포스트 플레이어 연습이다.

포스트 플레이어를 위한 훌륭한 연습은 백보드에 볼을 던져서 튀어나온 볼을 양손으로 움켜잡아 당기고 곧바로 다시 점프해서 슛을 한다. 양쪽으로 오고 가며 한다. 15~20개

6 | 블록 슈팅 연습 Block Shooting Drill

포스트 플레이어 연습은 슈팅을 포함해야 한다. 포스트 플레이어는 백보드의 네모라인을 맞춘다. 블록 지점에서 슈팅을 연습해 본다.

슈터는 블록에서 시작하고 슈팅 후 반대 블록으로 왔다 갔다 빠르게 움직인다. 슈팅 한 볼은 보드 안 사각 라인의 상단 모서리에 부딪쳐야 한다.

15~20개

8 | 포스트 턴 어라운드숏 Post Turn Around Shot

모든 포스트 플레이어가 배워야 할 매우 중요한 포스트 플레이어 연습이다.

포스트 플레이어가 단순하고 빠르게 턴해서 슈팅하는 것이다.

우선 로우, 또는 미들 포스트에서 볼을 잡고 페이크를 하고 반대 방향으로 턴하면 스텝이 180° 회전이 아니고 2번이나 3번 이미지의 플레이어 왼발 스텝이 거의 90~120° 각도이다.

몸에 습관이 될 때까지 반복 슈팅 연습을 한다. 오른쪽, 왼쪽 방향으로 교대로 한다.

15~20개

포스트 플레이어 연습3 Post Player Drills 3

12 | 드롭 스텝 Post Move Drop Step

이단계는 플레이어들이 좋아하고 배우기 쉬운 동작이다.

드롭 스텝(아래쪽이나 밑으로 움직이는)으로 움직이는 것은 포스트 플레이를 처음 배우거나 어린 플레이어들이 배우는 첫 번째 동작이 되어야 한다.

양쪽 로우 포스트에서 한다.

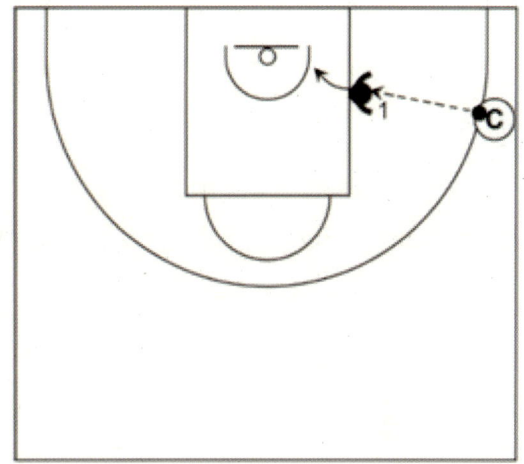

13 | 페이크 후 드리블 슛 Up and Under Move (High Right, Left)

위와 아래의 포스트 이동은 모든 포스트 플레이어가 배워야 하는 매우 효과적인 움직임이며 포스트의 강력한 무기 사용한다.

(코트에서 포스트 플레이어의 움직임이 많을 수록 더 효과적이다.)

이것은 왼쪽으로 페이크 피봇해서 움직이고, 다시 오른쪽으로 움직여서 원, 투 드리블 후 슛하면 된다.

양쪽 로우 포스트에서 한다.

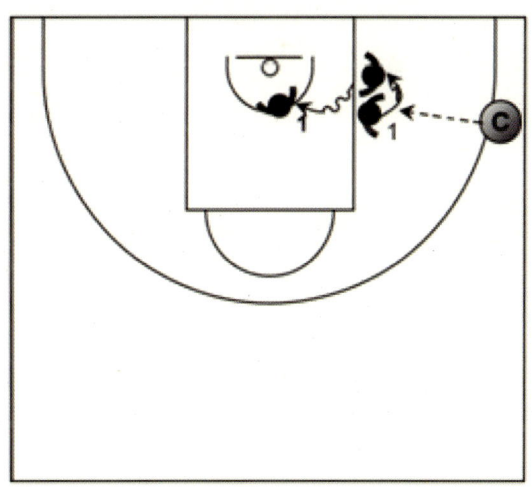

14 | 페이크 후 드리블 점프 스텝 Dribble and Hop Post Move

포스트에서 파워 드리블 점프하면서 이동은 드롭 스텝으로 플레이어가 수비수 앞에서 슛을 하는데 도움이 된다.

피봇 후 동시에 바스켓으로 드리블을 한다.

그다음 점프 스텝으로 들어가서 수비수와 바스켓 사이에 있다. 슛을 한다.

포스트 움직임은 드리블과 점프 스텝

기본적인 드롭 스텝보다 배우는 것이 어렵지만 더 효과적인 포스트 움직임이다.

드리블 앤 점프 스텝은 수비수와 바스켓 사이로 가서 쉬운 득점을 할 수 있다.

양쪽 로우 포스트에서 한다.

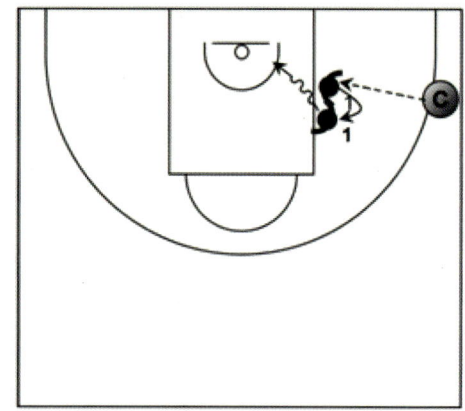

15 | 포스트 응용 Post-Up Mechanics

🏀 설명

1번 이미지, 포스트 수비수의 수비 대응하는 방식에 따라 포스트 플레이어가 움직인다.

양쪽 로우 포스트에서한다.

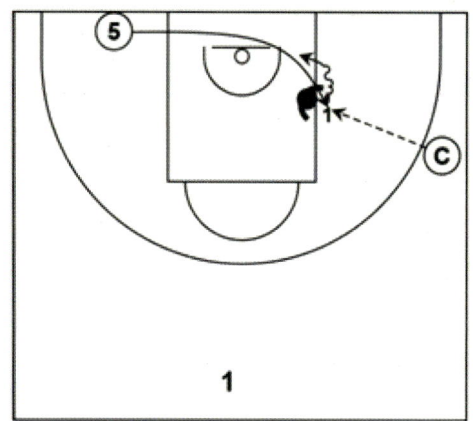

16 | 포스트 코너 응용 Post-Up Mechanics

2번 이미지, 프리드로우 연장선에 공격적인 포스트

플레이어 5가 수비수 5번 뒤로 가면서 미들 포스트에서 위치에 선다. 이때 공격 플레이어 1이 코너로 플레이어 2에게 패스한다.

이 두 플레이어는 포스트 플레이어 5가 위치에 서는 걸 보고 코너 플레이어에게 패스한다.

수비수 5는 뒤에서 앞으로 나오는 공격 플레이어를 보지 못했거나, 위치선점 못 해 공격자 뒤에서 있다.

공격적인 포스트 플레이어는 수비수 위치를 읽고 방향을 회전해서 움직인다.

양쪽 로우 포스트에서 한다.

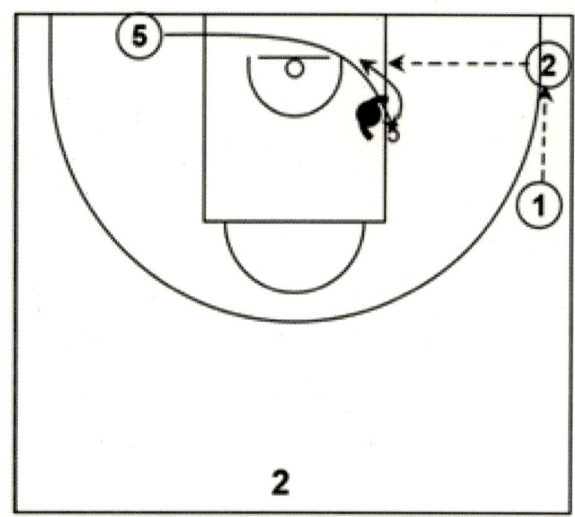

★코칭포인트☆

풋워크를 포함한 모든 메커니즘이 제대로 실행되는지 확인하십시오.

17 | 드리블 슬라이드 스텝 Slide Step Dribble

　첫 번째 플레이어는 한걸음에 한 걸음씩 느리게 움직인다. 이 단계는 건너편 프리 드라인 코너에서 끝이 난다.

　플레이어는 드리블을 시작하고 미끄러지듯 한 걸음씩 달려 내려가 미들 포스트쯤에 양손으로 볼을 잡고, 다시 건너 미들 포스트로 향해 한 손으로 드리블, 다시 볼 잡고 미끄러지듯 스텝을 밟아서 라인을 빠져나가야 한다.

　그 자리에서 플레이어들은 세게 드리블해야 한다.

　적절한 드리블은 미끄러지듯 움직이는 드리블이다.

　그 볼의 드리블은 무릎보다 더 높이 솟아서는 안 된다.

　플레이어들은 한번의 드리블을 하고 오른손을 사용하여 볼을 낮게 유지하고 바로 아래로 내려가는 것을 말한다.

　그들은 오른쪽으로 스텝을 밟았다. 슬라이드 단계를 수행하려면 오른쪽 발을 선택하고 한 번에 한발 내디디고 다음 왼쪽 발을 어깨너비까지 따라온다. 볼을 낮게 유지한다.

　오른쪽으로 연습을 하고, 왼쪽으로 연습한다.

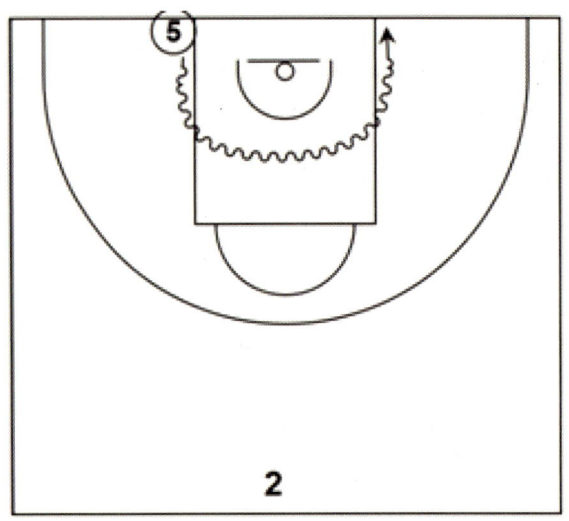

★코칭포인트☆

플레이어들의 다리 사이에 드리블이 이루어졌는지 확인한다.

18 | 파워턴 앤 아웃사이드 훅 슛 Turn Hook and Outside Power Shot

콘 자리 바닥에 볼을 놓거나 의자 위에 볼을 놓는다.

포스트맨은 림 앞에서 좌우로 한 번씩 바깥쪽으로 콘이나 의자를 돌아서 훅 슛이나 레이업을 한다.

끝난 후에 다음으로 빨리 가서 연속으로 한다.

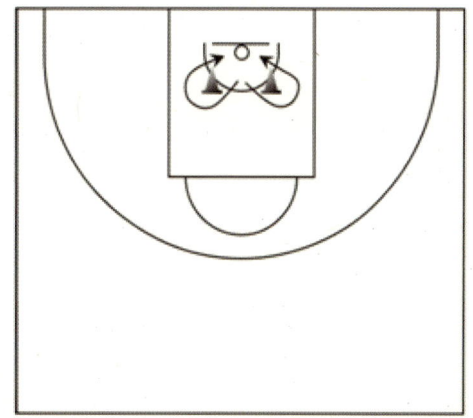

19 | 파워턴 앤 인사이드 훅 슛 Turn Hook And Inside Power Shot

콘 자리 바닥에 볼을 놓거나 의자 위에 볼을 놓는다.

포스트맨은 림 앞에서 좌우로 한 번씩 안 쪽으로 콘이나 의자를 돌아서 훅 슛이나 레이업을 한다.

끝난 후에 다음으로 빨리 가서 연속으로 한다.

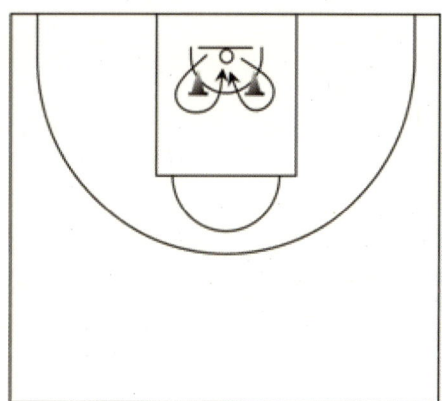

20 | 파워 앤 무빙 훅 슛 Power and Moving Hook Shot

콘 자리 바닥에 볼을 놓거나 의자 위에 볼을 놓는다.

포스트맨은 의자 앞에서 볼을 들고 안쪽으로 좌우로 스텝을 놓아 훅 슛이나 레이업을 한다. 끝난 후에 다음으로 빨리 가서 연속으로 한다.

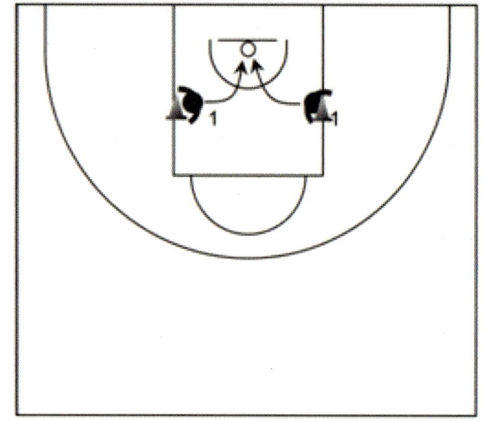

21 | 포스트 1대1 From the Post 1 on 1

 설명

이 연습은 플레이어들이 공격 플레이어와 수비수로 바뀌는 1대1을 반복한다.

코치나 플레이어가 직접 가서 볼을 바닥에 놓는다.

바스켓에서 멀리 떨어져 있는 공격 플레이어5는 수비수5 앞에 서 있다.

그러면 공격 플레이어5 볼을 집어 들고 좌, 우로 피봇 플레이를 한다.

포스트 플레이어는 가드들만큼 빠르게 포스트 플레이를 해야 한다.

플레이어가 정말로 키가 크다고 해서 좋은 농구 플레이어가 되지는 않는다.

포스트에서 플레이로 기술을 지배하기 쉽지 않다.

열심히 하고, 헌신하며, 포스트 플레이어들은 연습을 많이 해야 한다.

포스트 플레이어는 리바운드, 박스 아웃, 볼을 잡고, 아웃렛 패스, 피벗플레이, 적극적인 슛을 던질 수 있어야 하며 볼을 잘 다루며 굳은일을 하는 플레이어가 되어야 한다.

최선을 다하여 열심히 노력하자!

맨투맨 수비 Man To Man Defensive

수비를 잘하는 플레이어는 공격 플레이어들의 움직임에 덜 민감하고, 빠르게 움직이는 플레이어들에게 항상 스틸과 턴오버를 통해 상대방 공격적인 기회를 미리 차단하려고 노력한다. 당신 팀이 수비연습을 많이 해도 공격 플레이어들이 키가 크고, 빠르고, 3점 슛을 던지고, 또는 점프력까지 좋다면 좋은 수비를 하기가 쉽지 않다.

당신 팀 플레이어들이 수비 연습하는 것을 본 적이 있느냐? 힘든 수비연습을 하는 플레이어를 없을 것이고 먼저 쉬운 슛 연습을 할 것이다.

그러므로 플레이어들에게 좋은 수비를 하도록 동기를 부여를 하고 팀이 성공할 수 있도록 적절하고 많은 연습을 통해 수비의 기본적인 것을 가르쳐야 한다.

농구를 시작하는 플레이어들이 해야 할 수비의 기초, 기본, 원칙을 살펴보겠다.

기본적인 수비자세 The Basic Defensive Stance

여러분 모두 볼을 잘 다루거나 슈터가 되는 것은 아니지만 어떠한 플레이어는 수비 테크닉과 자세를 배우고 익히면 수비 실력이 많이 느는 것을 볼 수 있다.

어깨너비로 발을 벌리고, 무릎 굽힌 자세 즉 굽히는 것이 아니라 의자에 앉아있는 것처럼 자세를 한다. 머리와 등은 위로 곧은 자세로 하고 플레이어의 체중은 하체와 발에 골고루 분산되어야 하고 발뒤꿈치 쪽에 중심이 몰리면 안 된다. 손은 손바닥이 위를 향하도록 하고 팔은 위, 아래로 움직여야 하고 플레이어는 항상 낮은 자세로 고개는 앞으로는 숙이지 않고 일직선으로 들고 있는다.

청소년 플레이어는 수비 연습을 할 때 자세가 높은 경향이 있으며 탄탄한 수비를 하기 위해서는 강한 마음과 적극성이 필요하다.

나이 어린 플레이어들을 가르칠 때 이것이 무엇인지도 모를 수도 있고 꼭 명심하고 가르친다.

발뒤꿈치 뒤쪽으로 몸을 기울여 수비를 하면 안 된다.

- 다리 너비를 벌리면서,
- 무릎 굽힌 자세,
- 앉은 자세 취하고,
- 손바닥은 위로 향하게,
- 허리는 곧게 펴고,
- 발뒤꿈치는 바닥에 닿지 않게 하라.

플레이어의 중심은 수비수 발에 균등하게 분산되어야 한다.

- 손바닥은 위로
- 허리는 곧게 펴고,
- 발뒤꿈치는 바닥에 닿지 않게 하라.

슬라이드 스텝 The Step Slide

슬라이드 스텝은 수비수의 가장 중요한 역할을 한다. 플레이어는 낮은 자세로 수평을 일정하게 유지해야 되고 연습 중에는 자세가 높지 않게 위아래로 롤링 하지 않는다. 천천히 시작하고 슬라이드 스텝이 발에 교차되지 않도록 하고 굳은 수비 마음을 가지고 시작한 다음 한 발이 바깥쪽으로 한발 나간 다음 반대 발을 다른 발 쪽으로 미끄러지듯 쫓아 온다.

기본 슬라이드 스텝 Basic Step Slide

슬라이드 스텝 연습할 때는 플레이어는 어깨 높이로 팔을 들고 한다.

팀 슬라이드 스텝 연습 Team Step Slide Drill

꼭 기억하세요! 중심을 발뒤꿈치에 결코 두지 않는다. 플레이어의 중심이 발뒤꿈치에 있을 때 공격 플레이어에게 쉽게 돌파당할 수 있고, 수비준비도 되어 있지 않고, 실제로 지치고 힘들 때 수비 중심을 발뒤꿈치에 대고 수비를 하기도 한다.

손동작, 위치 Hand Movement, Placement

수비수는 수비를 할 때 적절한 손의 위치가 중요하다. 청소년 플레이어들은 가까이 다가가서 볼을 쳐서 빼앗으려는 경향이 있고 그러면 파울 문제에 처하게 된다. 수비를 할 때는 손바닥이 위로 올라와 있어야 하고 볼의 움직임을 막기 위해 가까이 접근하면 볼 가진 플레이어와 부딪히는 원인이 된다. 수비수는 볼을 세게 치게 않고 가볍게 툭툭 치는 것에 집중하면서 드리블이나 패스를 방해하고, 볼을 빼앗으려 하지 말고, 공격 플레이어를 바쁘게 해야 한다. 공격 플레이어가 수비수에게 신경 쓰게 한다면 공격을 집중할 수 없기 때문에 좋은 수비를 하고 있는 것이다.

🏀 **올바른 손 위치**

손바닥이 위쪽을 보고 있다.

🏀 **잘못된 손 위치**

손바닥이 아래로 있고 플레이어는 볼과 플레이어의 손을 치고 있다.

🏀 수비수 관찰사항 Defender should be looking

눈 방향

수비수는 수비할 때 공격 플레이어 허리 쪽을 봐야 한다. 왜? 수비수가 볼만 보고 있으면 볼 페이크, 드리블 페이크 등을 사용해서 쉽게 돌파를 해서 뚫릴 수가 있다. 왜냐하면 수비수는 수동적으로 움직이기 때문이다.

한가지 변하지 않는 것은 볼을 가지고 움직이거나 드리블하는 동안 방향을 결정하는 것은 허리의 움직임인 것이다. 그리고 볼 가지고 오른쪽으로 드리블한다면 플레이어가 오른쪽으로 가고 있다는 것을 의미하지는 않으며, 수비수를 속여서 왼쪽으로 갈 수 있다는 것도 의미하기 때문에 허리의 움직임을 보는 것은 수비에서 정말 중요하다.

🏀 신체의 팔 움직임 Body and Arm Movement

모든 농구플레이어가 수비를 배워야 할 때 중요한 것은 상대방의 공격 움직임을 지켜봐야 하는 것이다.

🏀 신체의 움직임

낮은 자세로 옆으로 가기(슬라이드 스텝), 뒤로 가기(백 스텝), 뒤로 달리기(런닝 백), 앞으로 가기(프런트 스텝) 등 항상 발이 움직인다. 수비수는 코트에서 공격 플레이어를 쫓아다니거나 따라다녀서는 안 된다. 이것은 수비에 대한 미숙함을 보여 주는 것이고 코치가 플레이어에게 올바른 수비 방법을 가르치지 않은 경우도 있다.

🏀 매우 중요

어떤 유형의 수비를 가르칠 때는 볼을 패스할 때마다 수비는 수동적으로 볼에 따라 움직여야 한다. 그렇지 않으면 수비가 무너질 것이다. 좋은 수비수는 볼이 패스하는 사람의 손을 떠나자마자 움직이며 플레이어가 볼을 잡을 때 이미 자신의 수비 위치에 있어야 한다.

🏀 바닥에 발을 딛고 있는다.

점프할 때가 있고 점프하지 않을 때가 있다.

플레이어가 배울 수 있는 나쁜 습관 중 하나는 페이크에 속는 것이다.

일단 공격 플레이어가 슛 페이크를 사용해서 수비수가 속아 점프를 하였거나, 수비 지역 외로 비껴 나갔다면 그 수비수는 다시 돌아와서 수비할 수 없고 그러므로 페이크에 속지 않고 발을 바닥에 두고 공격 플레이어에게 수비할 시간이 있다는 것을 알린다.

🏀 위치 선정

플레이어는 항상 슈터와 바스켓 사이에 있어야 한다. 이해하기 쉬운 규칙이지만 플레이어가 해야 할 일이 매우 어렵다.

다음은 신체 움직임에 대한 몇 가지 팁이다.

볼 가진 공격 플레이어가 드리블할 준비가 되면 팔을 적당히 뻗고 손을 낮추고 플레이어가 드리블 약한 손을 사용하도록 하게 한다.

★코칭포인트☆

수비수로서 당신이 맡은 공격 플레이어를 알고 있어야 한다.

예를 들면! 공격 플레이어가 좋은 슈터면 수비를 가까이서 붙어서 하고 드리블 돌파가 좋으면 수비를 조금 거리를 두고 한다.

★코칭포인트☆

방금 패스를 받은 공격 플레이어가 실행할 때 미리 한 손을 높이 들어야 한다.

(슈팅 준비가 된 경우를 대비하여 주의를 분산시키기 위해)항상 팔을 사용할 준비를 한다. 플레이어가 돌파하기로 결심할 경우 수비는 쫓아갈 준비가 되어 있어야 한다.

Dead Ball(드리블할 수 없을 때) 중에 팔 동작에 대해 플레이어에게 가르쳐주는 몇 가지 팁이 있다.

Dead Ball 팁

볼이 높게 있을 때, 양손이 볼 위에 있다.

볼을 측면에 있을 때, 팔을 위로, 볼 쪽은 오른손으로.

볼을 측면에 있을 때, 팔을 위로, 볼 쪽은 왼손으로.

토킹 수비 Talking Defensive

잘 훈련된 팀은 수비수끼리 서로 말을 많이 한다. 수비를 위한 특정 단어가 있고 여기에는 일반적인 몇 가지 언어가 있다(왜 언어가 사용되는지 알아보겠다).

수비, 수비, 수비 Defensive

볼을 가진 플레이어가 앞에 있을 때 수비수가 사용된다.

왜? 수비수가 "수비, 수비, 수비" 소리를 들을 때 그들은 볼의 위치를 예상할 수 있기 때문이다.

볼, 볼, 볼 Ball

볼을 가지고 있는 공격 플레이어가 드리블을 끝내고 볼을 잡을 때 수비수가 사용된다.

왜? "볼, 볼, 볼" 소리를 수비수가 듣자 그들은 드리블할 수 없음을 알고 이것은 다른 플레이어에게 패스를 못 하게 적극적으로 붙어서 막는 수비를 한다.

슛 Shots

공격 플레이어가 슈팅 할 때 수비수가 사용한다.

왜? 다른 수비수가 슛이라는 단어를 들을 때 박스아웃하여 리바운드를 못하게 할 수 있기 때문이다.

도움수비 Help Defensive

볼 갖지 않은 공격 플레이어를 수비하기 어려울 때 사용할 수 있으며, 드리블 돌파를 막지 못할 때, 도움이 필요한 경우에도 사용된다. 왜? 다른 수비수가 "도와줘"를 듣게 되면 순간 짧은 시간 내 도움을 주기 위해 그들이 있는 쪽으로 가서 도움 수비를 해야 한다는 것을 알고 있다.

스위치 Switch

공격 플레이어의 스크린으로 수비수가 막혔을 때 사용되며, 수비수가 더 이상 공격 플레이어를 못 쫓아가거나 수비할 수 없음을 인식했을 때이다. 왜? 수비수의 빠른 "스위치"는 훌륭한 팀 수비의 중요한 부분이기 때문에 수비수는 필요할 때 다른 수비수가 도움이 된다는 것을 알아야 하고 토킹 수비는 크게 말하는 것이 수비를 위해서는 매우 중요하다. 이것은 수비의 필수임을 가르치고 효과적이면서 더욱 위협적으로 만들고 연습의 필요한 규율을 만들거나 조성한다.

책임을 진다! Taking the Charge!

수비형 플레이어 중 가장 저평가된 기술 중 하나는 책임을 지는 것이다. 책임은 수비를 확립한 수비수에게 할 때이고 수비수가 책임을 맡을 수 있는 위치에 있을 때 해당된다. 배우기 힘든 스킬이며 수비수가 빠르고 공격적으로 움직이는 플레이어를 수비로 제어하는 데는 강한 정신력이 필요하다.

파울 Fouls

일반적으로 수비수는 볼을 가지고 있는 플레이어의 신체를 세게 터치할 수 없다. 볼을 가지고 있는 공격 플레이어가 움직이는 상태에서 수비수와 신체 접촉하면 이것은 파울이다. 주심은 휘슬을 불지 않을 수 있지만, 수비수는 공격 플레이어와 신체접촉 할 수 없다는 것이다. 코치가 플레이어들에게 신체접촉 하지 말라고 가르치고 접촉에 관한 규칙을 알고 있는지 확인한다.

파울에 해당되는 신체접속 Body Contact Fouls

수비수가 볼을 갖고 있는 플레이어 신체를 때리고, 부딪치거나, 밀거나, 팔을 잡는 경우 파울이 발생할 수 있다. 거꾸로 볼 가진 공격 플레이어가 수비수를 팔로 밀치거나, 감싸 안으면서 드리블을 하거나, 수비수가 바스켓 아래 위치 선점해서 있고 공격하는 플레이어의 드라이브인에 의해 부딪치면 공격자 파울을 유도할 수도 있다. (심하게 부딪친 경우?)수비수는 발을 적절히 움직이거나, 볼을 세게 치지않고, 공격 플레이어의 볼가진 손을 치지 않으면 파울의 가능성이 줄어들고 조절을 할 수 있다. 다섯 번 파울을 하게 되면 플레이어는 코트를 떠나야만 한다(가끔 청소년 플레이어들이 이것 땜에 울기도 하죠).

개인 수비 기술 Individual Defensive Skill

볼을 가진 플레이어 수비 Player Defending with Ball

수비수는 공격적인 플레이에 대응하기보다는 주도권을 가지고 공격적인 수비를 해야 한다. 슛과 패스 선택을 못 하게 볼 핸들러를 드리블로 유도한다.

그 이유는 드리블할 때는 방향을 예측할 수 있기 때문이다.

볼 핸들러 수비 Guarding a Ball Handler

볼 핸들러(볼가진 공격 플레이어) 수비는 무릎을 낮추고 코가 공격자 가슴에 위치하고 유지하는 낮은 자세를 취하면서 수비수는 균형을 잡고 공격적인 수비 자세를 취하도록 한다.

드리블러 수비 Defending Dribbler

오늘날의 농구에서 대부분의 플레이어들은 크로스 오버(Cross Over), 레그 드로우(Leg Through), 스핀(Spin) 및 비하인드 백 드리블(Behind Back)등 볼을 다루는 데 매우 능숙하다. 이에 대응 수비를 하려면 수비수는 무릎을 벌리고 굽힌 자세로 있어야 하고 볼 핸들러를 수비수 무릎 사이에 두고 드리블을 할 때 같이 움직인다. 볼에 대해 수비가 아닌 드리블이나 움직임에 대한 수비를 한다. 볼 핸들러가 과격한 드리블로 에러를 범하지 않는 한 쉽게 볼을 빼앗기지 않으므로 볼을 무리해서 빼앗는 행동은 절대 하지 않는다.

드리블 멈춘 플레이어 수비 Attacking the Picked Up Dribble

드리블러(Dribbler)가 드리블을 중지하고 패스할 곳을 찾을 때 수비수는 즉시 볼을 차단하기 위해 공격적으로 달라붙어서 해야 한다.

수비수는 상대를 가까이 접촉하고 양손을 사용하여 볼을 따라가면서 나쁜 패스를 하게 하거나 볼을 오래 가지도록 최대한의 압박을 가해야 한다.

볼 안 가진 공격 플레이어 수비
Guarding A Player Without the Ball Fundamentals

볼을 안 가진 플레이어 수비는 강한 팀의 기본 수비이다.

볼을 안 가진 플레이어 수비는 패스 막기, 커팅 막기, 수비 밸런스, 헬프디펜스 및 신속하게 라인 막기 등에서 고도로 숙련되고 숙달되어야 한다.

첫 패스를 막는다 First Pass Denials

수비수의 눈이 공격 플레이어의 가슴에 있을 정도의 낮은 자세를 유지하고 볼 사이드에서 패스 라인을 차단한다.

볼과 패스를 받으려는 공격 플레이어의 사이 위치에서 팔을 내밀고 손바닥을 펴서 볼 가진 공격 플레이어에게 보이게 한다.

공격 플레이어와 패스받으려는 공격 플레이어 사이에 위치하고 오픈 밸런스(가슴이 보이는) 자세로 수비하면 공격 플레이어와 볼 받는 공격 플레이어를 같이 볼 수 있다.

도움 수비 Defending Support Helpside

반대편 약한 쪽에서 수비자세를 취한다.

헬프 사이드 위치 잡았을 때 수비수는 드리블 돌파, 더블팀, 패스 라인 막기, 트랩이 발생하면 가까이 있는 수비수가 빈자리 위치에 대신 서 있는다.

뒤쪽에서 수비수는 빠르게 움직이고 강력한 도움수비를 하여 볼가진 공격 플레이어의 라인이 뚫리는 것을 막음으로서 공격적이면서 자신감을 가질 수 있다.

빨리 막기 Quick Close Outs

볼이 반대편 쪽으로 가는 경우 수비수들도 빠르게 가야 하고 가까운 공격 플레이어에 대응해야 한다.

패스한 볼이 도달하기 전에 수비 위치를 잡고 신속하고 효과적으로 대응하는 것이 수비 성공의 열쇠이다.

컷터 수비 Defending Cutters

모든 직접적인 바스켓 쪽으로 향하는 컷터를 막으려면 물리적인 강력한 보디 체크로 차단해야 하고 수비수는 선점 위치에 있는 상황에서 커팅을 허용하지 않고, 바스켓 쪽으로 지나가지 못하게 한다.

포스트 수비 Post Defensive

로우나, 미들 포스트 수비는 볼을 오기 전부터 수비를 하면서 상대방과 정상적이고 적극적인 몸싸움으로 지역 밖으로 나가게 한다. 수비수는 얼굴이 상대방 가슴 쪽 낮은 자세로 팔을 들고 패스를 거부한다는 위치에서 움직이어야 하고 로우 포스트에 위치선점을 못 하게 하려면 포스트 바깥으로 몸싸움하며 강하게 밀어낸다. 패스가 포스트에 들어오면 신속하게 뒤에서 수비자세를 취한다. 만약 하이 포스트에서 자리를 잡고 있다면 신체접촉이 덜 한 지역이므로 하이 포스트 득점지역에서는 팔을 뻗어 패스를 차단한다.

수비 리바운드 Defensive Rebounding

수비 리바운드는 주로 위치 선점에 장점이 있고 팀 전체 노력이 필요하다.

수비 리바운드에서는 성공하기 위해 상대방 플레이어가 리바운드하려고 하면 볼 잡으러 움직이는 길을 박스 아웃 한다. 박스 아웃 하는 것은 리바운드를 얻는 것만큼 정말 중요하다.

박스 아웃 Box Out

공격 플레이어 안쪽위치에서 상대방 앞쪽으로 재빠르게 회전하여 손을 어깨 위로 들고 신체는 엉덩이를 공격 플레이어 엉덩이나 배 쪽에 밀착 한다.

상대 찾기 Find & Go Get

슈팅 반대편에서 박스아웃은 수비수가 자세에서 벗어나서 볼 측면에서의 박스 아웃과 전혀 다르다.

따라서 반대편에서 박스아웃 할 때는 먼저 밖으로 나와서 상대를 찾아서 해야 한다.

팔로 막기 Arm Bar

상대가 리바운드를 참가하지 않고 제자리서 움직이지 않을 때 사용한다.

맨투맨 수비 팁 Man To Man Defensive Tip

허술한 수비가 패배의 가장 큰 원인이다.

훌륭한 수비팀은 큰 게임과 챔피언십에서 이기는 팀이다.

좋은 수비가 좋은 슈팅을 이길 것이다. 개인의 수비가 팀 수비보다 좋을 수 없다.

결코 수비가 너무 늦지 않았다.

항상 수비 뒤쪽은 혼잡하다. 게임의 마지막 플레이와 동일한 강도로 수비를 한다.

수비의 가장 중요한 원칙 중 하나는 볼을 사이드라인, 베이스라인으로 바깥으로 밀어내는 것이다.

중앙에서 볼을 수비하기 위해서는 코트의 수비지역을 좁히고 최소화해야 한다.

또한 사이드 도움 수비를 한다.

좋은 수비가 최고의 득점 기회를 만든다.

움직임을 경계하고 예상한다.

공격적인 수비는 상대방이 정상적인 게임을 하지 못하게 하는 것이다.

그러므로 가만히 서 있거나 지켜보지 않는다.

볼 핸들러에게 항상 주시한다. 대부분의 패스는 그곳에서 나온다.

항상 볼을 본다. 수비수는 볼을 향해 등을 대고 수비를 해서는 안된다.

수비에 대한 의사소통은 필수이다. 알아듣기 쉬운 단어("볼", "헬프", "박스아웃", "디펜스" 등)로 큰소리로 소리친다.

모든 공격적인 움직임(잽 스텝, 크로스 오버, 리버스 피벗 등)과 예상되는 드라이브를 수비하기 위해 약간 뒤로 물러나 대비한다. 슈터를 지켜본다.

슈팅 후 양손을 들고 박스아웃하고 리바운드 예상 위치인 바스켓 쪽으로 가서 리바운드 한다.

(박스아웃을 반듯이 끝까지 해야 한다. 잘못된 습관은 바스켓 쪽으로 가는 것이다.

그러면 멀리 튀는 리바운드나 수비수의 박스아웃은 무너진다.)

개인 및 팀의 자부심을 기른다.

성공적인 플레이어가 되려면 서로 협력하고 서로를 도울 수 있어야 한다.

포스트 디펜스는 팀에서 키가 큰 플레이어에게만 국한되지 않는다.

키 작은 플레이어도 스위치 수비를 예상하여 적극적으로 맡아야 한다.

패스가 지나가는 라인을 막는 공격적 수비를 하면 공격 플레이어가 볼을 받기 위해 3점 라인 밖으로 멀리 보내서 볼을 잡게 하면 거리 간격과 타이밍을 방해한다.

농구에서의 대단한 수비는 공격 플레이어들의 공격 위치를 예상하는 것이다.

공격 가능성을 줄이게 하고 무리한 돌파로 인한 공격적인 턴 오버를 만들 뿐만 아니라 오펜스 플레이어의 파울을 유도해 추가시키는 것이다.

좋은 수비는 더 많은 공격 시간을 가져온다.

절대로 3점 슛 수비를 포기하지 마라, 파울해야 할 경우 플레이어가 슈팅을 하기 전에 한다.

좋은 수비 위치를 위해 싸우고 파울을 경계하라, 스텝으로 움직이고 손이 신체에 닿지 않도록 한다. 최고의 수비는 적극적인 리바운드이다.

맨투맨 수비 연습 Man To Man Defensive Drills

1 | 슬라이드 레인 Lane Slides

목적

이 연습은 민첩하고 수비 속도를 향상시킨다. 또는 당신의 맨투맨(man to man) 수비 기술을 향상시키는 훌륭한 방법이다.

설명

당신은 프리드로우 레인에서 시작하여 반대 바깥쪽 향하는 레인까지 터치하는 것으로부터 시작한다.

낮은 수비자세를 취한다.

그런 다음 레인을 가로질러 미끄러져 나오고 바깥쪽 발과 반대편 레인을 터치한다.

반대쪽 선을 터치하면 다시 반대편으로 밀고 시작한 레인을 터치한다. 30초 동안 가능한 빨리 10~11회 수행해야 한다.

익숙해지면 길게 Side Line에서 Side Line으로 왕복한다.

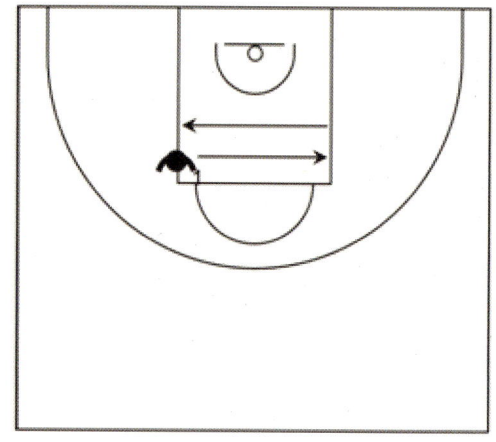

★코칭포인트☆

좋은 수비자세를 유지한다.

(발뒤꿈치 들고, 다리 폭보다 약간 넓게, 무릎을 굽히고)

가능한 한 빨리 움직인다. 발뒤꿈치를 바닥에 닿지 않게 한다. 발이 교차(크로스)해서는 안된다.

상체가 위, 아래로 롤링하지 마라. 머리는 수평면에 있어야 한다. 이 연습을 반복함으로 경쟁력을 유지하는 것이다.

실제로 이 연습을 하려는 경우 각 플레이어가 30초 동안 10회를 하면 누가 가장 많이 왕복했는지 알 수 있다.

플레이어가 발꿈치를 바닥에 대지 못하게 하려면 리드 발(오른쪽으로 미끄러지는 경우 오른쪽 발이 리드 발임)이 뒷발과의 폭을 두고 있음을 알린다.

처음에는 대부분의 플레이어가 수비 자세의 어색함을 느낄 것이다.

당신 팀은 수비 자세가 익숙해질 때까지 50% 또는 75% 속도로 시작할 수 있다.

2 | 거울 수비 Defensive Mirrors

 목적

이번 연습은 여러분의 팀에게 수비 자세와 수비 스텝을 적용하는 것을 플레이어들에게 가르쳐 줄 것이다.

 설명

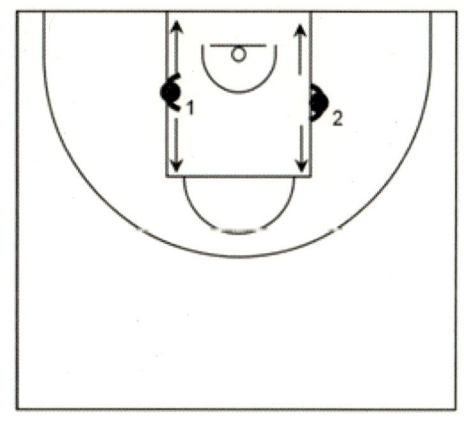

2명의 플레이어가 2개의 프리드로우 레인을 따라 수비 플레이어는 위, 아래로 움직여 공격 파트너의 움직임을 똑같이 따라 해야 한다.

공격 플레이어는 수비수를 여러 가지 동작으로 회피하려고 시도한다. 누구나 파트너를 찾고 줄 뒤에서 시작한다. 다른 코치가 있는 경우 반대 코트도 사용한다.

첫 번째 팀이 나오고 키의 두 평행선에 서로 마주 보게 한다.

코치는 그중 한 플레이어에게 공격 플레이를 할당하고 연습을 시작한다. 수비 플레이어의 목표는 공격 플레이어와 일직선이 되는 것이다.

공격적인 플레이어는 일직선 레인을 위, 아래로 최대한 빨리 움직여 수비수를 떨쳐내도록 노력해야 한다.

15초 후, 코치는 반대로 소리쳐서 두 플레이어는 역할을 바꾼다.

또 15초 후에 그들은 완전 끝을 내고 다음 플레이어들이 들어와서 처음부터 시작한다.

지속 시간이 각 15초가 아닌 플레이어에게 맡기어 많거나 적게 연습할 수 있다.

★코칭 포인트☆

플레이어는 전체 연습시간에 손을 넓게 벌리고 수비 자세를 낮게 유지해야 한다.
공격자가 헤드 페이크를 사용하고 빠른 속도 변화로 수비수를 떨치도록 격려한다.
이 연습을 하기 전에 수비자세를 낮게 가르쳐야 한다.
발이 교차(크로스)해서는 안 된다.

3 | 팀 푸트 웍 Team Foot Work

목적
이것은 수비수가 지켜야 할 기초 풋워크(발놀림)와 대화의 기본소통이 된다.

설명

플레이어는 코트를 가로질러 넓게 퍼진다. (충분한 공간이 있으므로 슬라이드 스텝 사용한다). 플레이어는 코치를 마주 보고 있다. 코치는 앞쪽에 위치한다.

코치가 볼을 가지고 좌우 한 방향으로 드리블 할 준비한다.

플레이어는 "볼"하고 크게 소리를 지른다.

코치는 볼가지고 오른손으로 플레이어 방향 45°각도로 드리블한다.

플레이어들은 왼쪽 발을 가지고 수비적인 드롭 스텝을 하고 코치가 움직이고 있는 것처럼 왼쪽으로 슬라이드 스텝으로 움직인다.

코치가 왼손으로 드리블 방향을 바꾼다.

플레이어는 오른발로 방어적인 드롭 스텝을 하

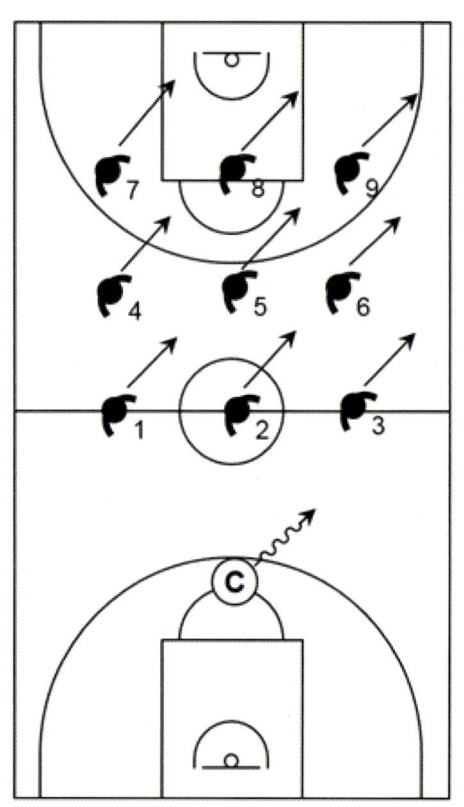

고 오른쪽으로 슬라이드 스텝으로 움직인다.

코치가 볼을 잡았을 경우 플레이어는 앞으로 다가가서 "볼, 볼"이라고 큰 소리로 외친다.

공격 플레이어 움직임을 상상하면서 핸드 체크한다.

코치는 플레이어들에게 한 걸음 나아 간다.

플레이어들은 "디펜스"라고 외치고 마치 그들이 부딪친 것처럼 뒤로 물러난다. 연습을 몇 번 더 반복한다

★코칭포인트☆

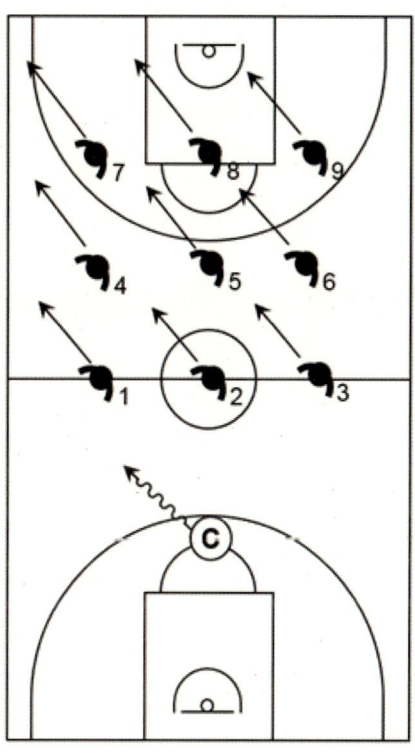

플레이들이 "볼"과 "디펜스"등을 소리치고 있는지 확인하고 이것은 게임 중 관중이 시끄러울 때 대비해 플레이어들끼리 소리를 지를 때 필요로 하는 상황을 위해 연습한다.

적절한 수비 스텝을 사용하고 있는지 확인한다.

발이 교차(크로스)해서는 안 된다.

이것은 성인 대학농구팀과 프로팀이 아직도 이 연습을 한다고 말할 수 있다.

시작 전에 플레이어는 Spot run(제자리 빠른 발놀림)으로 시작할 수 있다.

또한 드리블을 잡으면 플레이어는 손으로 볼을 차단하거나 거울처럼 똑같이 움직일 수 있다.

(예 : 오른쪽에 볼이 있다면 왼손으로 볼을 차단해야 하고 오른손은 높이 들고 있는다.)

4 | 슬라이드 디펜스 Defensive Slides

 목적

플레이어는 수비 위치에 자리 잡고 하프 코트로 미끄러진다.

 설명

4팀의 플레이어는 베이스라인 위에 약 4m에서 5m 간격으로 떨어져 있다.

코치는 "준비"라고 말한다.

플레이어들은 무릎을 구부리고 팔을 들고 수비 자세를 취한다.

코치는 "시작 또는 Go"라고 말한다.

플레이어는 슬라이드 스텝으로 지그재그 패턴으로 반쯤 코트로 미끄러진다.

첫 번째 그룹이 프리드로우 라인쯤 도달하면 다음 팀이 시작한다.

모든 그룹이 하프 코트에 도달하면 끝이고 플레이어는 동일한 연습을 다시 시작한다.

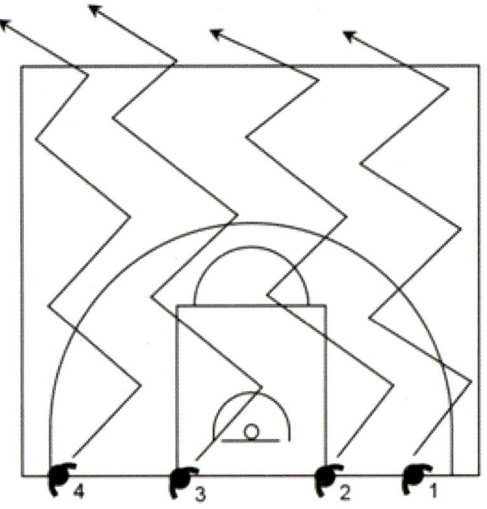

★코칭 포인트☆

앞발을 슬라이드 방향으로 향하게 하고 손을 위로 들고 한다.

플레이어들은 머리를 수평으로 유지하고 팔은 앞으로 들고 해야 된다.

5 | 사각형 스피드 스텝 Speed Step Square

 목적

이것은 농구 수비의 스피드, 신속함 및 컨디셔닝을 향상시키는 재미있는 연습이다.

 설명

두 팀으로 플레이어를 나눠서 각 팀을 두 개의 다른 코트에서 진행한다.

신호로 출발해서 첫 번째 플레이어가 엘보까지 달려간다.

다음으로 수비 자세로 들어가 반대쪽 엘보 쪽으로 슬라이드 스텝으로 간다.

그런 다음 그는 베이스라인으로 되돌아서서 달려가고 마지막 수비 자세로 슬라이드 스텝으로 끝까지 간다.

첫 번째 플레이어가 끝나면 다음 플레이어가 같은 패턴으로 시작한다.

★코칭 포인트☆

컨디셔닝을 위해 한다면 각 플레이어에게 4~5번씩 한다.

또한 사각형을 더 크게 만들어 더 넓이 연습할 수 있다.

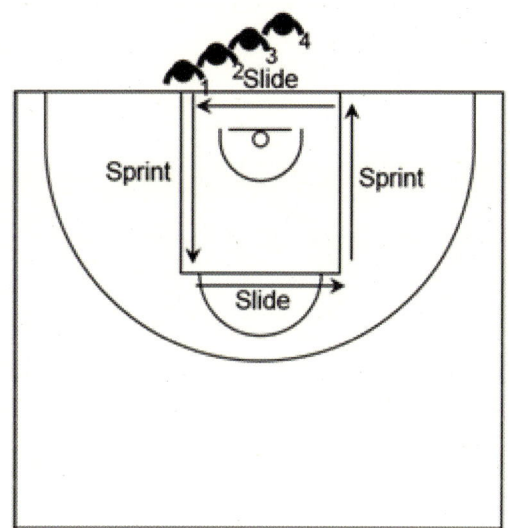

6 | 크로스아웃 디펜스 Defensive Closeouts

 목적

플레이어는 가장 까다로운 수비연습 한다.

즉, 볼이 멀리 있는 상황에서 볼 쪽으로 이동하는 것이다.

설명

4팀의 플레이어는 베이스라인을 따라 약 4m에서 5m 간격으로 떨어져 있다. 코치는 "준비"라고 말한다.

볼 가진 플레이어들은 패스 준비하고 있는다.

코치는 "시작"이라고 말하면 프리드로우 라인에 서 있는 공격 플레이어들에게 패스하고 스프린팅(전력 질주) 후 킥 스톱 후 가까이 가서 무릎을 구부리고 팔을 위로 뻗고 수비 자세를 취한다.

클로즈 아웃 플레이어는 프리드로우 라인에서 공격 플레이어가 되고 공격 플레이어는 클로즈 아웃 라인으로 돌아간다.

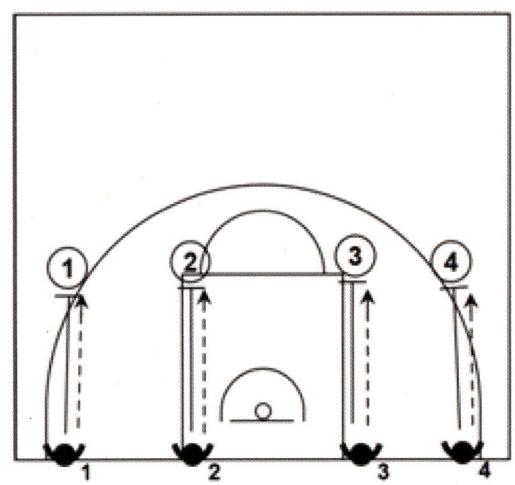

★코칭 포인트☆

목표는 공격적인 플레이어에게 수비 압력을 가하는 동시에 드라이브를 예방하는 것이다.

플레이어는 전력 질주해서 공격 플레이어 가까이 가면 풋워크 짧고 간단한 스텝으로 스톱을 한 다음 슬라이드 손을 올려 수비자세를 잡는다.

7 | 스페셜리스트 디펜스 Defensive Specialist

🏀 목적

이 연습은 플레이어가 수비할 때 자주 하는 모든 스텝을 다루기 때문에 연습에 익숙해 지도록 하는 것이 좋다.

🏀 설명

수비 스페셜리스트는 크로스오버, 수비 슬라이딩, 백 페달, 스프린팅(전력 질주)을 포함하여 다양한 수비 움직임에 대해 연속적인 수비 연습이다.

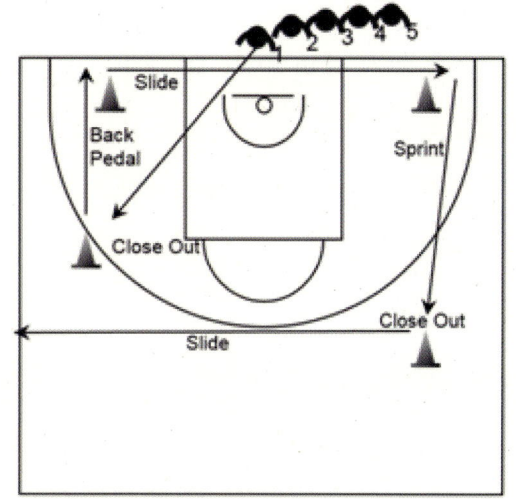

콘과 움직임이 어디에 쓰는지에 대해 설명하기가 어렵기 때문에 이 연습과 관련된 이미지를 참조하기 바란다.

이 연습에는 네 개의 콘이 필요하고 모든 플레이어들은 베이스라인에서 윙으로 직선으로 가면서 시작한다.

플레이어는이 수비 코스를 하나씩 수행한다.

첫 번째 움직임은 스프린트(전력 질주)이며 앞쪽의 콘에서 스톱, 플레이어는 그 뒤의 콘을 중심으로 뒤로 달리기를 한 다음 코트의 반대쪽을 슬라이드 스텝으로 가로 질러 간다. 첫 번째 수비수가 베이스라인을 지나면 다음 플레이어가 출발한다.

첫 번째 수비수가 코트 반대쪽의 콘에 닿을 때, 그들은 다시 스프린팅(전속력)으로 달려서 다시 한 번 콘을 닫고 코트 반대쪽 끝으로 슬라이드 스텝으로 미끄러져 움직인다.

팀에 있는 플레이어의 수에 따라 3~5분 동안 연습을 한다.

다른 코스

콘의 배치를 달리하여 쉽게 코스를 변경할 수 있다. 주요 수비 움직임에 초점을 맞춘다.

★코칭 포인트☆

플레이어는 전체 연습을 통해 100%의 전속력을 발휘하고 슬라이딩해야 한다.

계속 콘 앞으로 계속 진행한다.

이 연습의 매우 중요한 부분이기 때문에 모든 방어적인 풋워크가 잘 이루어 졌는지 확인한다.

8 | 하프코트 푸트 웍 Half Court Foot Work

 목적

풋워크의 기초, 스피드와 지구력을 향상시키고 낮은 자세로 한결같이 똑같은 속도로 미끄러지는 것을 유지한다.

설명

2명씩 팀을 이룬다. 허리가 아닌 무릎을 구부리고 팔을 아래로 뻗어 손을 바닥에 연속으로 터치하면서 슬라이드 스텝으로 시작한다.

옆에 같이 있는 플레이어를 이끌어야 하기 때문에 먼저 출발한다. 옆에 같이 있는 플레이어가 쫓아 오기 때문에 끝까지 같은 속도를 유지하고 모서리 부분에서 스텝을 90° 반대 방향으로 회전하여 계속 같은 속도와 자세로 진행한다.

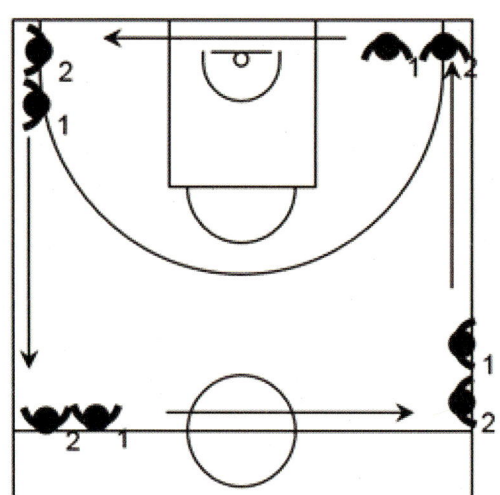

★코칭 포인트☆

움직일 때 손이 플로어에 터치를 항상 하는지 체크한다.

적절한 낮은 수비자세와 스텝을 사용하고 있는지 확인한다. 발이 교차(크로스)해서는 안 된다.

9 | 풀 코트 풋워크 Full Court Foot Work

🏀 목적

풋워크의 기초, 스피드와 수비 지구력을 향상시키고 낮은 자세로 한결같이 똑같은 속도로 미끄러지는 것을 유지한다.

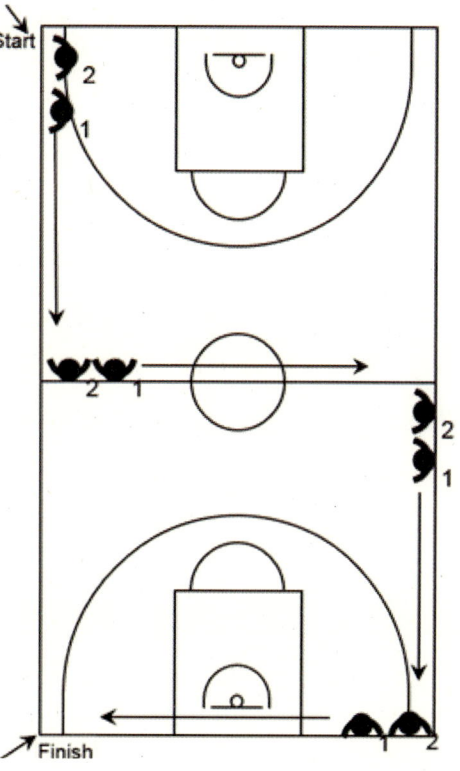

🏀 설명

2명씩 팀을 이룬다. 무릎을 구부리고 손이 플로어에 연속으로 터치하면서 슬라이드 스텝으로 시작한다.

옆에 같이 있는 플레이어를 이끌어야 하기 때문에 먼저 출발하고 바로 플레이어가 쫓아 오기 때문에 끝까지 같은 속도를 유지하고 모서리 부분에서 스텝을 90° 반대 방향으로 회전하여 계속 똑같은 스피드와 자세로 진행한다.

★코칭 포인트☆

움직일 때 플로어 터치를 항상 하는지 체크한다.

적절한 수비 스텝을 사용하고 있는지 확인한다. 손이 플로어에 연속으로 터치하는 연습이 적응되면 이번에는 낮은 자세로 서서 손을 옆으로 들고 스피드하게 연습한다.

발이 교차(크로스)해서는 안된다.

10 | 풀코트 지그재그 The Full Court Zig Zag

🏀 목적

농구 코트의 전체를 사용하여 풋워크의 스피드와 수비 지구력을 향상시키고 낮은 수비자세를 지키며 적절하고 빠르게 슬라이드 해서 방향을 바꾼다.

🏀 **설명**

드리블러와 수비수 팀을 이룬다.

양팔을 벌리고 무릎을 구부려 낮은 자세로 슬라이드 스텝으로 한다.

드리블러와 수비수 간격은 팔을 들면 손끝이 닿을 정도로 유지한다.

수비수는 코트를 사 등분 했을 경우 가상 라인 윙의, 하프코트의, 가상 라인 윙의, 끝부분 쪽 사이드라인 방향으로 가까이 갔을 때 빨리 라인을 발로 터치하고 드롭 스텝을 사용하여 방향을 바꾼다.

드리블러와 수비수의 드리블 스피드는 50~70% 정도 속도를 유지하고 같은 속도와 낮은 자세로 진행한다.

★**코칭 포인트**☆

움직일 때 낮은 자세를 유지하는지 체크한다.
적절한 수비 스텝을 사용하고 있는지 확인한다.
발이 교차(크로스)해서는 안 된다.

11 | 지그재그 슬라이드 Zig Zag Slides

🏀 **목적**

풋워크의 스피드와 지구력을 향상시키고 수비자세를 한결같이 똑같이 유지시킨다.
드롭 스텝을 사용하여 방향을 바꾸는 방법을 배운다.

🏀 **설명**

드리블러와 수비수 팀을 이룬다.

무릎을 구부리고 양손을 벌리고 슬라이드 스텝으로 시작한다.

짧은 거리에 빠른 회전이 필요하고 드리블러 보다 먼저 앞서서 길을 막고 회전하면서 방향을 바꾸어서 한다.

수비수는 코트를 사 등분 반을 했을 경우 드롭스텝을 사용하여 방향을 바꾸면서 윙의, 센터써클, 윙의, 엘보, 라인 모서리에서 끝낸다.

드리블러와 수비수의 드리블 스피드는 70~80% 정도 속도를 유지하고 같은 속도와 낮은 자세로 진행한다.

★**코칭포인트**☆

움직일 때 공격 플레이어 앞을 이미지와 같이 길을 막고 90° 회전하는지 체크한다.

적절한 수비 스텝을 사용하고 있는지 확인한다.

발이 교차(크로스)해서는 안 된다.

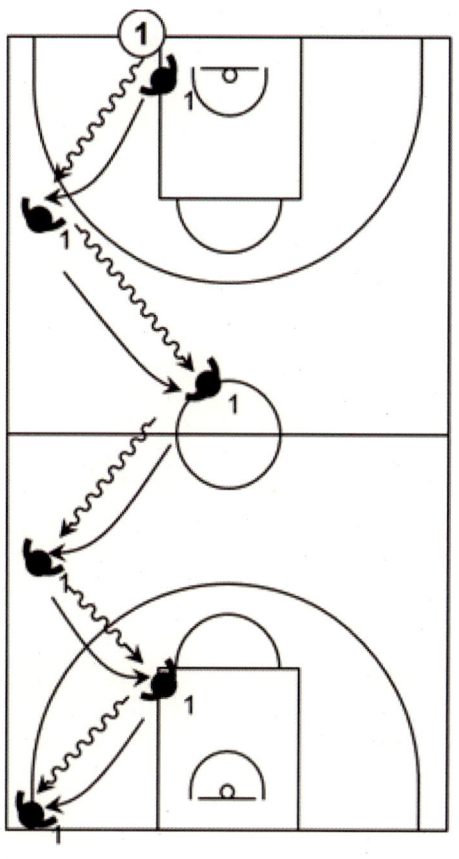

맨투맨 수비 위치 Basketball Defensive Positioning

주로 반대쪽 약한 측면 위치선점은 수비에서 중요하고 어려운 일 중 하나이다.

간단히 말해서 좋은 위치 선점은 좋은 수비하기에 유리하기 때문이다.

커버할 수 있는 부분이 한정되어 있기 때문에 수비의 문제가 빨리 나타나고 예를 들어, 플레이어가 완벽하게 배치된 경우 수비를 피해서 공격하는 플레이어에게 빠르고 가깝게 접근하거나 도움을 청할 수 있다.

전체적으로 움직이기가 좋기 때문에 좋은 위치를 차지하려는 것이다.

왜 공격 코치가 볼의 방향 전환을 이야기한다고 생각하니? 이것은 공격 플레이어들이 볼을 자주 방향전환을 하기 때문에 플레이어들이 공격 위치에서 벗어나 수비에게 노출시키기 때문이다.

위치선점의 가장 좋은 점은 동작이 느린 플레이어라도 잘 해낼 수 있다는 것이고 위치선점은 육체적인 능력보다는 정신력과 습관에 가깝기 때문에 비운동 플레이어 조차도 훌륭한 포지셔닝(위치선점)을 배울 수 있을 것이다.

🏀 당신은 어떻게 쉽고 빠르게 수비 위치 선점을 가르치나?

당신은 코치로서 플레이어가 직면하게 될 모든 상황을 다룰 충분한 시간을 갖지 못한다.

그래서 코트에서 모든 상황에 적용되는 규칙을 설정하고 플레이어가 어떤 상황에 직면했을 때 해야 할 일을 이해시키고 똑같이 하는 것이 매우 중요하다. 아래는 한 예다.

아주 중요한 측면 수비 규칙!

🏀 볼가진 공격 플레이어가 멀리 있을 때 수비

플레이어와 볼 사이에 있다. 항상 플레이어와 볼을 본다. 모든 드라이브 돌파, 침투를 막는다.

만약 볼이 그에게 패스가 왔다면 당신이 지키고 있는 볼가진 플레이어를 수비할 수 있을 만큼 가까이 다가간다.

공격 플레이어가 드리블을 하면 바스켓 구역에 들어가지 못하게 볼을 가진 플레이어와 충분히 가까워야 한다.

당신 앞에 볼이 있다면 멈추게 손이 플로어에 연속으로 터치하는 연습이 적응되면 이번에는 낮은 자세로 서서 손을 옆으로 들고 스피드 하게 연습한다.

발이 교차(크로스)해서는 안 된다.

볼을 가진 플레이어가 하프 코트, 하이 포스트, 코너 등 어디에 있는지 여부는 중요하지 않다.

당신은 항상 플레이어의 돌파나 침투를 막을 수 있는 위치에 있어야 손이 플로어에 연속으로 터치하는 연습이 적응되면 이번에는 낮은 자세로 서서 손을 옆으로 들고 스피드 하게 연습한다.

발이 교차(크로스)해서는 안 된다.

다음은 이러한 상황을 이해하는 데 도움이 되는 몇 가지 규칙이다.

주변 수비 패스 Defend the Perimeter Pass (One Pass Away, 원 패스)

원 패스 (One Pass Away)는 공격 플레이어를 수비하고 있을 때와 당신과 볼 사이에 다른 공격적인 플레이어가 없는 경우를 나타내고 볼을 패스하면 위치 결정은 중요하고 이는 드리블 드라이브를 도울 수 있는지 또는 스위치 수비를 할지 결정할 수 있기 때문에 매우 중요하다.

🏀 **도움이 될 만큼 가까이 있는다.**

수비수가 한번 멀리 가 있으면 그가 지키고 있는 플레이어와 수비위치감각을 잊고 벗어난다.

🏀 **업 더 라인**

우리가 말하는 라인은 볼을 가진 플레이어와 수비수가 지키고 있는 플레이어 사이의 정상적인 수비 포지셔닝의 가상

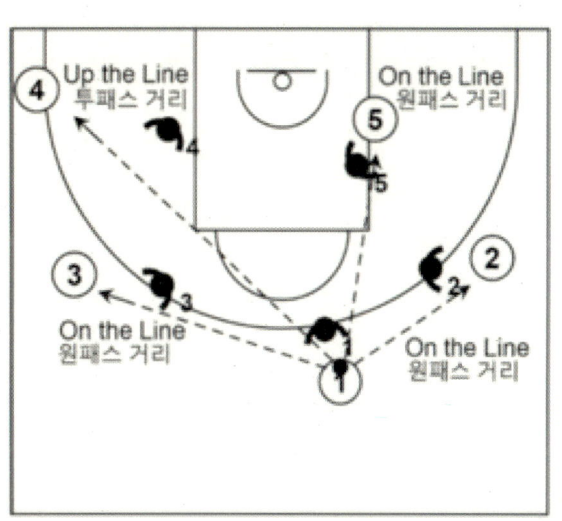

라인이다. 그 가상 라인 위에 1/3에서 1/2 정도의 거리에 있어야 하고 공격 플레이어가 드리블 침투하면 이 거리는 수비수가 바로 도움 수비가 될 정도로 가까이 있고 볼가진 그가 다른 공격 플레이어에게 패스한다면 빨리 가서 수비할 수 있을 정도 가까이 다가가게 해준다.

만약 볼 핸들러가 수비수에게 접근한다면 당신은 제시간에 도착할 수 없을 것이고, 여러분은 아마도 '업 라인' 정도로 충분하지 않을 것이다.

🏀 온 더 라인

수비수의 패스 라인 차단 수비 포지셔닝의 가상 라인에 발이나 손을 라인에 닿을 때를 의미하고 이 위치 선택은 통과 패스에 따라 다를 수 있다. 패스가 통과되면 한 걸음 뒤로 물러나서 침투를 막을 수 있고 당신이 수비를 적극적으로 한다면 분명히 가상 라인에서 공격 플레이어가 실수를 더 많이 할 것이다.

🏀 당신이 수비하고 있는 플레이어에 가까워야 한다.

당신이 도울 수 있을 정도로 가까워야 하고 그러나 볼을 그에게 넘겨받으면 당신이 지키고 있는 플레이어를 멈출 만큼 아주 가까워야 한다.

당신이 공격 플레이어에게 도착해서 드라이브를 막을 수 없다면 아마도 당신은 너무 멀리 있는 것이다.

🏀 항상 준비가 되어 있어야 한다.

코트의 다른 위치에서 마찬가지로 무릎을 구부리고 자세를 낮추어 신속하게 움직일 준비가 되어 있어야 한다.

🏀 플레이어와 볼을 본다.

당신이 수비하고 있는 플레이어와 볼을 가진 플레이어를 항상 같이 볼 수 있어야 하고 이 방법으로 당신의 플레이어를 움직이는지 알 수 있기 때문에 볼 핸들러가 드리블 침투하면 도움 수비를 할 수도 있다.

🏀 머리 위치

당신의 플레이어와 볼을 보면서 결정적으로 중요시되는 부분은 머리 부분이다.

플레이어가 패스할 때 당신은 패스하는 볼을 항상 보아야 하기 때문에 머리 위치가 정말로 중요하다.

머리는 본질적으로 플레이어와 볼 사이를 똑바로 보고 있어야 하고 볼을 보기 위해 머리를 움직이거나 공격 플레이어를 보기 위해 머리를 움직일 필요가 있는 경우 잘못된 위치에 있는 것이고 그렇기 때문에 머리를 움직이지 않고 볼과 플레이어를 같이 보는 것이 정말 중요하다.

대부분의 플레이어가 하는 실수는 끊임없이 앞뒤로 보며 한다는 것이다.

당신이 볼을 잠깐 보는 그 순간 플레이어는 당신 뒤로 커팅하여 제칠 수 있다.

당신이 수비하고 있는 플레이어만 보면 다른 공격 플레이어의 수비수 제치는 드리블을 할 때 도움 수비를 못 해주거나 스위치(switch) 수비도 할 수 없다.

올바른 헤드 포지션(머리 위치)은 이미지를 참고하자.

🏀 오픈과 거부

볼을 수비 시 원패스(짧은 패스)할 때 막거나 허용할 수 있다.

🏀 패스 거부

만약 당신이 빠르고 적극적인 수비팀을 가지고 좋은 수비를 한다면 계속할 것이고 주위에 수비수를 배치하여 패스가 지나가는 길목을 막을 수 있다.

윙에 수비수가 배치되어 있을 때 상대편 플레이어들은 볼을 잡을 수 없게 하고 이것은 5초 위반(Violation)이나 나쁘게 패스하여 턴 오버를 유발할 수 있다.

더 많은 턴 오버를 만들 수 있지만, 드리블 돌파를 조심해야 한다.

왜냐하면 당신은 패스 라인 차단(Deny) 수비를 하다가 넓은 위치에 있으면 도움 수비가 어렵기도 하고 또 위치를 미리 확보해야 되기 때문이다.

🏀 주위 오픈 패스

다른 옵션은 오픈 패스 통과를 허용하는 것이다.

이것은 볼 뺏기 보다는 수비 도움 위치에 더 중점을 두고 인터셉트가 보장된다면 나은 방법이 될 것이다.

이 전략을 사용하면 조금 뒤로 물러나 도움을 받을 수 있는 좋은 위치에 있으면 짧은 돌파나 패스 통과가 어느 정도 허용된다.

유명 미국농구 감독이 이 개념을 사용하여 좋은 효과를 본 적도 있다.

그는 모든 오픈 패스를 허용하고 침투 패스는 철저히 거부했고 침투하기도 어렵기 때문에 좋은 수비 전술이다.

이 수비가 패스를 외곽 주위로 패스 허용하고 있지만 볼 압박은 여전히 필요하다.

전반적으로 우리가 패스에 대해 논할 때 수비 시 오픈 스탠스를 사용한다.

이렇게 하면 인터셉트를 하는 데 집중하지 않고 낮은 슛 성공률을 유도하고 공격 플레이어가 침투하면 볼에 가장 가까운 수비수가 볼 쪽으로 접근해 드리블을 스톱 시켜 패스하게 한다.

공격 플레이어가 '득점 위험 지역' 근처에서 볼을 잡으면 당신의 수비수는 공격 플레이어를 밀어내야 하고 볼을 다른 곳에 패스하게 하면 슛 성공률이 낮아지고 다른 코치들은 이것을 쳐진, 늘어진 쎄깅 디펜스(Sagging Defense) 수비라 할 수 있다.

우리는 이것이 강한 수비가 아니라는 것을 알 수 있다.

그것은 플레이어들이 힘들어하는 수동적인 수비에 비해 느긋하고 편안한 수비 수단이라는 것을 보여준다.

패스 거부(Deny) 수비처럼 당신은 강렬해야 한다.

항상 풋워크(발놀림)을 하고 있고 주위 플레이어와 끊임없이 의사소통(토킹 수비)을 해야 한다.

유일한 차이점은 주변 패스하도록 허용한다는 것이다.

이 전략은 플레이어가 원하는 것과 정확히 일치하는 형태의 수비를 하기 위해 끈기 있고 강렬한 정신력을 발휘해야 한다.

다음은 패스 거부(Deny)와 주위 오픈에 대한 이미지이다.

🏀 패스 거부 Deny

🏀 주변 오픈 패스

외곽 패스 수비 Defend the Perimeter Pass

(Two Passes Away, 투 패스)

1 | 패스 어웨이 (투 패스) Pass Away

당신이 공격 플레이어를 지켜보고 있고 당신과 볼 사이에 한 명 이상의 공격 플레이어가 있는 것을 말한다.

드리블 침투 또는 수비전환을 돕기 위해 적절히 배치하는 것이 매우 중요하다.

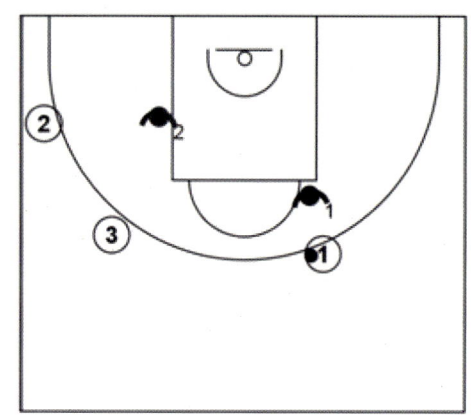

이미지는 수비수 2가 코너를 보호한다.

볼이 윙에 있을 때 당신은 두 명의 패스 길이 지나면 우리는 항상 적어도 한 발을 림 라인 위에 놓는다.

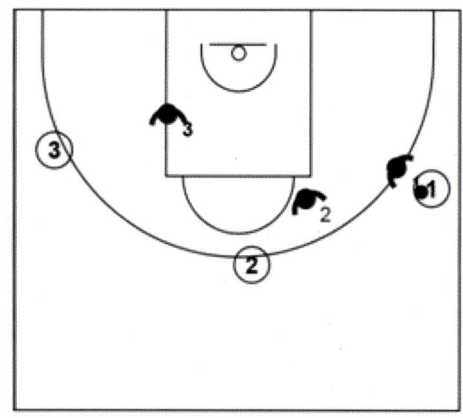

림 라인은 농구 골대에서 반대쪽 농구 골대에 이르기까지 코트 중간에 아래로 내려가는 가상의 선이다.

여러분이 볼을 압박하고 패스를 막는 공격적인 수비를 한다면, 여러분은 타이트한 수비기술을 사용하고 싶어 할 것이다.

이렇게 하면 짧은 패스를 더 많이 허용하는 동시에 당신이 드리블 침투하는 것에 더 민감하고 어려울 수 있다.

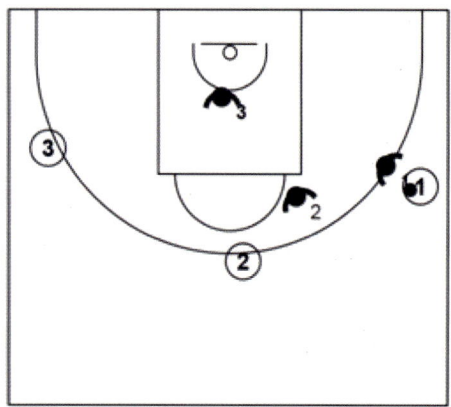

압박 수비를 했을 때 우리는 여전히 위에서 언급한 림에 대한 레인개념을 사용했다.

플레이어가 "위험 영역"에 도달하지 못하도록 적극 수비를 한다면 림 라인으로 가는 것이 좋다.

2 | 드라이브 수비 Drive Defensive

볼이 탑 쪽 위에 있을 때 2명의 플레이어는 멀리 림 라인에 있을 필요가 없다. 레인 옆 또는 레인에서 한 발을 걸치면 된다.

이것은 볼 가진 플레이어가 드라이브를 못 하게 막기 위해 레인에 있어야 하기 때문에 중요하다.

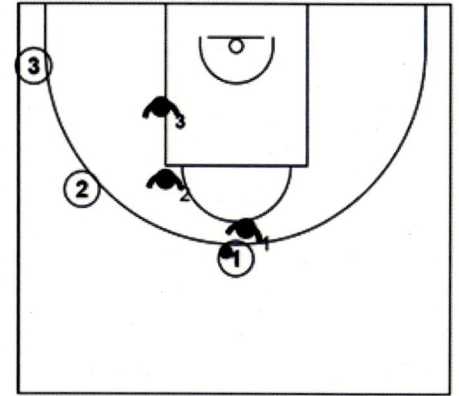

당신이 공격적인 수비로 볼을 뺏고 싶어 한다면, 수비하는 플레이어가 다른 공격 플레이어 근처 가까운 거리에 있는 것이 좋다.

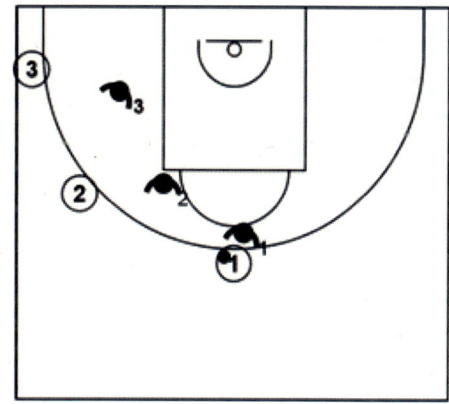

맨투맨 수비 스킬 Man To Man Defensive Skills

1 | 패스 어웨이 One Pass Away Drill

🏀 목적

이 연습은 원 패스 라인 수비를 강조한다.

당신이 포지셔닝(위치, 장소)을 가르치고 싶거나 볼을 멀리서 잡게 하거나 Deny수비를 하고 싶다면 사용하는 것이 좋다.

수비의식과 신속하게 움직이는 수비능력을 발달시키는데 도움이 된다.

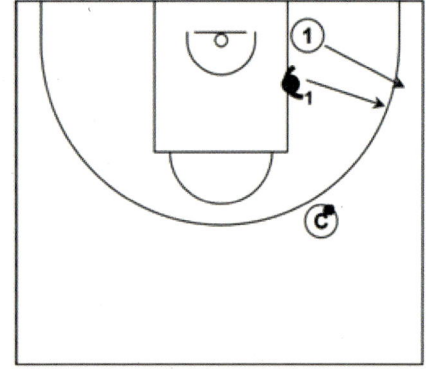

🏀 설명

공격 플레이어가 로우 포스트에 있다.

수비수가 플레이어를 지키고 있고 코치 또는 플레이어가 볼의 상단에 있다.

공격 플레이어는 로우 포스트와 윙을 앞뒤로 볼을 잡으러 간다. 수비수는 올바른 위치를 유지하면서 앞, 뒤로 움직인다.

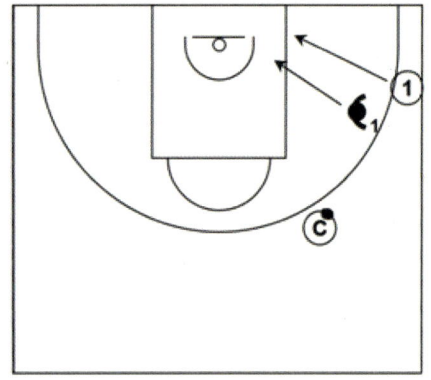

★코칭포인트☆

이 연습은 어떤 유형의 수비를 사용하느냐 따라 다르다.

패스를 막으려면 플레이어에게 코치는 공격적인 패스를 시도해야 한다.

수비수는 패스가 통과되면 다음 차례에는 패스가 통과되지 못하도록 더 빨리 움직여야 한다. 따라서 그는 패스 라인을 거부하는 디나이(Deny) 수비를 할 것이다. 만약 당신이 팀 수비를 하고 있다면 당신이 패스를 막는 것은 중요하지 않다.

여러분은 오직 위치에만 집중해야 된다.

볼을 패스하고 플레이어가 1대1 수비 움직임을 강조할 수도 있다. 반대 방향도 한다.

2 | 포인트 가드 라인 도움 수비 각도 Guard Principles

🏀 기본
수비수 2와 3의 도움 각도

이미지는 드리블 돌파를 할 때 수비수 2와 3이 취해야 하는 도움 수비의 각도를 보여준다(도움이 필요함).

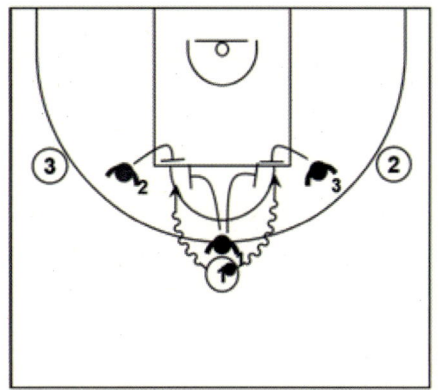

2-1 | 반대편 수비수 위치 모습

3명의 공격 플레이어와 3명의 수비수로 시작한다. 볼은 탑에 있다.

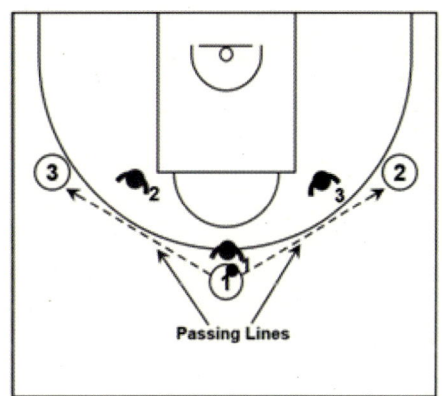

첫 번째 연습은 윙으로 패스에서 시작한다
(이 예제에서는 첫 번째 패스가 오른쪽으로)

탑으로 리턴 패스, 수비수는 원래의 위치로 돌아간다.

패스가 공중에 있을 때 수비수가 원래 위치로 빨리 간다!

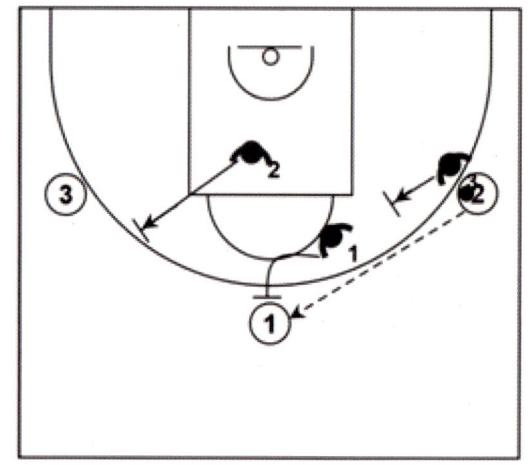

다음 패스는 반대편 윙으로(수비수 2가 있는 쪽)간다.

윙으로 패스할 때 수비수는 원래 위치로 빨리 간다!

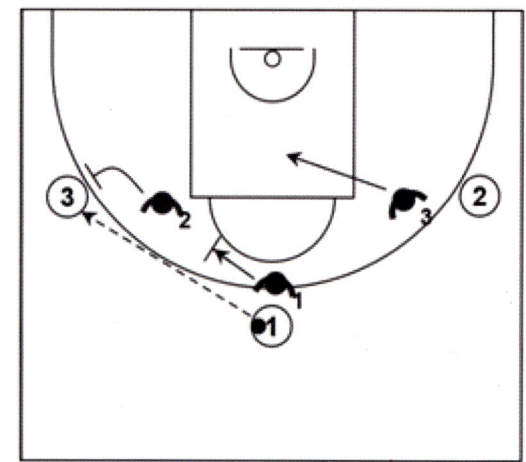

패스가 맨 위로 이동한다.
수비수들은 시작 위치로 돌아간다.

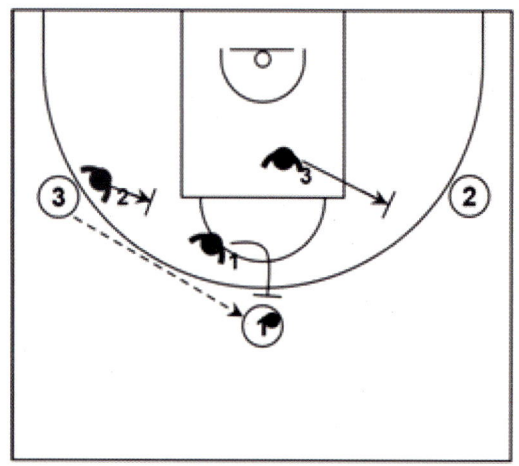

2:2 주변 수비 Two-on-Two Perimeter Defending

3 | 윙과 코너 움직임 Wing and Corner Moving

목적

처음부터 볼을 못 잡게 하여 사전에 패스나, 드리블 침투를 방지하는 좋은 수비연습이다.

설명

2명의 공격 플레이어와 2명의 수비수가 있다.

공격 플레이어는 윙에, 같은 쪽 모서리에 있다.

코치는 볼가지고 탑에 있는다.

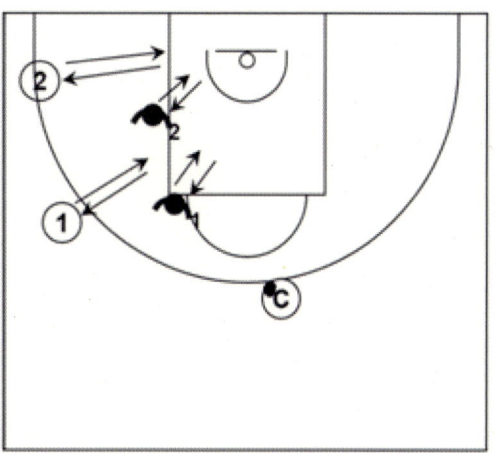

4 | 윙과 코너 움직임 Wing and Corner Moving(Slide Through)

코너 공격 플레이어를 지키고 있는 수비수는 투 패스 라인에 있다.

탑 쪽에 볼이 있는 상태에서 그는 이미지와 같이 레인 근처이거나 레인에 발을 밟고 있어야 한다.

처음에는 두 공격 플레이어가 앞, 뒤로 커팅을 하도록 한다.

그들이 이것을 몇 차례 커팅하고 나면 공격 플레이어들이 레인과 위치를 바꾸는 것을 시작한다.

두 수비 플레이어는 포지션을 모두 커버해야 한다.

★코칭 포인트☆

결국, 여러분은 패스를 윙으로 통과시켜 플레이어들이 2-2 공격과 수비를 할 것이다. 반대쪽도 한다.

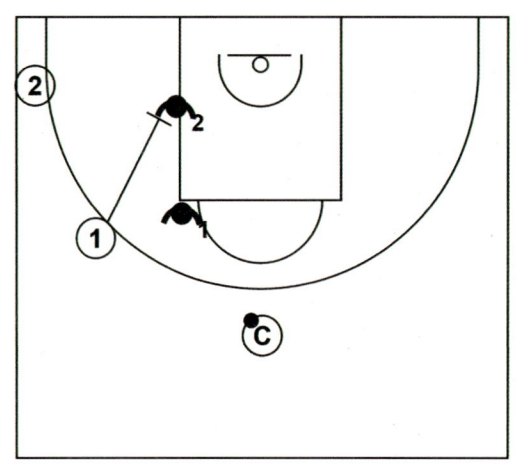

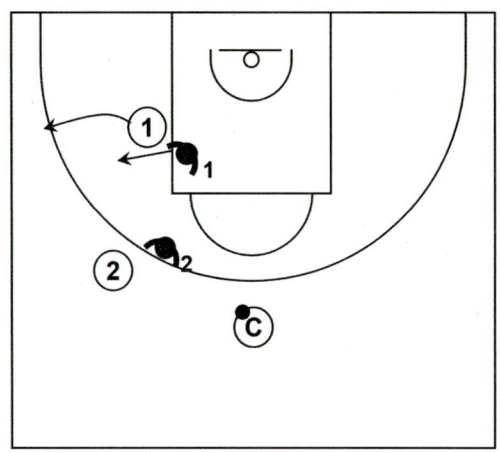

5 | 페이크 돌파 Fake Penetration

탑에 코치가 주변에 있는 플레이어에게 패스나, 침투를 하려고 하면 원 드리블이나 투 드리블을 수비수를 향해서 한다.

수비수는 드리블 침투를 막기위위해 볼과 공격 플레이어를 같이 보고 있는다.

이것은 코치가 드리블하는 것을 수비수들이 보고 있는지 여부를 나타난다.

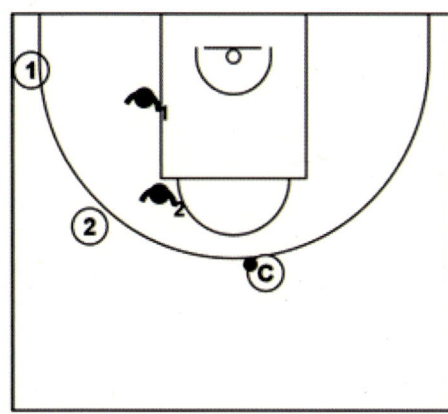 

6 | 스크린 설정 Screen

플레이어가 스크린을 하면 위치에 따라 움직이거나 서로 플레이어를 맞바꾸는 '스위치' 수비를 한다.

기본 쉘 드릴 수비 Basic Shell Drill

목적

4명의 공격 플레이어와 4명의 수비수 날개(윙). 코너 위치에 있는다.

다음 룰에 따라 당신의 공격 플레이어가 볼을 가지고 플레이한다면 드라이브 침투를 막고 사이드라인으로 푸쉬한다.

만약에 당신의 공격 플레이어가 패스 라인에 있다면 패스를 막는 디나이(Deny) 수비한다.

만약에 당신의 공격 플레이어가 투 패스 라인 있다면 헬프사이드 위치에 있어라.

만약에 당신의 공격 플레이어가 투 패스 라인보다 더 먼 곳에 있다면 헬프사이드 위치에 나누어서 있어라.

볼이 움직이면 모든 수비 플레이어가 올바른 위치로 이동한다.

당신의 공격 플레이어가 볼을 가졌다면 반드시 앞에서 보고 있어야 한다.

설명

볼은 공격 플레이어 1의 손에서 패스하는 동안 수비수들은 움직인다.

처음엔 천천히 하면서 패스를 외곽으로 돌린다.

1 | 코너 패스 중에 수비 이동 Right Corner Moving

수비수 1은 수비 위치를 잡는다.

수비수 3은 볼 앞에서 수비한다.

수비수 2와 수비수 4는 헬프사이드라인으로 이동한다.

🏀 탑으로 패스 중에 수비 이동 Corner Wing Moving

수비수 3은 패스 방향으로 움직인다.

수비수 1은 볼 앞에서 수비한다.

수비수 2는 패스 라인을 막는다.

수비수 4는 1-2 단계 수비 위치를 잡는다.

🏀 왼쪽 탑으로 패스 중에 수비 이동 Left Top Moving

수비수 1은 패스 방향으로 움직인다.

수비수 2는 볼 앞에서 수비한다.

수비수 4는 패스 라인을 막는다.

수비수 3은 1-2 단계 수비 위치를 잡는다.

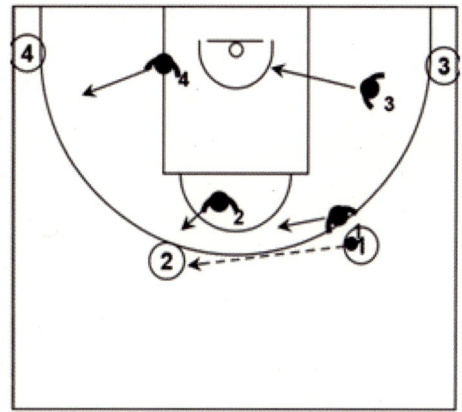

🏀 코너 패스 중에 수비 이동 Left Corner Moving

수비수 2는 패스 방향으로 움직인다.

수비수 4는 볼 앞에서 수비한다.

수비수 1과 수비수 3은 헬프사이드라인으로 움직인다.

🏀 탑으로 패스 중에 수비 이동 Corner Wing Moving

수비수 4는 패스 방향으로 움직인다.

수비수 2는 볼 앞에서 수비한다.

수비수 1은 패스 라인을 막는다.

수비수 3은 1~2단계 수비 위치를 잡는다.

🏀 왼쪽 탑으로 패스 중에 수비 이동 Right Top Moving

수비수 2는 패스 방향으로 움직인다.

수비수 1은 볼 앞에서 수비한다.

수비수 3은 패스 라인을 막는다.

수비수 4는 1-2 단계 수비 위치를 잡는다.

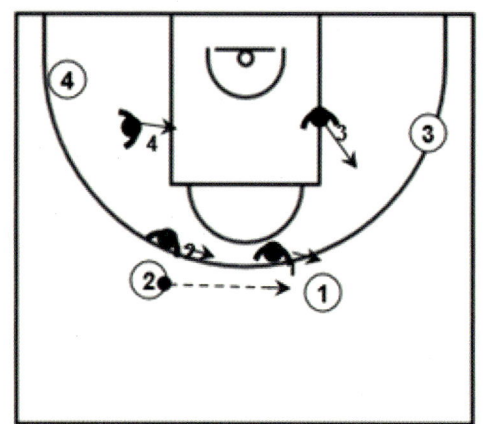

★코칭포인트☆

패스 방향으로 움직인다.

- 패스가 통과 중이면 볼이 도착하기 전에 먼저 수비 위치에 와 있다.

볼과 당신의 공격 플레이어를 같이 본다.

- 당신의 눈은 양쪽을 보고 있어야 한다.

자세, 자세, 자세, 자세는

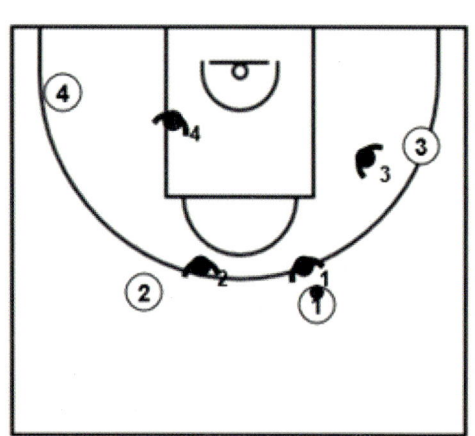

- 낮게, 낮게, 낮게, 낮게 취하고 있어야 한다.

정확한 발놀림 - 슬라이드(옆으로), 드롭 스텝(뒤로), 클로즈 아웃(닫은). 세 가지 주요 작업은 슛 또는 패스 압박주기, 침투를 막고, 팀 동료 도움 수비 하는 것이다.

수비수가 충분히 움직임 연습 후에는 공격 플레이어들이 크로스 패스와 점프 패스를 하게 한다.

2 | 쉘 드릴 드라이브 Shell Drill Drive - Between

🏀 목적
이 연습은 수비수 틈 사이로 드라이브 수비에 중점을 둔다.
또한 위치 지정 및 움직이면서 작업을 수행한다.

🏀 설명
공격적인 플레이어가 드리블을 허용할 경우 대처하는 방법이다.

수비수의 손이 공격 플레이어의 신체에 닿지 않게 한다.

수비수가 해야 할 일이라면 공격 플레이어에게 핸드 체크로 몸을 접촉해서 앞을 보지 못하게 하고 등을 돌리게 한다.

수비수가 방법을 모르거나 막지를 못했다면 연습을 중지하고 공격 플레이어의 수비하는 방법을 알려준다.

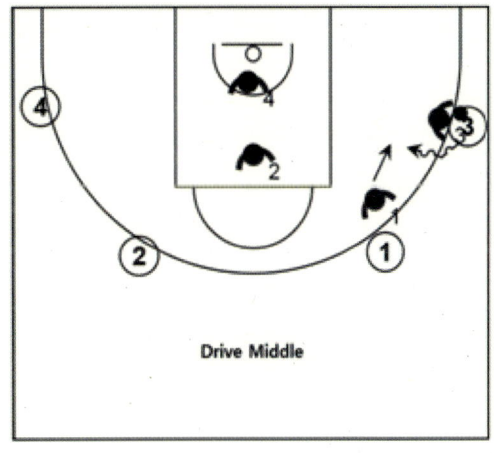

3 | 쉘 드릴 드라이브 Shell Drill Drive - Baseline

목적

이 연습은 베이스라인 드라이브 수비에 중점을 둔다.

또한 위치지정 및 움직이면서 작업을 수행한다.

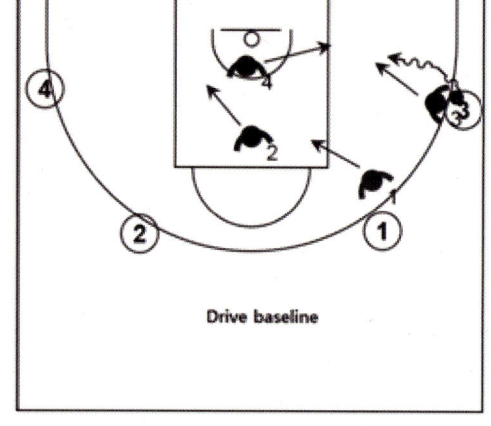

수비수 3은 베이스라인으로 쫓아간다.

수비수 4는 도움수비를 레인 앞으로 가서 수비한다.

수비수 1은 엘보 아래로 내려가 수비 위치를 잡는다.

수비수 2는 림 아래 깊이 내려가 수비 위치를 잡는다.

4 | 쉘 드리블 로테이션 Shell Rotation Dribble Drill - Moving

목적

이 연습은 플레이어가 수비에 대한 인식을 향상시키는 데 도움이 된다.

또한 모든 수비플레이어가 모든 위치를 커버할 수 있는 빠른 방법이다.

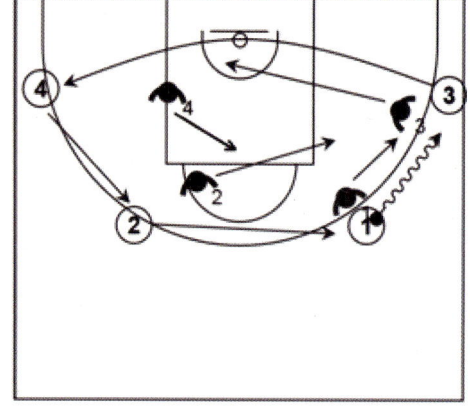

설명

쉘 드릴과 동일한 정렬을 하고 유일한 차이점은 공격 플레이어들의 드리블이나 움직임 방향에 따라 수비 로테이션이 되는 것이다.

수비수는 공격 플레이어를 따라가고 그 새로운 위치에 적응해야 한다.

패스를 원하는 만큼 반복 연습하고 공격 플레이어들의 드리블이나 움직임 방향에 따라 수비한다.

수비수 2, 3, 4가 정확하게 움직여서 수비 위치로 이동하는 것이 매우 중요하다. 그들이 수비하고 있는 공격 플레이어에게 가까이 쫓아가지 않고 수비 위치를 지킨다.

예를 들어, 수비수 3은 공격 플레이어 3을 따라가지 않고

림 라인으로 곧장 가서 반대쪽 윙과 수비위치를 맞추고 패스 라인을 지키고 있는다.

5 | 쉘 드릴 커팅 디펜스 Shell Drill Cutting Defensive

🏀 목적
쉘 드릴 내 커팅 수비

🏀 설명
코치는 4명의 공격 플레이어와 4명의 수비수가 필요하다.

이것은 바스켓 커팅이 추가되는 것을 제외하고 4대4 쉘 드릴과 같다.

코치의 명령에 따라, 공격 플레이어 옆 또는 코너에 있는 플레이어에게 볼을 패스한다.

볼이 코너로 패스 후 림으로 커팅, 플레이어는 반대쪽으로 가고 다른 플레이어가 온다.

수비수가 외곽 주위에서 패스를 못 하게 한다.

그들이 림 쪽으로는 어떠한 것도 침투하지 못하게 한다.

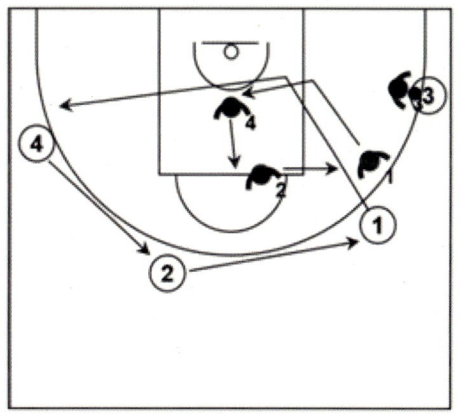

공격 플레이어가 라인을 뚫고 반대편으로 커팅을 하면 수비수가 본능적으로 그 공격 플레이어를 쫓아갈 수 있으므로 코트의 반대편으로 따라가게 않게 하고 당신은 그들이 라인에서 멈추고 공격 플레이어와 볼을 같이 볼 수 있는 열린 자세로 헬프사이드 위치에 있게 한다.

★코칭포인트☆

플레이어가 오프사이드에서 커팅하는 사람을 수비하는 방법을 이해할 수 있을 때까지 외곽에서 계속 볼을 패스를 한다.

반대편도 한다.

1대1 커팅 수비 Cutting Defensive 1 on 1

1 | 탑 커팅 Top Cutting

목적

이 연습은 커팅 기초 수비를 가르치는 데 도움이 된다.

설명

당신은 탑에 볼 가진 공격 플레이어와 수비수, 그리고 윙에 있는 공격 플레이어를 있게 한다.

탑에 있는 플레이어가 윙으로 볼을 패스하게 한다.

탑에 있는 공격 플레이어는 볼을 패스하고 바로 수비수 앞쪽으로 커팅을 하게 한다.

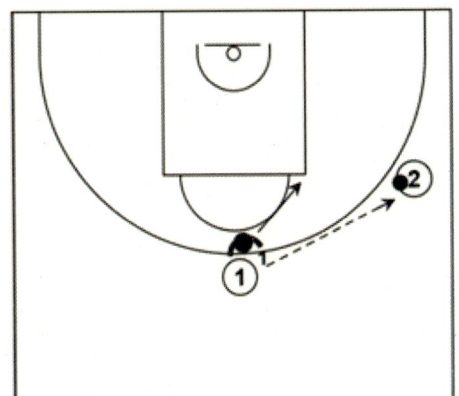

수비수는 이미 볼과 그가 수비하고 있는 공격 플레이어 사이에 있어야 한다. 이렇게 하면, 공격 플레이어의 앞쪽으로 하는 커팅을 막게 된다.

수비수는 공격 플레이어가 패스를 하면 빠르게 정상적인 수비 위치에 있어야 하고 이것은 바스켓에 대한 커팅을 매우 어렵게 만든다.

공격 플레이어가 쉽게 지나가는 것을 막기 위해 라인 끝까지 쫓아간다.

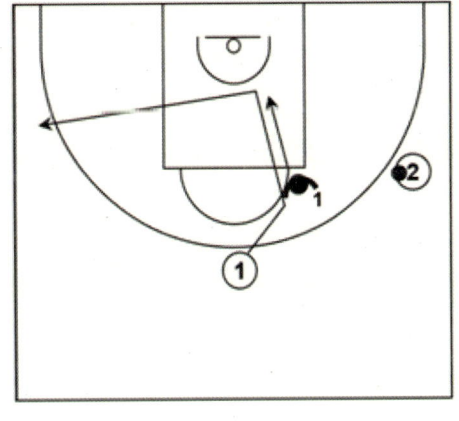

공격 플레이어는 반대편 윙 쪽으로 가게하고 수비 플레이어는 림 라인에 있어야 한다.

★코칭포인트☆

제자리 또는 드리블 드라이브를 하면 수비수는 공격 플레이어와 볼을 항상 같이 보고있게 한다.

2 | 플래시 컷 Flash cut

코치의 명령에 따라 또는 플레이어가 준비가 되었을 때

공격 플레이어가 가운데로 프리드로우 라인으로 커팅을 한다.

공격적인 플레이어는 커팅을 선택할 수 있고 수비수는 이 패스를 완전 막아야 한다.

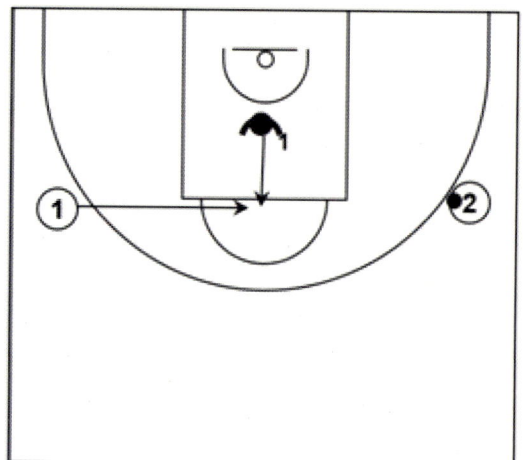

3 | 오버 더 탑 Over the Top

앞으로 커팅을 허용했을 때 등 뒤에서 쫓아가며 팔을 뻗어 수비하는 형태

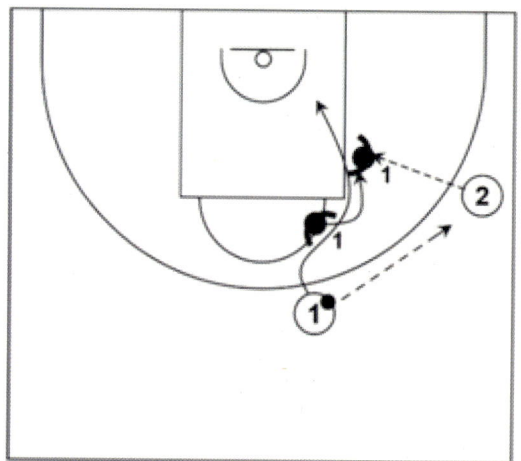

4 | 윙 45 Wing 45

윙에서 커팅하는 공격 플레이어를 막는 좋은 수비연습이다.

윙에서 윙으로 커팅했을 때 앞으로 가지 못하게 보디체크나 팔로 뻗어 진로를 방해하고 반대편 윙까지 쫓아가서 수비한다.

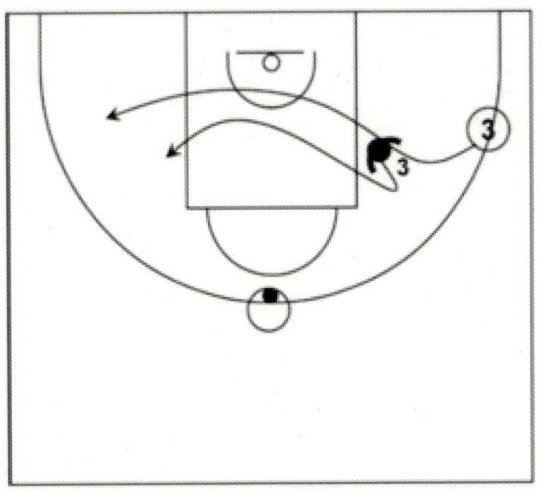

★코칭포인트☆

수비수의 연습 목표는 세 가지 옵션을 모두 없애는 것이다.

이것은 또한 공격 플레이어들이 임의대로 움직이면 효과가 좋은 수비 연습이다.

2대 2 스크린 수비

Ball Screens Two on Two Defense

🏀 목적

이것은 볼에 설정된 스크린 수비에 대해 적절한 기술을 연습하고 스크린 수비할 때 사용하면서 적극적인 공격 플레이에 대응하는 수비 실력을 늘리는 것이다.

🏀 설명

당신은 공격 플레이어 2명, 수비수 2명의 필요하다.
볼이 소유하지 않은 공격 플레이어가 스크리너로 설정하고
볼을 소유한 공격적인 플레이어가 드리블을 한다.
당신은 공격 플레이어 2명, 수비수 2명의 필요하다.

1 | 앞으로 Fight Through

2번 수비수가 큰소리로 "스크린" 또는 "간다"라고 콜 하면 1번 수비수는 스크린 예상하고 재빨리 드리블러와 스크리너 틈 사이에 한 발과 다리를 미리 넣고 드리블러와의 엉덩이 접촉을 유지하고 그 사이에서 몸과 허리를 세우고 손가락 끝으로 몸을 감싸서 지나간다. 일단 통과하면 최상의 수비를 펼치게 된다.

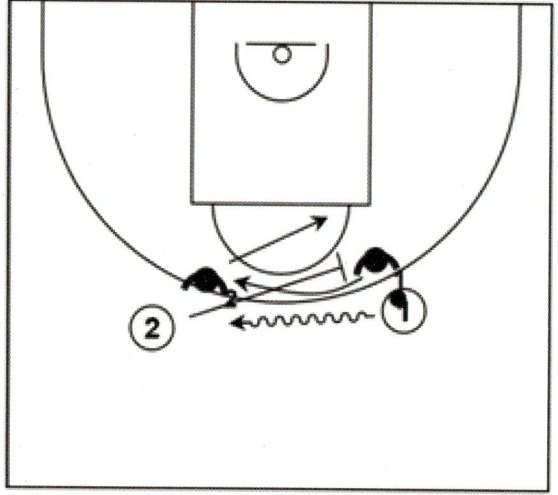

2 | 헷지 앤 리커버 Hedge and Recover

①번 사항이 지나면서 수비와 연결한다. 2번 수비수는 드리블러 앞으로 순간적으로 튀어나와 1번 수비수가 올 때까지 잠시 정면으로 막고 있고 이때 큰소리로 "헷지"라고 하면 1번 수비수는 드리블러와 스크리너 사이를 빨리 뚫고 나온다.

2번 공격 플레이어가 스크리너 역할 후 바로 아래쪽으로 빠지게 되면 위로 손들고 빨리 되돌아간다.

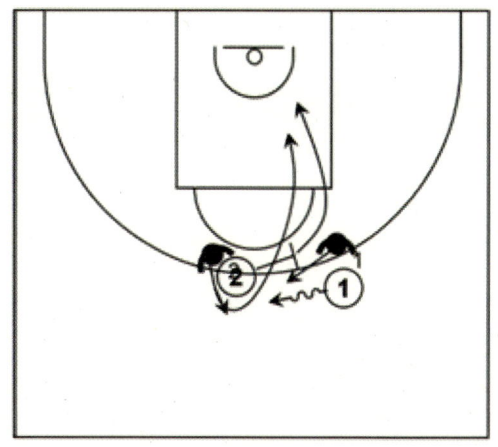

3 | 공격, 수비수 사이로 Slide Through

2번 수비수가 큰소리로 "스크린" 또는 "간다"라고 콜 하면 1번 수비수는 스크린 예상하고 재빨리 드리블러와 스크리너 한 발 아래로 내려와 2번 수비수 사이 앞으로 몸과 허리를 세우고 지나간다.

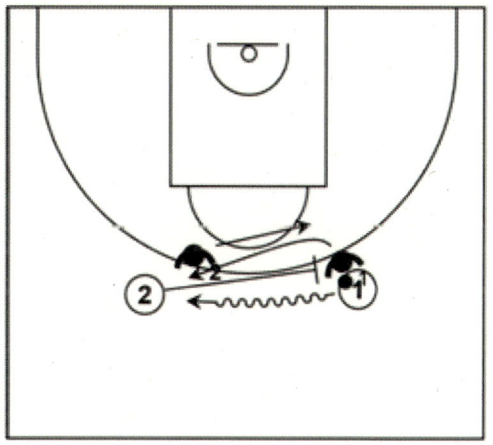

4 | 뒤쪽으로 Back Through

2번 수비수가 큰소리로 "스크린" 또는 "간다"라고 콜 하면 1번 수비수는 스크린 예상하고 재빨리 드리블러와 스크리너 한 발 아래로 내려와 2번 수비수는 스크리너의 신체에 바짝 붙어 1번 수비수 뒤로 지나가게끔 한다.

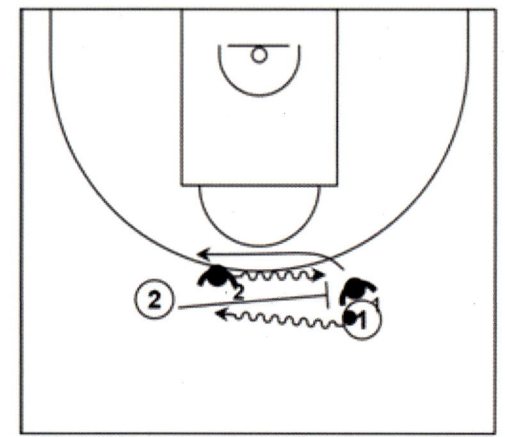

5 | 점프 아웃 스위치 Jump Out Switch

연습은 탑에서 일반적인 픽앤롤 상황이 포함한다.

스크린 수비 전략은 볼 소유하지 않은 공격 플레이어 2가 스크린 하러 간다면 수비수 2가 "스크린 간다"이라고 큰소리로 외치는 것이다.

드리블러가 공격 플레이어 2의 스크린을 이용해서 지나간다면 수비수 2는 한발 앞서 나서서 큰소리로 "스위치"하면서 드리블러로 바꿔서 수비하게 된다.

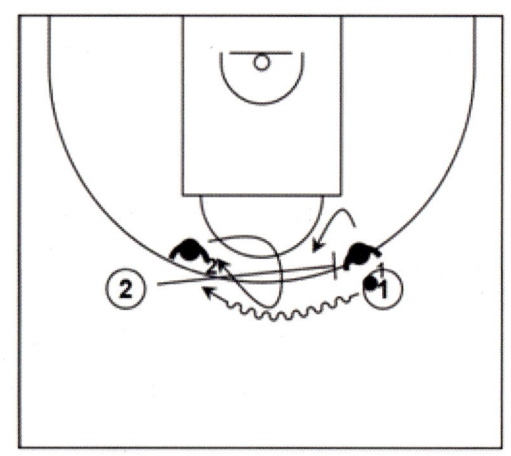

수비수 1은 이 때 큰소리로 "스윗치" 하면서 스크리너의 아래쪽을 수비 위치를 확보하여 수비한다.

공격 플레이어가 바꾸어 지기 때문에 이때에 수비수 1, 2는 동시에 큰소리로 "스위치" 라고 큰소리로 외치고 스크린 주위에서 바뀐 공격 플레이어와 드리블러를 찾는다.

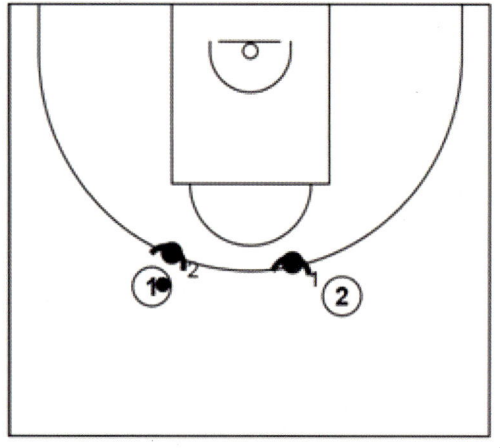

이것과 단순히 스크린을 바꾸는 것은 수비수 2가 드라이브 침투를 예상하고 공격 플레이어1을 만나서 수비 우위를 가져야 하고 또는 수비수 2가 공격 플레이어 1의 공격자 파울을 유도할 수 있기 때문이다.

3대3 스크린 오프 볼 수비 Off Ball Screen 3 On 3

1 | 다운 스크린 Down Screen (Slide Through)

화면에서 보면 공격 플레이어 2가 윙에서 수비수 3으로 스크린하러 간다. 수비수 2는 공격 플레이어 2와 스크린을 수비하기 위해 팀 메이트 수비수 3의 틈 사이를 벌려 두어야 한다.

수비수 2는 로우 포스트를 수비한다.

공격 플레이어 2가 커팅하면 수비수 2는 즉시 통과하지 못하도록 하기 위해 잠깐 팔을 뻗은 채로 있으면 도움이 될 수 있다. 이때 수비수 3은 공격 플레이어 3과 수비수 2 틈 사이로 허리를 펴고 지나간다.

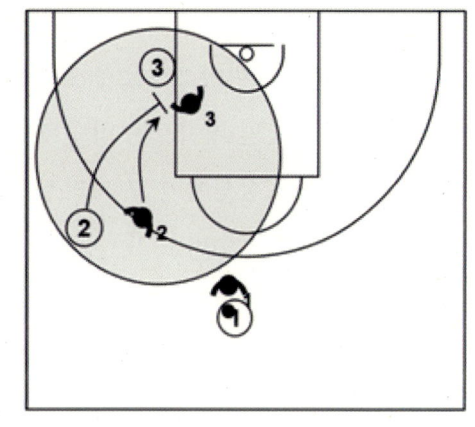

★코칭 포인트☆

수비수끼리 반드시 대화해야 한다.

팀원들에게 "스크린" 간다고 빨리 알려준다.

수비수 대 수비수 간에 적절한 수비 위치를 사용하려면 스크린을 완전히 피하여 한다.

헬프해 주고 빨리 수비 위치로 간다.

수비수는 항상 볼 쪽을 향해 손을 들고 패스 길을 막는다.

이 플레이어는 크게 보이게 하고 패스 각도를 줄여야 한다.

볼을 지키고 있는 수비수는 커팅을 하는 사람이나 스크리너로 가는 패스를 어렵게 만들고 지나가기 힘들게 만들기 위해 볼에 많은 압박을 가해야 한다.

수비수는 볼과 플레이어와 항상 같이 보아야 한다.

2 | 다운 스크린 Down Screen(Jump Out Switch)

스크린 수비 전략은 볼 소유하지 않은 공격 플레이어 2가 스크린 하러 간다면 수비수 2가 "스크린 간다" 이라고 큰소리로 첫 번째로 외치는 것이다.

윙에서 공격 플레이어 2가 로우 포스트 수비수 3에게 스크린을 하고 팀 메이트 수비수 3가 스크린에 걸려서 못 빠져나올 상황이면 그 자리서 "스위치" 두 번째 큰소리로 외치고 수비수 2는 한발 앞서 나서서 바꿔서 수비하게 된다.

수비수 3은 이때 같이 큰소리로 "스위치" 하면서 스크리너의 위쪽을 수비 위치로 확보하여 수비한다.

이것과 단순히 스크린을 바뀌는 것은 수비수 2가 공격 플레이어 3을 만나서 수비 우위를 가져야 하고 또는 수비수 2가 공격 플레이어 1의 패스 라인을 예상하고 막는다

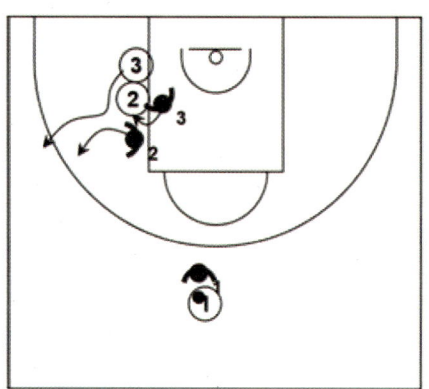

3 | 다운 스크린 Down Screen (Front Through)

화면에서 보면 공격 플레이어 2가 윙에서 수비수 3으로 스크린하러 간다. 수비수 2는 스크린을 수비하기 위해 공격 플레이어 2의 몸에 바짝 붙어서 등 뒤로 "지나가" 또는 "가"라고 큰소리로 외친다. 팀 메이트 수비수 3은 스크린을 예상하고 수비 사이를 벌려 있다가 스크린이 오면 스크리너와 수비수 2 등 뒤로 빨리 지나가서 수비한다.

수비수 2는 로우 포스트를 수비한다.

4 | 다운 스크린 Down Screen (Behind Through)

화면에서 보면 공격 플레이어 2가 윙에서 수비수 3으로 스크린하러 간다. 수비수 3은 스크린을 수비하기 위해 공격 플레이어 2에 의해서 스크린에 걸리거나 쫓아가기 어려우면 스크리너 옆으로 피해 공격 플레이어 3 뒤쪽으로 자세 낮추어서 빨리 쫓아가서 수비한다.

수비수 2는 로우 포스트를 수비한다.

5 | 백 스크린 Back Screen

화면에서 보면 공격 플레이어 3가 윙에서 수비수 2 뒤쪽으로 스크린하러 간다.

수비수 3는 "스크린" 또는 "간다"라고 큰소리로 말하고 스크린을 좌, 우로 돌아서 통과할 수 있는 공간을 남겨 둔다.

수비수 2는 쫓아가면서 손을 들고 볼 패스 라

인 방해하고 스크린을 벗어난다.

　공격 플레이어 2가 스크린을 이용해서 공격 모습을 취하면 수비수 3이 손을 들거나 볼 패스라인을 방해해서 수비수 2를 빨리 복귀할 수 있도록 도와준다.

★코칭포인트☆

수비수는 반드시 대화해야 한다.
팀원들에게 스크린이 표시되도록 한다.
볼과 수비연습에 따라 정확한 수비자세를 사용하여 스크린을 피한다.
도와주는 것은 필수다.
수비수는 항상 볼 쪽을 향해 손을 들고 패스 길을 막는다.
이 플레이어는 크게 보이게 하고 패스 각도를 줄여야 한다.
볼을 지키고 있는 수비수는 커팅을 하는 사람이나 스크리너를 수비하고 있는 수비수는 커팅하는 사람과 보디체크하여 공격 플레이어의 속도를 늦출 수 있다.
스크리너로 가는 패스를 어렵게 만들고 지나기가 힘들게 만들기 위해 볼에 많은 압박을 가해야 한다.
수비수는 볼과 플레이어를 항상 같이 보아야 한다.

일반적인 맨투맨 5대5 수비

Normal Man-to-Man Basketball Defensive

예전 농구경기는 가드진들이 뒤로 물러나 엄격히 수비를 하였고 그렇기 때문에 어느 팀도 득점을 많이 하지 못한 시절이 있었다. 처음에는 코트에서 포지션구별 없이 여러 가지 플레이를 하였고 또한 공격을 자주하지 않았기 때문에 공격적인 행동이 많지 않았다. 상대방이 볼을 가진 두 명의 공격 플레이어만 즉시 수비했고 포스트맨은 백코트를 하였고 수비는 사실상 맨투맨이었다. 그들은 상대방을 상대로 코트 전체에서 뛰었고 그 이후로 시대가 바뀌면서 일반적인 맨투맨 수비를 본격적으로 한다. 수비수가 다음과 같은 두 가지 임무를 강조해야 한다.

1. 코치가 지정한 플레이어를 선택한다. 이것은 정상적인 상황에서 개인 수비는 중요한 책임이며 팀원들의 도움을 기대해서는 안 된다.

① 드리블하는 플레이어를 수비할 때 가드진은 결코 도와주어서는 안 되며 수비수는 그 사람을 자신이 추구하는 플레이를 하지 못하도록 3점 라인 바깥으로 이동시켜야 한다. 스크리너의 수비수는 스위치를 해야 한다.

두 명의 플레이어는 뒤로 물러나지 않고 스위치를 한 플레이어와 함께 적극적으로 위치를 지켜야 한다.

② 키 작은 수비수가 키가 큰 플레이어를 막아야 하는 불일치의 경우 팀원에게 도움을 받아야 한다.

③ 더 작은 플레이어는 수비할 때 동료들로부터 도움 수비를 받으며 움직임이 있는 포지션에서 상대방 공격 플레이어 앞쪽으로 나와서 수비해야 한다. 플레이어는 안전한 수비 조건에서 가능한 한 빨리 스위치를 다시 호출해서 원래 플레이어로 바꿔야 한다.

2. 팀원과 협력한다. 키 작은 수비수가 키가 큰 플레이어를 수비해야 하는 불일치의 경우 도움을 받아야 하기 때문에 볼과 멀리 떨어진 플레이어들도 스크린 플레이하는 근처로 가까이 가서 도움을 줘야 한다.

각 플레이어는 다음과 같은 책임을 수행하기 위해 플레이어의 움직임을 컨트롤 한다.

① 공격 플레이어의 드리블러를 한쪽 결정된 방향으로 푸쉬한다.

② 드리블러와 볼을 같이 본다.

③ 반대쪽 사이드에서 수비수가 도움 수비를 준비하고 있어야 한다 .

④ 반대쪽 있을 때 피벗 영역에서 멀지 않도록 중간에 위치한다.

⑤ 큰소리로 말한다.

⑥ 수비로 빨리 돌아간다.

⑦ 더블팀(트랩)을 노린다.

⑧ 상대방의 득점 기회를 막기 위해 정신적으로나 육체적으로 긴장한다.

⑨ 상대 팀의 모든 슈팅에 리바운드 위치 포지션을 확보한다.

⑩ 다음 세 가지 방법으로 피벗플레이로 공격하는 플레이어를 돕는다.

첫째, 피벗 영역으로 접근하지 않는다.

둘째, 볼이 반대쪽으로 흘러들어오는 것을 방지한다.

셋째, 볼이 피벗 플레이어의 손에 들어갔을 때 위치에 따라 정면에서 피벗 플레이어를 수비한다.

⑪ 상대방의 장점과 약점을 파악하고 그에 플레이에 따라 수비한다.

⑫ 가능한 경우 인터셉트를 하거나 빗나가게 한다.

시작하는 데 도움이 되는 몇 가지 다이어그램이 있다. 더 많은 패턴이 있지만, 공간은 제한적이고 확실히 이것은 당신에게 아이디어를 줄 것이다.

1 | 일반적인 맨투맨 수비 형태 Normal Man-to-Man Defensive

공격 플레이어 1이 볼을 소유하고 있다.

수비수 1은 공격 플레이어 1과 바스켓 사이의 3점 라인에서 가깝게 그를 수비하고 있다. 공격 플레이어 3을 지키고 있는 코너 수비수 3은 볼을 향해 조금 올라갔지만 공격 플레이어 3에 가깝게 있는다.

수비수 2는 공격 플레이어 2에 대항하여 볼을 향해 한 발을 뒤로 내렸고 공격 플레이어와 함께 포스트맨 수비수인 수비수 5가 공격 플레이어를 지키기 위해 볼을 향해 신체의 절반

쯤 잡았고 공격 플레이어 4를 맡은 수비수 4가 정상적인 위치에 있다. 공격 플레이어 4번이 패스를 받기 위해 하이 포스트로 올라가는 것을 방지하기 위해 위로 올라간다.

그는 또한 코너 플레이어에게 패스할 때 공격 플레이어 5를 뒤쪽에서 수비할 수 있는 입장에 있다.

일반적인 맨투맨 수비 형태 1

볼은 공격 플레이어 1은 코너 공격 플레이어 3에게 패스하였다. 수비수 3은 베이스라인 쪽으로 드라이브를 막기 위해 수비수 3은 움직인다.

수비수 1은 코너 볼 쪽으로 약간 떨어져 위치로 이동했다.

수비수 2는 페인트 존 지역으로 아래로 떨어졌고 수비수 4도 바스켓 쪽으로 내려갔다.

수비수 5는 로우 포스트 위치에서 플레이어 5를 앞세워 피벗 영역으로의 쉬운 패스를 받지 못하게 한다.

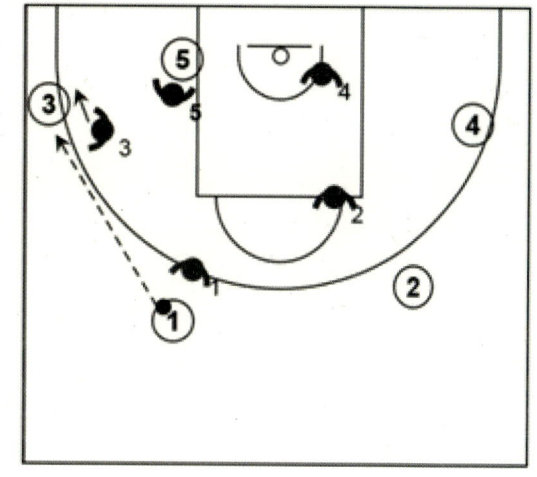

(참고 : 볼로부터 벗어난 모든 수비수는 바스켓 위치 삼각형으로 안에 있다.)

2 | 일반적인 맨투맨 수비 형태(No Postman)

공격 플레이어 1은 볼을 가지고 있으며 바스켓 사이에서 가까운 수비수 1에 의해 지켜진다.

공격 플레이어 2는 볼을 향해 약간 떨어지는 수비수 2가 수비하고 지켜진다.

수비수 3도 내려갔고 수비수 5도 공격 플레이어 5와 수비밸런스를 맞추었고 프리드로우 서클의 바깥쪽 코너 쪽에 공격 플레이어 5가 위치에 있어 앞쪽 전반적으로 수비 움직임을 볼 수 있다.

수비수 4는 볼 없이 패스 라인을 통과하지 못하게 하거나 그를 선택하는 것을 막기 위해 수비수 4명보다 더 가까이 다가선다.

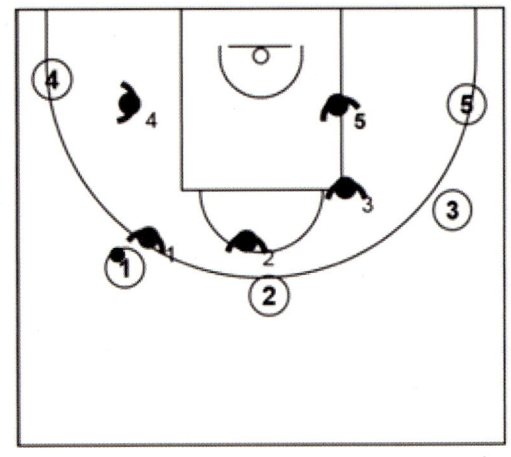

일반적인 맨투맨 수비 형태(No Postman)

볼은 코너 공격 플레이어 5에게 전달된다.

공격 플레이어 5를 지키고 있는 수비수 5는 기본 드라이브를 막아야 한다.

수비수 3이 볼 쪽으로 약간 떨어졌다.

수비수 2도 공격 플레이어 2에서 떨어졌다.

공격 플레이어 2는 볼과 투타임 패스 거리이다.

공격 플레이어 1과 공격 플레이어 4가 볼에서 너무 멀기 때문에 수비수 1과 수비수 4가 바스켓 쪽으로 떨어졌다.

맨투맨 공격 Man To Man Offense

1대1 연습 Drill 1on1

아직 농구 실력이 부족한 플레이어들이 여기 1대1 프로그램을 보고 연습하면 실제로 도움이 많이 된다. 이 연습으로 팀은 실제 게임 후반에는 확실히 효과를 볼 수 있다.

여기에 몇 가지 정보와 이유가 있다. 1대1 게임은 계획하고 지속적으로 하면 젊은 플레이어들이 농구 실력을 늘리는 데 최고로 도움이 되는 연습 중 하나이다.

이러한 실전 같은 게임에서 혜택을 얻기 위해서는 플레이어들끼리 경쟁을 하게끔 설정해야 된다.

연습을 많이 하면 각 플레이어는 10초 안에 득점을 하게 하거나, 플레이어가 할 수 있는 드리블 횟수를 제한하는 등 여러 가지 방법을 이용한다.

무엇보다도 1대1 게임은 단순하고 스피드 있게 진행되어야 한다.

1대1 공격, 수비를 교대로 하는 것도 필수이고 최고 실력이 좋은 2명의 플레이어끼리 짝 짓는 실수를 범하지 않는다.

모든 플레이어들은 더 키가 크고 빠르고 좋은 실력을 갖춘 플레이어들과 돌아가면서 겨룰 수 있게 한다.

이렇게 하면 실력이 미숙한 플레이어들 중 일부를 좌절시킬 수 있지만 그렇다고 하더라도 각각의 플레이어들이 승률이 없을 때에도 여전히 110%의 점수를 주어야 한다.

당신은 항상 다른 사람들을 쉽게 이길 수 있는 한 명의 플레이어가 있다면 실력이 약한 2명의 플레이어와 2대1 연습하게 한다.

(그들이 다른 플레이어보다 더 경쟁력을 갖출 수 있도록) 항상 경쟁하게 하고 게임 스피드는 유지한다.

1대1 게임을 실행하는 이유는 무엇인가? 농구 실력이 빠르게 늘고 기술개발을 증가시키고 게임 도중에 결과를 볼 수 있고 인식할 수 있기 때문이다.

🏀 돌파 The Drive

이 드라이브는 수비수를 제치면서 골대 쪽으로 빠르게 움직이며 모든 농구 중 가장 기본적인 동작 중 하나이다.

당신이 능숙하게 돌파할 수 있다면, 당신은 성공적으로 수비에 침투할 수 있다.

자신이 골대로 향해 돌파를 하는 중에 수비수가 파울을 해도 직접 슛까지 연결할 수 있고 당신은 슛 컨트롤되지 상태에서 점프를 하거나 한다면, 슛을 할 수 있는 팀 동료에게 패스할 수 있다.

🏀 돌파를 과도하게 사용하지 않는다.

볼을 가지고 돌파를 연속으로 진행할 때 게임에서 발생하는 일은 수비수는 자동으로 대응하기 시작한다는 것이다.

그 수비수는 당신이 하고 싶은 것을 알고 있다.

그는 당신에게 골대에 향하면 뒤로 물러서서 첫 스텝부터 막을 것이고 이렇게 하면 돌파를 사용할 수 있게 된 이점이 사라지고 이런 일이 발생하면 플레이어는 다시 돌파를 하기위해 최선의 공격 플레이인 외곽에서 슈팅을 던져야 한다.

수비수가 당신의 돌파를 막고 있다면 코트에서 열심히 뛰거나 움직여서 찾는다.

당신이 2~3개의 슛을 해서 득점을 하면, 수비수는 슛을 막기 위해 다시 가까이 다가가야 할 것이다. 그럼 당신이 원하는 대로 수비수의 원래 위치로 바로 잡게 될 것이고 당신의 신속함에 대해 이전보다 수비수의 움직임이 더욱 취약하게 되며 돌파를 다시 사용할 수 있다.

여러분이 돌파할 때 몸으로 볼을 보호하는 것이 중요하고 가능한 볼을 신체에 가까이 대고 보호하여 빼앗기지 않게 방지를 한다.

바스켓으로 향해 돌파하는 경우 신속성과 볼을 통제하는 것이 큰 자산이다.

🏀 다음과 같이 돌파 연습을 해본다.

얼굴을 들고 바스켓과 직선으로 되게 한다. 자세를 낮게, 무릎을 구부리며, 좋은 공격 위치에 선다.

볼을 손에 들고, 발등을 밀고 골대로 첫걸음을 내딛고 피봇 발이 움직이기 전에 바닥에 볼을 세게 드리블한다.

한기범의 재미있는 농구 코칭북

이것을 자주 한다.

이 첫 번째 빠른 스텝이 자연스럽게 시작되면 좋은 돌파가 만들어지는 것이다.

당신이 돌파 후에 슛을 던지고 싶을 때 집중해서 넣어야 한다.

당신이 골대로 지나가면 혼잡하게 될 것이며 다른 플레이어가 당신을 맞이하여 나오는 등 슛 넣는 데 집중해야 한다.

슛을 던질 수 없거나, 팀 동료가 좋은 위치에서 있다면 이 경우에만 패스를 한다.

🏀 잽 스텝과 크로스오버 Crossover the Jab Step

여러 가지 스텝 중 빠른 농구 스텝은 크로스오버 스텝과 잽 스텝이다.

크로스오버 스텝과 잽 스텝은 수비수의 반응에 따라 돌파 또는 점프 슛을 결정하는 데 사용되는 일반적인 발의 페이크이다.

🏀 잽 스텝(Jab Step)

① 볼을 허리나 엉덩이 근처의 부분에 가져가서 낮은 자세를 유지한다.

② 수비수에게 짧고 간단한 스텝(26cm 이하)을 하고. 동시에, 무릎의 바깥쪽으로 볼을 가져 와서 드리블을 하는 척 페이크를 한다.

③ 수비수의 반응을 보기 위해 일시 정지한다.

④ 수비수가 당신을 향해 달려오면, 스텝을 놓은 발을 빨리 앞으로 긴 스텝으로 내딛고 볼은 바깥쪽으로 내고 엉덩이 주위를 오른쪽으로 돌린다. 이것을 마음 속 깊이 새기고

첫 번째, 너무 긴 스텝을 내지 않아야 한다.

길게 스텝을 내면 반 타임이 늦기 때문에 중요하다.

두 번째, 구부린 무릎으로 낮은 자세를 유지하고 이 자세에서 돌파나 점프 슛을 만들 수 있는 충분한 힘을 내야 한다.

🏀 크로스오버 스텝(Crossover Step)

① 먼저 오른발(신발 사이즈 길이)로 짧게 잽 스텝을 한다.

② 잽의 가까운 위치에 발을 내딛고

③ 원래의 위치로 되돌아오면서

④ 바로 왼쪽으로 크로스 오버 스텝을 만들고

⑤ 수비수의 오른발 방향에 길게 스텝을 놓는다.

⑥ 크로스 오버 스텝에서 볼은 수비수 앞으로 오픈이 되고 그래서 볼을 감추듯이 휘두르고 낮추어 수비수의 손에 닿지 않게 하여 드리블한다.

잽 스텝은 페이크 의한 수비수의 반응에 따라서 돌파나 점프 슛을 사용하는데 설정된다.

여러 가지 잽 스텝 Various Jap Step

오른발 잽 스텝 Right Jab Step

 설명

먼저 수비수 왼쪽으로 오른발(신발 사이즈 길이)로 짧게 잽 스텝을 한다.

오른발을 다시 몸쪽으로 끌어들인다. 원래의 위치로 되돌아오면서 바로 앞으로 길게 스텝을 놓는다. 수비수의 왼발 쪽에 길게 스텝을 놓는다. 왼발 방향도 한다.

오른발 잽 스텝과 크로스 오버 Right Jab Step Cross Over

🏀 설명

먼저 수비수 왼쪽으로 오른발(신발 사이즈 길이)로 짧게 잽 스텝을 한다.
잽의 가까운 위치에 발을 내딛고 오른발을 다시 몸쪽으로 끌어들이면서.
바로 수비수 오른쪽으로 크로스 오버 스텝을 놓는다.

왼발 잽 스텝과 크로스 오버 Right Jab Step Cross Over

🏀 설명

먼저 (신발 사이즈 길이)왼발을 짧게 수비수 오른쪽으로 잽 스텝을 한다.

잽의 가까운 위치에 발을 내딛고 왼발을 다시 몸쪽으로 끌어들이면서 바로 왼쪽으로 크로스 오버스텝을 만들고 수비수의 왼발 옆쪽으로 길게 스텝을 놓는다.

록커 스텝 The Rocker Step

🏀 설명

외곽라인에서 위치에서 시작

록커 스텝은 잽 스텝과 빠른 출발의 조합이다.

수비수 앞쪽 옆에서 잽 스텝을 취한다.

수비수가 스텝 방향으로 움직이면 발을 들어 반대 방향으로 바꾸면서 튀어 나간다.

수비수가 뒤로 움직이면 공격 플레이어는 발을 원위치로 하고 서 있는 자세나 슛 페이크를 한다.

수비수가 자세를 낮게 허리를 굽히고 뒤로 가면 볼 가진 플레이어는 잽의 스텝을 다시 원 위치로 한 후 빠르게 돌파하여 수비수의 발과 어깨 옆으로 지나간다.

각자 자신만의 리듬과 타이밍을 발달시킨다.

빠른 스텝에 대한 자신만의 느낌을 키운다.

수비수의 반응에 따라서 레이업이나,

점프 슛을 한다.

반대 방향을 바꾸어 가면서 한다.

점프 스톱 숏 Jump Stop Shots

페이크 숏 The Fake Shot

낮은 자세로 균형 잡고 눈은 림을 보고 볼은 턱 밑에 놓는다. 빠르고 짧게 페이크 하고 허리 높이 또는 엉덩이 근처에서 볼을 손에 들고 올바른 자세를 한다. 슈팅 스텝은 앞으로 나와야 하고 페이크 후 돌파나, 슈팅을 하기 위해 앞에 놓는다.

①번 덜 노출된 볼은 수비에도 빠르게 어느 방향으로도 움직일 준비가 되어 있다.

②번 수비에 노출이 많이 된 볼은 슈팅 준비가 길고 높아 다음 동작이 느려져서 재설정해야 한다.

페이크 앤 점프 숏 The Fake and Jump Shot

 설명

눈은 림을 보면서 수비수 앞에서 빠르고 짧게 페이크를 한다.

반응을 조금이라도 보이면 스텝에 맞게 원 드리블이나, 투 드리블 점프 숏을 한다.

허리 높이 또는 엉덩이 근처에서 볼을 손에 들고 올바른 슛 자세를 취한다.

반대 방향을 바꾸어 가면서 한다.

여기까지는 Jap Step, The Fake Step, The Cross Over Step, The Fake등 쉽고 기본적인 것들을 했지만 앞으로는 배운 스텝을 응용해서 원 드리블이나, 투 드리블 점프 스톱 슛을 연습해본다.

① 잽 스텝과 원 드리블 슛(좌, 우)Jab Step, one dribble jump shot
② 페이크 슛 원 드리블 슛(좌, 우)Shot Fake, one dribble jump shot
③ 페이크 패스 원 드리블 슛(좌, 우) Pass Fake, one dribble jump shot
④ 잽 스텝과 투 드리블 슛(좌, 우) Jab Step, two dribbles jump shot
⑤ 페이크 슛 투 드리블 슛(좌, 우) Shot Fake, two dribbles jump shot
⑥ 페이크 패스 투 드리블 슛(좌, 우) Pass Fake, two dribbles jump shot

1대1 농구 Basketball Drill 1on1

여러분은 농구 코트에서 평범한 1-1게임은 피해야 한다.

알다시피, 플레이어들이 바스켓으로 공격을 하기 전에 별로 쓸모없이 드리블을 많이 하는 것과 또 키가 큰 사람의 남자가 바스켓 밑에서 드리블을 많이 해서 힘을 소모하는 것이다.

5대5 농구 실력을 향상시키고자 한다면 이 연습은 완전한 시간 낭비이다.

대신에 아래의 1대1 연습을 사용해야 한다.

이러한 연습은 5대5 플레이를 더 잘하게끔 농구 실력을 향상시켜 줄 것이다.

연습을 통해 다양한 단계별 훈련을 할 수 있다.

여러분은 또한 마지막 순간까지 재미있게 연습을 할 수 있다.

좋은 습관과 실력을 향상시키기 위해 드리블 제한하는 등의 규칙을 만든다.

1 | 1대1 탑 패스 Top Pass 1on1

가장 기본적인 1대1 연습이다.

바스켓의 수비수가 탑 방향으로 패스 후에 재빨리 가서 슛을 막거나 돌파를 예상하면서 수비한다.

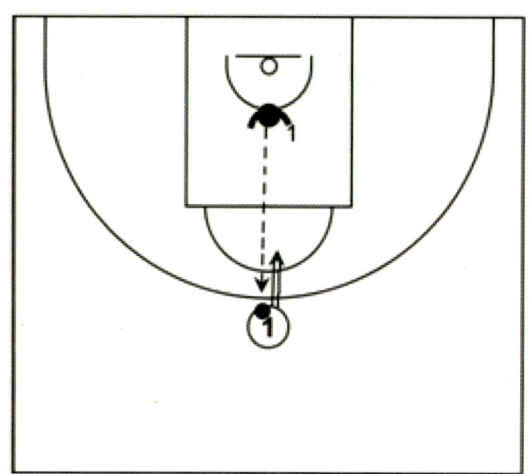

2 | 1대1 미들 포스트와 엘보 Middle Post and Elbow 1on1

코너에서 나오는 패스를 받아 미들 포스트에서 달려오는 수비수를 보면서 슛이나 돌파에 의한 레이업 슛을 노린다.

또한 코너로 오는 패스 보고 엘보에서 오는 수비수를 보면서 슛이나 베이스라인 레이업 슛을 노린다.

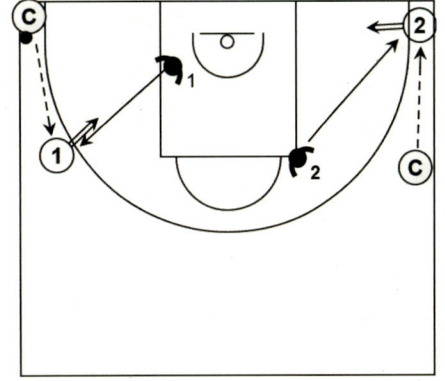

3 | 1대1 드리블 턴 Turn Dribble 1on1

공격 플레이어와 수비수 1명 베이스라인에 선다. 신호에 따라 공격 플레이어는 드리블로 수비수는 빨리 뛰어서 콘을 돌아 공격과 수비를 한다.

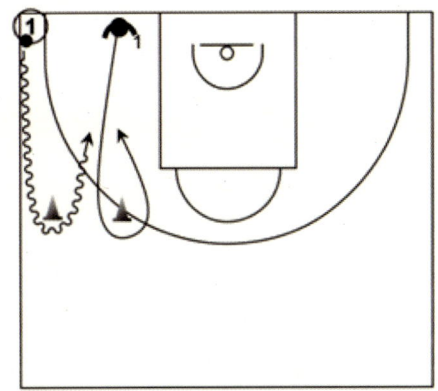

4 | 1대1 하프라인 드리블 턴 Half Line Turn Dribble 1on1

공격 플레이어와 수비수 1명 양쪽 코너에 선다. 신호에 따라 공격 플레이어는 드리블로 수비수는 빨리 뛰어서 콘을 돌아 공격과 수비를 한다.

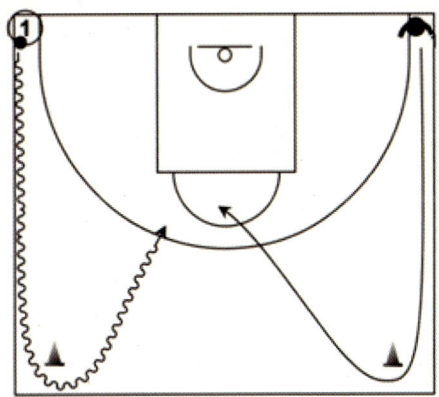

5 | 1대1 코너 패스 Corner Pass 1on1

이 1대1 연습은 플레이어의 컨디션, 민첩성, 드리블, 자신감, 베이스라인 돌파에서 발생하는 능력을 향상시키고, 바스켓 근처에서 마무리할 수 있다.

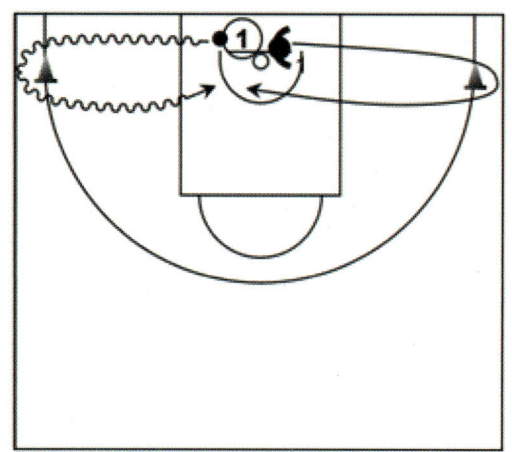

🏀 3대3 농구 Basketball Drills 3on3

3대3 게임은 농구를 모르는 사람을 위해 단순히 적은 수의 플레이어들이 하는 게임이다. 농구를 전통적으로 5명의 플레이어들과 하는 시합보다 적은 수와 함께한다.

이것은 3대3, 2대2, 4대4 등의 게임을 의미할 수 있고 각각 독특한 연습으로 농구 실력 향상에 효과가 있다.

3대3 게임을 사용해야 하는 이유 8가지 이유를 살펴보자.

🏀 3대3 게임을 사용해야 하는 이유 8가지
더 많은 사람들

코트에 있는 각각의 플레이어들과 더 많은 농구를 할 것이라는 것을 의미한다. 각 플레이어마다 더 많은 기회를 얻어 게임 상황에서 의사 결정을 내리고 기술에 주력할 수 있다. 더 많은 기회를 얻기 위해 게임 상황에서 플레이어들이 결정을 내리고 그들의 기술 습득을 빠르게 연마해서 현명한 농구 게임을 할 수 있도록 한다. 기본적으로 더 많은 것들이 나아 진다!

쉬운 의사 결정

플레이어들은 고려할 상황이 있다면 적은 수의 플레이어들이 있을 때 빠르고 신속한 결정을 내릴 것이다.

우리가 농구 게임한 지 얼마 안 된 풋내기 플레이어에게 5대5 게임에서 좋은 패스를 기대할 수 있습니까? 농구 기술과 경험이 부족한 우리는 패스를 받는 4명의 플레이어들에게 실력에 대한 모든 것을 퍼붓는다.

진즉 걱정해야 할 다섯 명의 수비수들을 언급하지 않고 말이다. 젊은 플레이어들을 상대할 때 우리는 단지 3대3 연습으로 출발해서 게임에 대한 느낌과 실력을 알아보고 싶다.

더 많은 득점 기회

보통 아이들은 농구 경기를 하면서 득점하기를 좋아하지 않습니까? 또는 적어도 팀의 목표를 달성 할 수 있는 기회가 있습니까? 어린아이들은 얼굴에 함박웃음을 지우며 그들이 얼마나 많은 골을 넣었는지 이야기하고 열광적으로 부모들에게 자랑을 한다. 너무 득점에만 신경을 쓰고 있어서 나쁜 아이들이라는 건가요? 아니다, 그들은 어리기때문에 득점을 하면서 농구 게임을 좋아하고 사랑하기를 기대한다.

넓어진 공간

공간이 넓어지면 플레이어들이 즉시 슛을 할 수 있고 플레이어들이 두꺼운 수비벽에 막히는 등의 힘들고 어려운 플레이가 적어지고 다른 움직임을 시도해 볼 수 있게 해준다. 모두가 오랜 시간을 보았으면 젊은 플레이어들은 자석과 같이 농구에 이끌려 가고 볼을 가진 플레이어들이 컨트롤하고 연습할 수 있는 코트에서의 여유 공간은 플레이어들이 혼잡하지 않기 때문에 창의력을 발휘하면서 연습을 할 수 있다.

모든 플레이어들과 관련 있다.

젊은 플레이어들이 3대3, 2대2 게임을 하는 것은 쉽다. 5대5 게임을 하는 것은 쉬운 일이 아니다. 유감스럽게도 보통 5대5 게임에서 출전하는 5명의 플레이어들 중 대개 몇명의 플레이어들이 코트를 장악할 것이다. 그들은 대부분이 시간과 볼을 컨트롤 할 것이고 슛도 많이 시도할 것이다(일반적으로 승리를 위해서).

그 팀의 플레이어들에게 좋지 않은 것은 무엇일까요? 볼을 자주 접하지 않은 아이들은 게임하면서 볼을 놓치거나 또는 좀처럼 슛을 시도할 기회를 얻지 못할 것이다. 그들은 결국 시합에서 물러나 혼자 코너에 서게 될 것이고 이 플레이어들이 영원히 농구를 그만두기까지는 오래 걸리지 않을 것이다. 이것은 3대3에서 발생하지 않는다. 모든 플레이어에게 실력을 성장할 기회를 주고 모두가 참여하는 것이다!

게임을 이기기 위해 단계적으로 분할 연습해야 된다.

혼란을 피하기 위해 농구 경기를 가르칠 때 몇 단계로 나눈다. 5대5 게임에서는 많은 옵션과 플레이어가 많아 픽 앤 롤 플레이를 하기가 쉽지 않다. 플레이어가 집중하기를 원할 때 픽업 앤 롤을 실행하는 방법이 있다. 3대3 사용하면 플레이어를 혼란스럽게 하지 않게 농구를 가르칠 수 있고 당신은 또한 픽앤롤, 스크린, 커팅 등 방법 등을 가르칠 수 있다.

지역 수비의 선입견을 제거

3대3 게임에서는 지역 수비 또는 압박 수비 대해 걱정할 필요가 없다.

나는 플레이어들이 빠른 속도로 게임을 하는 방법을 배우는 것이 좋다고 생각한다.

왜냐하면 그들은 코트에서 수비 압박을 받으면 시작하기 전에 빠른 결정을 내려야 하기 때문이다.

플레이어에게 농구기술 사용 시기를 가르치기

만약 모든 코치가 연습 상대가 없이 농구기술을 연습 한다면 플레이어들이 경기에 임할 때 그들은 배운 농구기술을 사용하는 법을 몰랐을 것이다. 농구기술 연습은 배울 때는 유용하지만 플레이어들은 경쟁력 있는 환경에서 농구기술을 사용하는 방법을 배워야 한다.

3대3 게임은 플레이어들이 연습에서 경쟁력 있게 기술을 배우고 경험을 통해 배울 수 있게 해 준다.

결론

7가지 이유를 모두 면밀히 살펴보면 게임을 계속하고 싶어 하는 마음이 눈에 띈다.

3대3 게임은 젊은 청소년 농구 플레이어에게 게임을 훨씬 더 재미있게 만들어준다!

3대3 컷 로테이션 연습 Cut Rotation Drill 3on3

이 연습의 목적은 3on3 공격에 대한 기본적인 움직임이다. 림을 향해 중앙에서 코너나 윙으로 커팅하는 플레이어에게 패스하고, 도움을 주고, 자세를 바로잡는 등 그것은 게임에서 필요한 커팅의 기본 연습이며 3명의 공격 플레이어들이 로테이션을 계속하면서 반복하는 연습을 한다.

1 | 탑 Top

커팅은 중앙에 있는 볼 중심으로 탑에서 시작한다.
공격 플레이어 1은 공격 플레이어 2에게 패스를 한다.

공격 플레이어 2는 볼 캐치가 쉬운 위치에 있다.

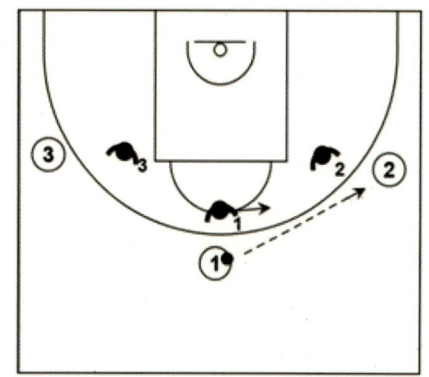

공격 플레이어 1은 공격 플레이어 2에게 패스 후 그는 바스켓으로 커팅하고 자리를 비운다.

공격 플레이어 1은 패스 방향 쪽 수비수 1앞으로 커팅을 해야 한다.

이때 공격 플레이어 3은 탑 위치가 비운 자리를 올라가서 채운다.

공격 플레이어 1은 바스켓을 지나 코너 쪽이나 윙으로 간다.

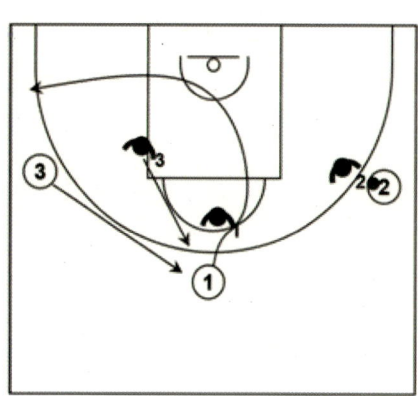

공격 플레이어 2는 다시 공격 플레이어 3이 있는 탑으로 리턴패스를 한다.

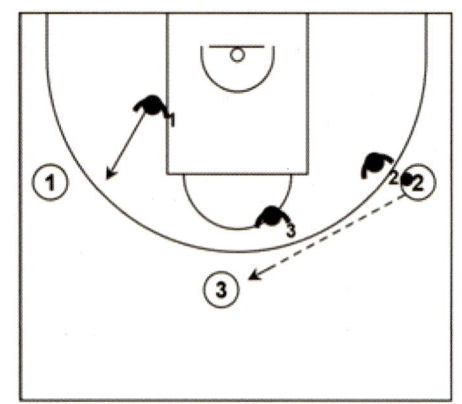

공격 플레이어 3은 볼 잡고 반대 방향 V 컷을 한 공격 플레이어 1에게 패스한다.

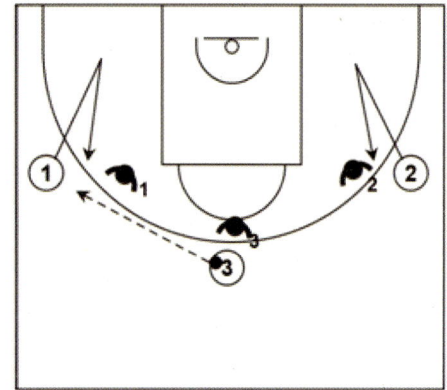

공격 플레이어 3은 공격 플레이어 1에게 패스 후 그는 바스켓으로 커팅하고 자리를 비운다.

공격 플레이어 3은 패스 방향 쪽 수비수 1 앞으로 커팅을 해야 한다.

이때 공격 플레이어 2는 탑 위치가 비운자리를 올라가서 채운다.

공격 플레이어 3은 바스켓을 지나 코너 쪽이나 윙으로 간다.

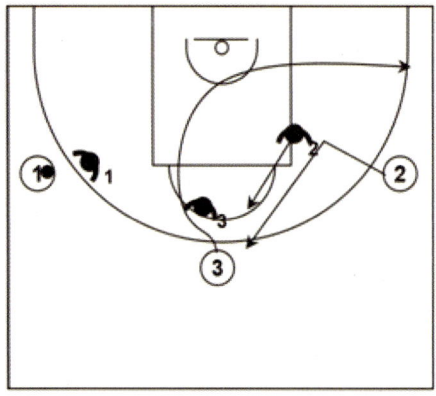

공격 플레이어 1은 다시 공격 플레이어 2가 있는 탑으로 리턴패스를 한다.

다시 반대 방향으로 연속해서 움직인다.

중앙에 있는 볼 중심으로 탑에서 커팅을 다시 시작한다.

공격 플레이어 1은 공격 플레이어 2에게 패스를 한다.

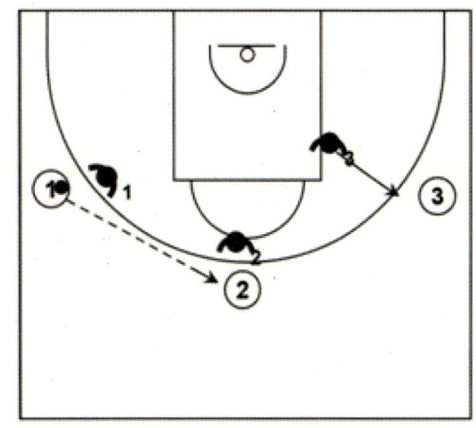

★코칭포인트☆

공격 플레이어는 커팅하면서 항상 볼을 주시한다.

볼가진 공격 플레이어는 커팅하는 것을 주시한다.

반복적으로 로테이션하여 커팅하는 위치를 습득한다.

3대3 노 드리블 패싱게임 Passing Game No Dribble 3on3

코치들은 플레이어들이 일정 수준의 강인함을 가지고 게임에 임하기를 원한다. 그들에게 힘든 플레이를 요구하는 것이 있지만 어려운 플레이를 가르치는 것도 또 다른 힘든 일이다. 당신의 팀에서 강인함을 만드는데 도움이 되는 연습은 3대3의 패싱게임 연습이다.

1 | 3대3 노 드리블 패싱게임 Passing Game 3on3

감추어진 기술 SKILLS COVERED

디나이(Deny) 수비

피봇(Pivot)

패싱(Passing)

강인한 정신(Mental)

설명

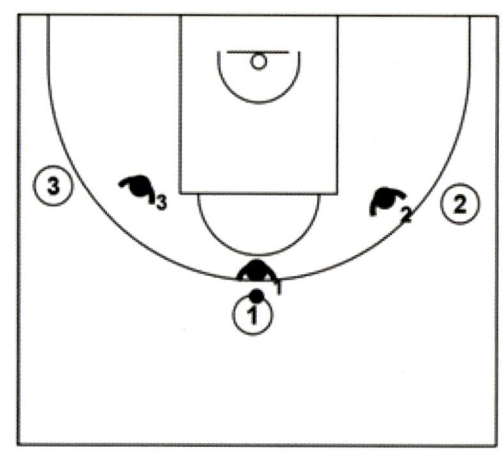

3명의 수비, 공격 플레이어로 그 위치에서 탑 한 명 각 윙에 한 명씩 시작한다.

수비수가 볼에 공 압박을 준다. 윙 수비수들은 완전히 볼을 못 잡게 하는 위치에 있다.

팀을 세 그룹으로 나눈다.

공격 플레이어는 드리블할 수 없다.

그들은 슛을 하지 않는다.

그들은 피봇을 통해 패스 공간을 만들어야 한다.

수비수는 공격 플레이어 볼을 압박한다.

도움 수비는 하지 않는다.

한 번의 공격 시간은 24초다.

하프 코트 지역 전체를 움직이면서 사용할 수 있다.

경계선을 벗어나지 않는다.

수비수가 수비하는 동안 공격 플레이어는 롱 패스는 가능한 한 하지 않는다.

수비수들은 볼을 인터셉트나 스틸을 했거나 볼이 경계선 밖으로 나가면 끝이다.

그러고 나서 공격한 팀은 수비하고 새 공격팀이 나온다.

턴오버나 바이얼레이션없이 또는 24초가 통과되면 공격팀이 이긴 것이다.

모든 진 팀은 정해진 페널티를 받는다(엎드려 드리블, 달리기 또는 푸쉬 업을 한다).

예 : 패스미스 또는 턴 오버

코치들은 플레이어들에 대해 많은 것을 배울 것이다. 이것은 피곤한 연습이지만 공격적인 플레이어가 반드시 지켜야 할 부분이고 수비수는 자신의 침착함과 정신력을 잘 유지할 수 있는지를 강조한다.

★코칭포인트☆

이것은 3대3 패싱게임 연습이다. 드리블하지 않고 패스하고 뛰고(Give and Go) 움직이는 것에 중점을 둔다.

그것은 공간을 만들고 인식하도록 플레이어들에게 가르치고 반응 시간과 수비 발놀림, 수비자세에 도움을 준다.

이 연습 목표는 볼을 뺏기지 않고 압박 수비를 대항해 농구 실력을 발전시키는 것이다.

🏀 3대3 여러 가지 플레이 Various Play 3on3

🏀 설명

토너먼트 대회와 게임 픽업을 위해 3on3 플레이를 사용한다.

간단한 패턴은 모든 연습이나 게임에 이상적이지만 세부 사항에 집중해야 한다.

1 | 픽앤롤 Pick and Roll

공격 플레이어 2는 공격 플레이어 1이 드리블하기 전에 수비수에게 가서 스크린을 한다.

공격 플레이어 1은 스크린 이용해서 드리블을 한다.

공격 플레이어 2는 스크린 후 몸을 회전하여 볼을 달라는 신호를 하며 바스켓으로 내려간다.

공격 플레이어 1은 이때 공격 플레이어 2의 플레이에서 본인의 드리블 레이업 공격을 먼저 보고, 다음에 픽앤롤 패스를 할 것인가를 수비상황에 맞게 선택하여야 한다.

2 | 스크린 어웨이 Screen Away

공격 플레이어 2는 V컷해서 공격 플레이어 1의 패스를 받는다. 공격 플레이어 1은 공격 플레이어 2에게 패스 후에 반대편 수비수 3에게 스크린 하러 간다.

공격 플레이어 2는 첫 번째로 윙에서 바스켓으로 향해 커팅을 하는 공격 플레이어 3을 본다.

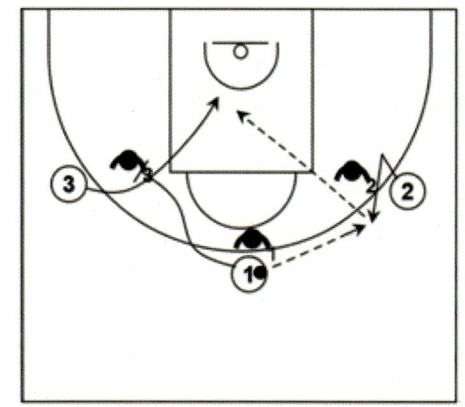

공격 플레이어 3의 수비수를 스크린 후에 공격 플레이어 1은 완전히 등 뒤로 커버한 것을 두 번째로 보고 이때 공격 플레이어 2는 빠른 패스를 한다.

3 | 기부 앤 고 Give and Go

패스하고 뛰는 것은 3대3 게임의 하나의 최고 플레이다.

공격 플레이어 2는 V컷해서 공격 플레이어 1의 패스를 받는다.

공격 플레이어 1은 페이크 스텝으로 하고 커팅하며 리턴 패스를 받아 레이업 한다.

4 | 로우 포스트 오픈 Low Post Open

공격 플레이어 2의 수비수가 뒤편에 있을 때

공격 플레이어 1은 공격 플레이어 2에게 패스를 한다.

공격 플레이어 1은 패스를 하면 윙이나 코너 쪽으로 움직인다.

포스트에서 나오는 패스를 받아 슛을 본다.

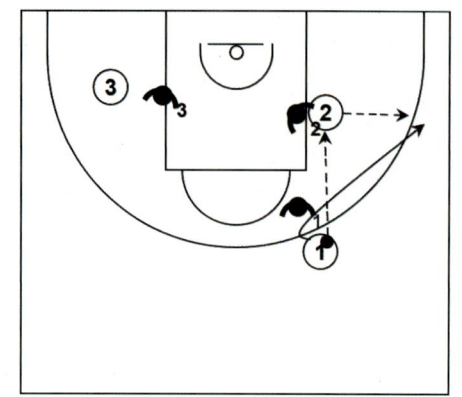

5 | 로우 포스트 스크린 Low Post Screen

이 플레이는 2명의 포스트 플레이어를 움직이고, 수비수 움직임을 알고, 서로 스크린을 한다.

공격 플레이어 3은 패스 및 슛을 위해 공격 플레이어 2의 로우 포스트 스크린을 받아 바스켓 쪽으로 컷을 한다.

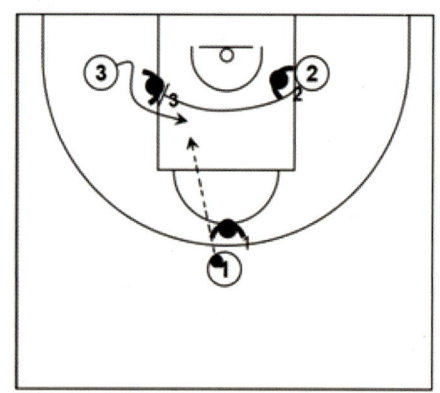

6 | 로우 포스트 오버 패스 Low Post Over Pass

공격 플레이어 3이 볼의 패스를 받지 못하면 공격 플레이어 2는 공격 플레이어 3의 수비수를 스크린 후에 완전히 등 뒤를 커버하고 안쪽 오픈 찬스를 봐야 한다.

이때 공격 플레이어 1는 빠른 패스를 한다.

7 | 다운 스크린 Down Screen

공격 플레이어 2는 패스 및 슛을 위해 공격 플레이어 3의 수비수로 향해 아래로 스크린 하러 간다.

공격 플레이어 3은 공격 플레이어 2의 스크린을 받아 바스켓으로 커팅을 한다.

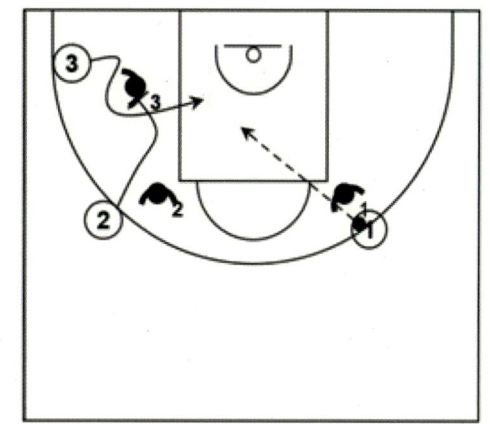

공격 플레이어 3이 볼의 패스를 받지 못하면 공격 플레이어 2는 공격 플레이어 3의 수비수를 스크린 후에 완전히 등 뒤를 커버하고 안쪽 오픈 찬스를 봐야 한다.

이때 공격 플레이어 1은 빠른 패스를 한다.

8 | 윙 백스크린 Back Screen Wing

공격 플레이어 3은 수비수 2의 뒤편에서 백 스크린을 한다.

공격 플레이어 2는 패스 및 슛을 하기 위해 공격 플레이어 3의 바스켓 쪽 스크린을 받아 백 도어 컷을 한다.

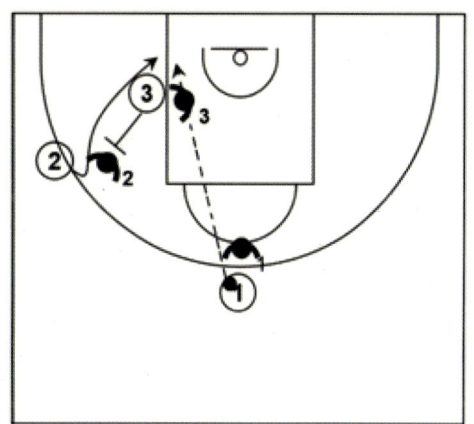

공격 플레이어 2는 볼의 패스를 받지 못하고 통과하면 공격 플레이어 3은 수비수를 스크린 후에 완전히 등 뒤를 커버하고 안쪽 오픈 찬스를 봐야 한다.

이때 공격 플레이어 1은 빠른 패스를 한다.

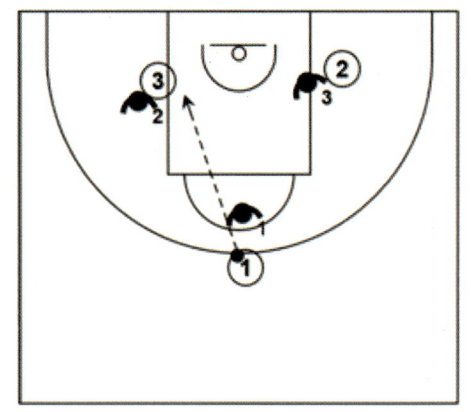

9 | 포스트 오픈 Post Open

공격 플레이어 1은 오른쪽 윙으로 드리블한다.

공격 플레이어 2는 코너로 갈 수 있게 함께 움직인다.

이때 공격 플레이어 3은 하이 포스트로 빠르게 움직인다.

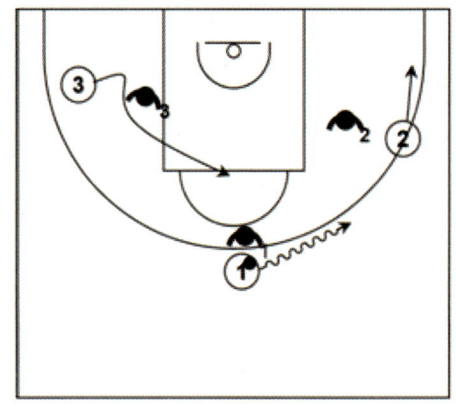

공격 플레이어 1은 하이 포스트로 패스한다.

볼 가진 포스트 플레이어는 슛을 찬스를 보고, 동시에 공격 플레이어 2의 바스켓 커팅을 본다.

🏀 5대5 농구 기본 Basketball Offense the Basics

지난 몇 년 전부터 걸쳐 슈팅과 패스, 드리블이 점점 더 정교해짐에 따라 공격적인 흐름이 많이 바뀌었다.

그것들은 아마도 앞으로도 계속 변화할 것이고 농구 스타일도 바뀌고 예를 들어 3점 슛을 많이 던지는 것, 자체로 많은 코치들이 농구 철학을 바꾸고 있다. 예전이나 지금도 3점 슛을 많이 던지고 있고 개인적인 스킬을 통해 발전하고 있다. 팀은 끊임없이 정밀하고 가깝고 슛만 시도했고 결과적으로 대부분의 수비에 막힌 부분이 있었다. 3점 슛으로 모든 것이 바뀌고 있다. 이 새로운 플레이가 게임을 활짝 열었다. 3점 슈팅에 대한 수비가 있어야 한다. 코치가 여러 명의 가드를 사용하는 것과 그들 중 일부는 자신의 많은 수의 플레이어를 양성하여 특별한 필요에 맞게 자유롭게 구성할 수 있었다. 그러나 기본 농구기술은 예전과 마찬가지로 많이 남아 있다. 그때 사용한 플레이는 오늘날에도 여전히 움직인다. 전문적인 공격 플레이를 이야기하는데 사용된 용어는 예전의 용어와 다르다. 일부 팀의 공격은 모든 플레이어가 어떤 포지션에서도 멀티 플레이를 할 수 있도록 발전되었고 플렉스오펜스가 그 예이다. 그러나 이 유형의 공격 스타일은 꽤 오래되었고 우리는 오래 전에 "셔플"이라고 불렀다. 이런 한 공격에서 포스트맨은 종종 자신이 포인트가드 위치에도 있는다. 이러한 스타일의 공격은 오늘날의 규칙에 적합하시만 플레이어들의 능력에 맞추어서 해야 한다. 이 페이지에서는 농구코트의 모든 포지션에 대한 공격적인 책임을 정의하고자 한다. 플레이어들이 포지션을 준비하는 방법을 보여줌으로써 자신의 포지션을 최대한 활용할 수 있다. 그 후에 우리는 개인이 아닌 팀으로서 공격패턴이나 플레이의 중요성을 배운다.

① 포인트 가드 The Point Guard

 설명

포인트 가드는 공격하면서 농구코트 구석구석 전체를 봐야 한다. 그의 역할은 팀에게 너무 중요하고 실제로 농구코트에서 코치의 역할을 하기 때문에 이러한 자질을 가져야 한다.

그는 본능적으로 게임에 대한 지식을 가지고 있어야 한다. 그는 볼을 다루어야 한다.

그는 좋은 패스하는 사람이어야 한다.

그는 발 빠른 발과 움직임이 빠른 사람이어야 한다. 그는 양손을 사용하는 좋은 드리블러가 되어야 한다. 그는 강력한 수비력을 발휘할 수 있어야 한다.

그는 오픈 슛을 던질 수 있어야 한다.

그는 수비를 뚫고 돌파를 해야 한다.

그는 수비를 읽을 수 있어야 한다.

의견: 일반적으로 포인트 가드는 그의 훌륭한 플레이에 대한 실력은 알려지지 않았다. 그러나 그의 코치와 동료들은 팀에 헌신적인지를 자신의 가치를 알고 있다.

② 슈팅 가드 Shooting Guard

 설명

슈팅가드는 일반적으로 슛을 잘 던진다. 그가 가져야 할 자질은 다음과 같다.

그는 본능적으로 게임에 대한 지식을 가지고 있어야 한다.그는 볼 다루어야 한다.

그는 좋은 패스하는 사람이어야 한다. 그는 발 빠른 발과 움직임이 빠른 사람이어야 한다.

그는 양손을 사용하는 좋은 드리블러가 되어야 한다. 그는 강력한 수비력을 발휘할 수 있어야 한다.

그는 일관성 있게 미들 슛, 3점 슛을 성공시킬 수 있어야 한다. 그는 수비를 뚫고 돌파를 해야 한다.

그는 수비를 읽을 수 있어야 한다. 그는 볼 없이 어떻게 움직이는지 알아야 한다.

그는 만약 포인트 가드가 퇴장당할 경우 공격 플레이어로 적극적으로 개입하여 공격을 가해야 한다.

그의 자만심으로 농구게임에 영향을 받지 말아야 한다. 일반적으로 슈팅가드의 책임은 득점하고 팀원들이 점수를 넣을 수 있도록 돕는 것이다.

③ 스몰 포워드 The Small Forward

 설명

작은 스몰 포워드는 팀에서 가장 재능 있는 플레이어이다. 그는 다음과 같은 특징을 지녀야 한다.

그는 민첩하며 빨라야 한다. 그는 적절한 리바운드를 해야 한다.

그는 좋은 패스하는 사람이어야 한다. 그는 코트 어느 곳에서 든 수비를 할 수 있어야 한다. 무엇보다도 그는 좋은 득점 플레이어가 되어야 하며, 윙에서, 탑에서, 그리고 바스켓아래에서 슈팅을 할 수 있어야 한다. 이 중 가장 좋은 것은 득점력이 있어야 하며 뛰어난 운동능력으로 게임을 컨트롤 할 수 있다. 그는 빠르게 속공에 참여해야 된다.

④ 파워 포워드 The Power Forward

 설명

포인트 가드와 마찬가지로, 힘, 또는 강력한 것은 인정을 받지 못한다. 일반적으로 그가 잘하고 있다면, "힘든 일"을 하는 플레이어로서의 역할이 당연한 것으로 간주된다. 그는 다음을 소유해야 한다. 그는 공격이나 수비수로 강한 리바운더가 되어야 한다. 포스트맨(센터)과 함께 팀을 컨트롤하고 그들의 특징 중 많은 부분이 비슷해야 한다. 그는 좋은 패스하는 사람이어야 한다. 그는 알맞게 득점을 해야 한다. 그는 배짱 있는 드리블과 강력한 돌파를 해야 한다. 그는 잘 달려야 하며 빠른 속공에 참여해야 한다. 그는 농구코트에서는 "상대 팀에 겁을 주도록 일부러 거칠게 구는 플레이어"로도 알려져 있다.

⑤ 포스트맨(센터) The Post Man

 설명

포스트맨(센터)은 포인트 가드와 함께 팀에서 가장 중요한 플레이어이다. 일반적으로, 그는 코트에 있는 가장 키가 큰 플레이어이다. 그가 소유해야 하는 자질은 다음과 같다. 그는 민첩해야 한다. 그는 공격적인 리바운더가 되어야 하며, 블록 수비를 해야 한다. 그는 겉으로 당당함과 인색해 질 필요가 있다. 그 태도와 행동으로 포스트 에리어(페인트 존)에서가 그의 것임을 증명해야 한다. 그는 중거리 슛 던질 줄 알아야 하고 믿을 수 있는 득점원이어야 한다. 그는 바스켓의 양쪽에서 페이크 슛, 파워 레이업에 능숙해야 한다. 그는 림과 가까운 거리에서 훅 슛과 점프 슛을 개발해야 한다. 그는 항상 팀원들과 이야기하면서 수비에서 리더십을 갖추어야 한다. 그는 패스를 잘해야 하고 하프코트 전체를 볼 수 있어야 하고 그의 슛이 없는 경우 오픈 수비를 할 수 있어야 한다. 그는 좋은 신체의 힘과 훌륭한 점프력을 가져야 한다.

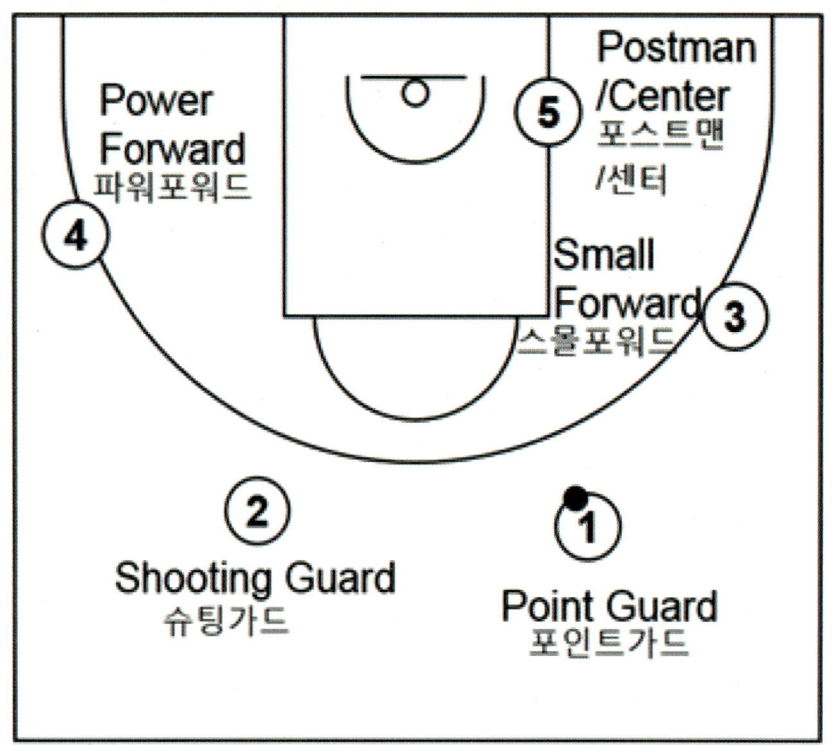

⑥ 식스 맨 The Sixth Man

🏀 설명

　소위 식스 맨은 농구의 모든 수준에서 엘리트의 존재가 되었다. 그는 자존심을 잠시 잊고 있기때문에 곧바로 벤치에서 나와서 게임 흐름에 빠지게 된다. 그는 팀이 승리하는 데 필요한 모든 것을 할 수 있다. 때로는 자신의 역할에 따라 득점을 하거나 예외적인 수비를 하거나 두 가지를 조합해야 한다. 또는 리바운드도 많이 하기도 하기 한다. 식스 맨은 할 수 있는 것이 무엇이든 게임의 중요한 구성 요소이다. 그는 특히 게임이 가까울 때 코치의 이점을 충분히 활용한다. 게임이 부진할 때 활력소이기도 하다.

　식스 맨은 게임이 시작한 이후 게임을 보고 읽기 때문에 정신적으로 자신을 준비하고 코트를 밟는 순간 게임의 흐름에 적응할 수 있는 것이다. 무엇보다도 그가 게임에 참여 할 때 팀은 시간이 많이 남지 않았다. 그의 코치는 식스 맨의 능력과 한계를 알아야 한다. 또한, 그는 식스 맨의 팀에 효과적으로 사용하기 위해 얼마나 많은 시간을 할애할 수 있는지 알아야 한다.

정신적인 자세 Mental Preparation

🏀 설명

상대 팀에게 몇 점을 주더라도, 농구는 80% 정신적 준비와 20% 체력을 가지고 한다. 물론 다른 플레이어보다 20%의 해당하는 플레이어에게 더 많은 능력을 부여한다. 그러나 게임의 정신적인 준비 측면에서 보면 비율은 같다. 플레이어들이 정신적으로 농구 게임을 준비하는 방법은 여러 가지가 있다.

이들 중 몇 가지는 다음과 같다.
- 일부 플레이어들은 게임에 들어가기 전에 조용하게 있기도 하고, 곧 다가올 게임에 집중하기도 한다.
- 어떤 플레이어들은 플레이어들끼리 대화를 하고 음악을 듣고 편한 상태로 머물고 있기도 한다.
- 다른 플레이어들은 1과 2의 사이를 선택하기도 한다.

정신적으로 게임을 준비한 후 실제 플레이에 필요한 집중력은 또 다른 문제이다. 농구는 빠른 속도로 하는 게임이다. 결정은 초 단위로 이루어지고 플레이어는 게임을 하다 보면 자신의 집중력을 잃을 수 있다. 게임을 효과적으로 실행하려면 다음을 제외하고 주위의 모든 것을 차단해야 한다.

🏀 식스 맨의 코트 위에서의 활동

상대 팀 게임에 대한 코치의 계획이나 좋은 컨디션을 유지하고 있다면 농구 코트 안에서 모든 것을 쏟는다.

스태프나 상대방과 언쟁이나, 문제를 일으키지 않는다. 이것은 당신의 집중력을 깨뜨린다.

스스로 컨트롤해서 집중력이 무너지지 않게 해야 한다. 이 요점은 평균을 점수 유지할 수 있다는 것이다.

동시에 팀원들과 관계도 그대로 유지하면서 게임에서 이기도록 도우는 것이고 팀의 일원으로 게임하는 것을 잊지 말아라. 침착! 침착하고 집중할수록 게임을 진행할 때 점수를 얻게 된다.

차갑고 휘둘리지 않은 팀 플레이어가 되어야 한다.

여러 가지 컷 Basketball Cuts Various

적절한 커팅 연습은 농구기술을 배우고 싶은 초, 중, 고 학생들이 쉽게 배우는 프로그램 중 하나이다.

많은 코치들은 플레이어들에게 적절한 컷을 가르치지 않으며 그들은 시간이 지날수록 자연스럽게 알게 될 것이라고 말한다. 그건 아니라고 코치에게 이야기하려고 한다.

최소한 커팅 연습을 해야 한다. 게임을 하는 동안 플레이어가 원하면 언제든지 커팅하여 오픈 공격을 할 수 있게 만들어야 한다.

플레이어는 어떻게 오픈 공격 찬스를 만들 수 있는지 컷을 통해 방법을 배워야 한다.

압박 수비에서부터 공격의 활로를 열려면 스크린을 이용하거나, 컷을 이용하여 패스를 열어야 한다.

그것 때문에 우리 코치가 컷을 어떻게 해야 하는지 가르쳐야 한다는 것이다.

유명플레이어들은 수비를 읽는 기술을 숙달하고 패스를 받기 위해 적절한 컷을 사용했기 때문에 드리블을 하지 않고 많은 점수를 시합에 넣을 수 있는 것이다.

여기서는 농구에서 가장 흔하게 쓰이는 컷 10가지를 설명하고 보여줄 것이다.

1 | 백도어 컷 Backdoor Cut

 설명

백도어 컷은 수비수가 패스를 거부하는 패스라인을 수비수가 완전 가로막을 때 사용된다.

바스켓과 당신의 수비수에 따라 이 사이에 큰 구멍을 있을 것이다.

패스를 거부당하면 백도어 컷을 할 수 있다.

백도어 컷의 가장 큰 문제점은 쉬운 레이업으로 이어지는 훌륭한 패스 스킬을 가진 사람을 요구한다는 것이다.

이것은 약간 패스의 난이도가 있어 실력이 낮은, 또는 유소년농구에서 흔히 볼 수 있는 것

은 아니다.

패스 기술의 부족은 많은 턴오버를 가져온다.

백도어 컷이 가장 효과적이기 위해서는 반듯이 플레이어가 수비수를 페이크하고 방향을 바꾸어서 바스켓 쪽으로 대시해야 한다.

이미지처럼 코너나, 윙에서 시도하면 효과가 크다

2 | 브이 컷 V-Cut

 설명

V 컷는 가장 일반적인 유형의 커팅이며 통과 시 오픈 공격 필요가 있거나, 주위에서 혼자 움직일 때 주로 사용된다.

V- 커팅은 플레이어가 신체 접촉이 있고 3점 슛 라인에서 수비수에게 60cm 가서 붙고, 다음 스텝을 심은 다음, 수비수를 제치고 튀어 나가서 볼을 받는다.

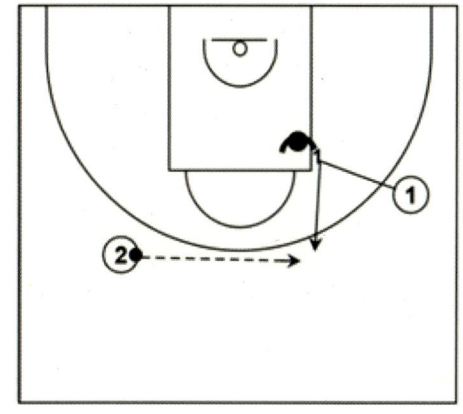

수비의 반응 시간이 짧아 플레이어가 패스를 받는 것을 막을 수 없다.

3 | 엘 컷 L Cut

 설명

L 컷은 시작할 때 수비에 막혔을 때 오픈할 수 있는 좋은 방법이다.

이 커팅은 공격적인 플레이어가 빠르게 움직일 필요는 없으며, 좋은 풋워크를 사용하고 몸을 잘 사용하면이 커팅은 가장 효과적이다.

수비수와 위로 엘보 위치까지 가서 거기에 발을 놓고 오픈 공간을 만들기 위해 볼을 요구하면

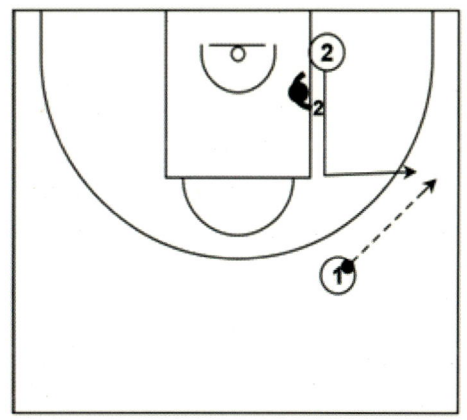

서 윙 쪽으로 튀어 나간다.

4 | 컬 컷 Curl Cut

 설명

컬 컷은 스크린 주위에 컬(도는, 감기는) 컷이 진행되고 있다.

이 컷은 공격 플레이어가 수비수의 위치를 읽고 움직이어야 한다.

수비수가 스크린 주위를 뒤따라 오면 컷이 오픈되어 레이업 패스를 받는 가장 좋은 형태이다.

그러나 수비수가 스크린에서 빠져나가서 수비가 패스를 막는다면 다음 플레이를 한다.

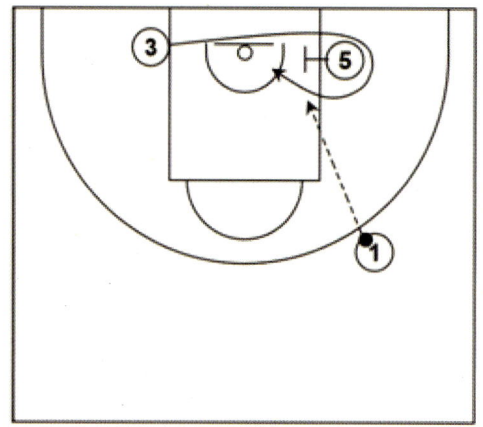

5 | 플레어 컷 Flare Cut

 설명

컬 컷과 플레어 컷은 서로 비슷하게 진행된다. 커팅하기 위해 수비수에게 좌, 우로 페이크 쓰고 플레이어는 코너로 튀어 가서 볼을 잡는다.

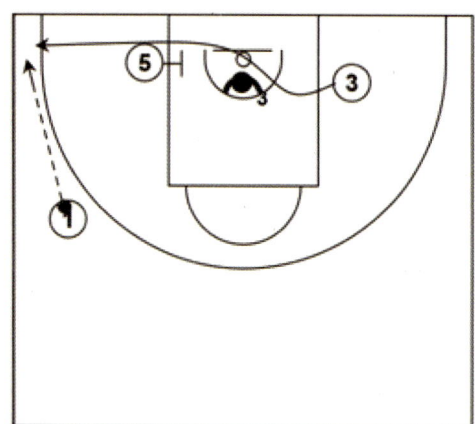

6 | 크로스컷 Cross Cut

🏀 **설명**

크로스 컷은 코트 바닥에서 한쪽에서 있는 플레이어가 다른 쪽으로 모든 사람 뒤로 베이스라인을 커팅하는 것을 포함한다.

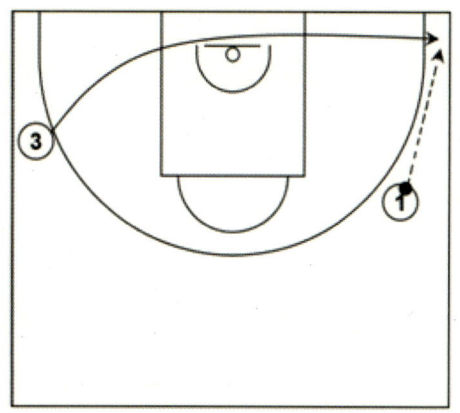

이 컷은 지역 수비를 할 때 공격 시 많이 사용된다.

왜냐하면 수비수가 지역 안에 볼이나 다른 플레이어들이 있다면 뒤로 뛰는 플레이어의 커팅을 하는 것을 보지 못하기 때문이다.

7 | 프론트 컷 Front Cut

🏀 **설명**

하이 포스트로 스크린하러 엘보 쪽으로 이동한다.

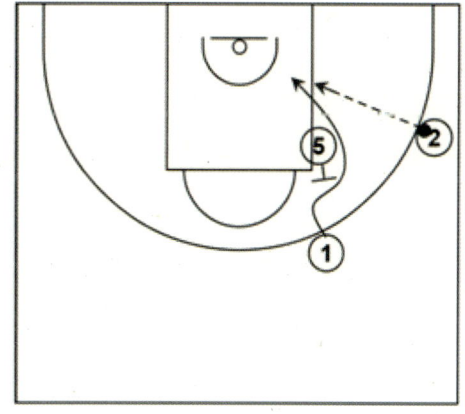

탑 쪽에 있는 플레이어가 윙 쪽 플레이어에게 패스한 다음 바스켓으로 대시한다.

이 커팅으로 레이업이나 슛 찬스가 종종 있다.

8 | 샬로우 컷 Shellow Cut

 설명

샬로우 컷은 볼을 드리블하는 사람과 포지션을 교환할 때 사용된다.

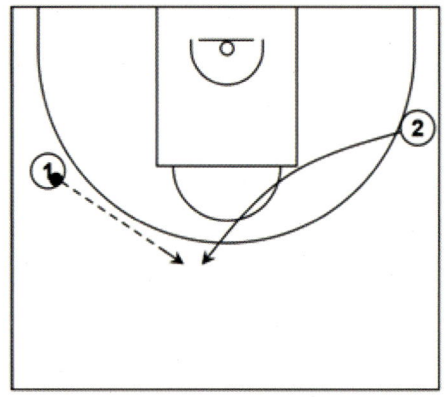

9 | 플래시 컷 Flash Cut

 설명

플래시 컷은 포스트 플레이어가 하이 포스트로 움직이는 빠르고 폭발적으로 튀어 나가야 한다.

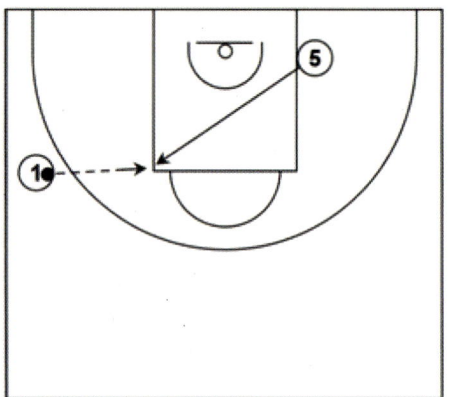

🏀 성공시키는 오펜스 Successful in Attacking

팀을 위한 농구 게임을 선택하는 것은 코치로서 결정할 가장 중요한 결정 중 하나이다.

플레이어 명단의 기술과 경험 수준, 플레이어의 장점과 약점, 그리고 수비 유형을 선택 하는 것이 중요하다.

이 페이지에서는 모션 오펜스(Motion Offense, 플렉스 오펜스(Flex Offense), 5명 아웃 공격(5 Out Offense), 4명 아웃 공격(4 Out Offense)등의 패턴을 소개하고 팀과 함께 구현할 수 있는 몇 가지 공격 플레이 기본을 보여준다.

성공적인 농구에 대한 기본 원칙을 배우게 될 것이다. 어느 농구경기를 선택하든 상관없이 최고의 정신력을 발휘해야 한다.

1 | 기본 모션 오펜스 Basic Motion Offense

청소년 농구 경기에서 가장 이상적인 공격은 단순한 움직임과 연속 패스가 특징으로 새겨진다.

플레이어가 흐름을 읽고 의사결정을 내릴 수 있는 반복적인 고정 패턴과 그리고 자유로운 컷 앤 스크린이 기본 규칙으로 포함된다.

모션 오펜스는 모든 플레이어가 볼을 다루고, 결정을 내리고, 자신에게 도움이 되는 득점 기회를 가질 수 있기 때문에 청소년 농구에 적합하다.

그들의 신장의 크기에 따라 플레이어들을 특정 위치에 국한시키지 않을 것이다.

그래서 젊은 플레이어들은 여러 가지 기술을 가지고 있고 게임 전반에 걸쳐 다양한 위치에서 경험을 쌓을 기회를 얻게 될 것이다.

모션오펜스에 기반을 두고 맨투맨(man-to-man)에 대응할 수 있는 이러한 기본 패턴은 청소년 팀에게 효과적이다.

🏀 **설명**

기본 동작은 3점 슛 라인 또는 탑 중앙에서 볼가진 플레이어로 시작된다.

각 윙에는 플레이어가 1명이 있고 각 포지션에는 1명의 플레이어가 있다.

플레이어 4와 플레이어 5는 윙에서 플레이어 2와 플레이어 3을 포지션을 지키고 있는 수비수들에게 스크린을 하러 간다.

플레이어 2와 플레이어 3은 스크린을 이용해 윙으로 간다.

현재 볼 가진 플레이어 1의 패스를 받을 준비가 된다.

플레이어1이 플레이어 3으로 패스를 한다.

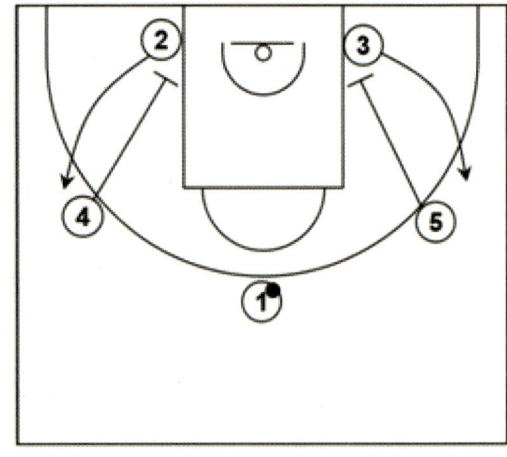

이때 플레이어 1과 플레이어 5는 모두 반대쪽으로 간다.

플레이어 1은 반대쪽 윙으로 가서 플레이어 2에게 스크린을 하고 플레이어 5는 반대 쪽으로 이동하여 플레이어 4에게 스크린을 한다.

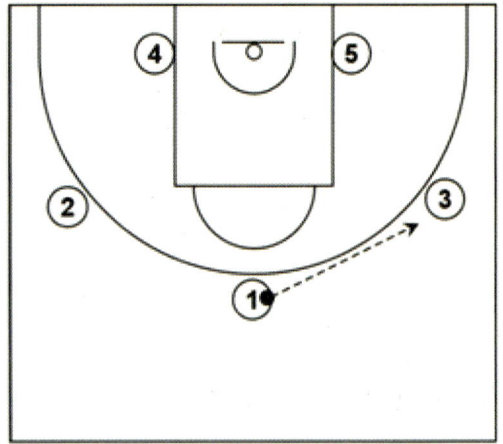

플레이어 2는 플레이어 1의 스크린을 이용하여 점프슛 또는 레이업 하기 위해 하이 포스트로 커팅한다.

오픈 패스가 오지 않으면 탑 위치로 올라간다.

플레이어 4는 오픈 파워 슛 또는 포스트에서 피드를 위해 스크린을 이용해 커팅을 한다.

플레이어 3은 볼을 가지고, 먼저 플레이어 2의 오픈 찬스 보고 난 다음 플레이어 4에게 패스를 하여 슛의 찬스를 본다.

그러나 어느 쪽도 패스가 안 되면, 플레이어 3은 이제 탑 쪽으로 온 플레이어 2에게 볼을 패스한다.

플레이어 2는 볼을 탑에서 잡고 플레이어 1과 플레이어 3은 플레이어 4와 플레이어 5에게 스크린을 하러 내려간다. 그리고 플레이는 반복된다.

볼이 탑플레이어 2에게 오면 포지션 정리 후 반대쪽으로 5에게 패스 후 반대쪽으로 연속 플레이를 한다.

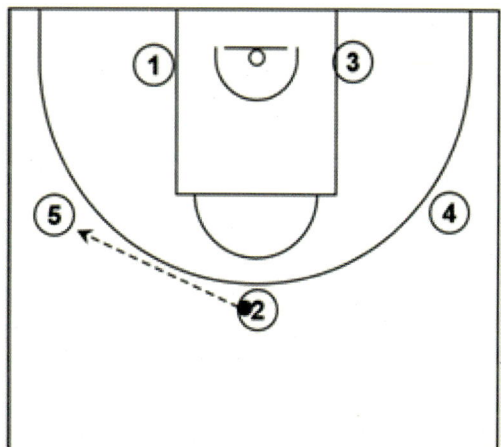

플레이어 4는 플레이어 2의 스크린을 이용하여 점프슛 또는 레이업 하기 위해 하이 포스트로 커팅한다.

오픈 패스가 오지 않으면 탑으로 위치로 올라간다.

플레이어 3은 오픈 파워 슛 또는 포스트에서 플레이어 1의 스크린을 이용해 커팅을 한다.

플레이어 5은 볼을 가지고, 플레이어 4에게 또는 플레이어 3에게 패스를 하여 쉬운 슛의 찬스를 보게 한다.

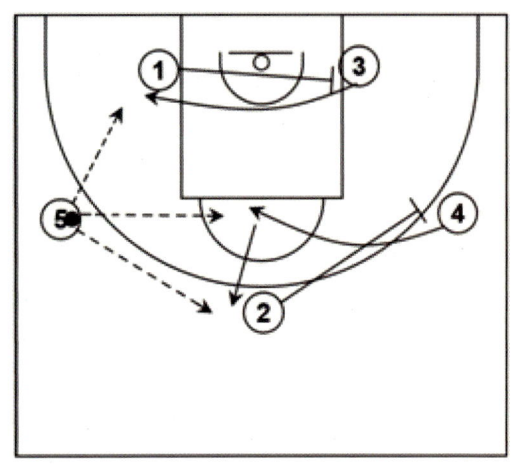

★코칭포인트☆

청소년 기준으로 각 포지션을 정하면
(예 : '플레이어 4') 반드시 모션 오펜스는 모든 플레이어가 어느 위치에서 플레이하게 되기 때문에 반드시 위치를 지정하지 않아야 한다. 청소년 플레이어를 특정 위치로 제한하면 게임 스킬이 방해받을 수 있다.

2 | 플렉스 오펜스 Flex Offense

 설명

플렉스 오펜스는 탑 쪽에 있는 2명의 플레이어로 시작한다. 각각 양 코너 3점 슛 라인에 1명씩 위치하고 로우 포스트에 1명의 플레이어가 있는다.

이 움직임은 플레이어 1에서 플레이어 2에게 패스로 시작된다.

패스가 이루어지면 플레이어 5는 플레이어 3에게 이동하여 베이스라인을 따라 '플렉스 스크린'을 만든다.

플레이어 3은 플레이어 5의 스크린을 이용하여 '플렉스 컷'을 하고, 플레이어 3은 레이업 찬스 또는 포스트에서 피드를 위해 가로질러 커팅을 한다.

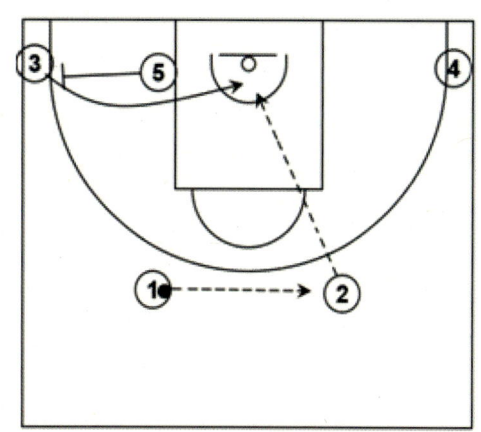

플레이어 1은 로우 포스트 아래쪽 내려가 스크린을 만든다.

플레이어 5는 스크린을 만들고 플렉스 컷을 하고 나면 플레이어 5는 플레이어 1의 스크린을 이용하여 오픈 점프 슛을 위해 엘보나 프리드로우 라인 또는 3점 라인을 향해 움직인다.

현재 볼을 가지고 있는 플레이어 2는 플레이어 3을 먼저 보고 플레이어 5의 차례로 본 다음에 오픈 슛 찬스에 패스를 한다.

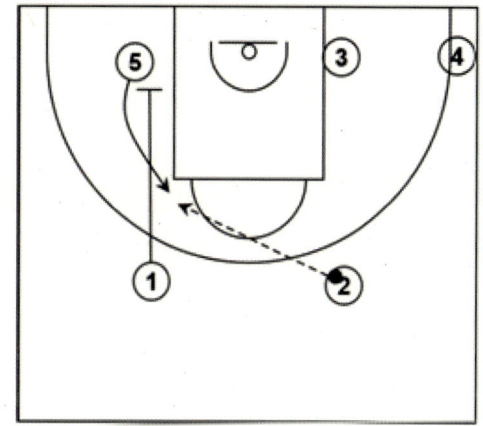

하지만 그 슛이 막힌다면 플레이어 5는 플레이어 2로부터 패스를 받기 위해 탑 쪽으로 더 올라가서 볼을 받는다.

플레이어 5가 볼을 가지고 앞을 보고 있으면 각 포지션에 있는 플레이어 3은 코너에 있는 플레이어 4를 위해 스크린을 한다.

플레이어 4는 스크린을 이용해서 플렉스 컷을 하며 파워 슛 찬스를 만든다.

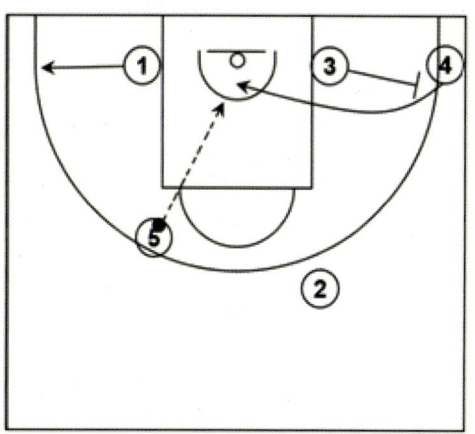

오픈 찬스가 안 나면 다음 플레이어 2는 플레이어 3을 위해 스크린을 하러 아래로 내려간다. 플레이어 3의 찬스를 본다.

이렇게 하여 플렉스 오펜스는 계속 반복 하도록 한다.

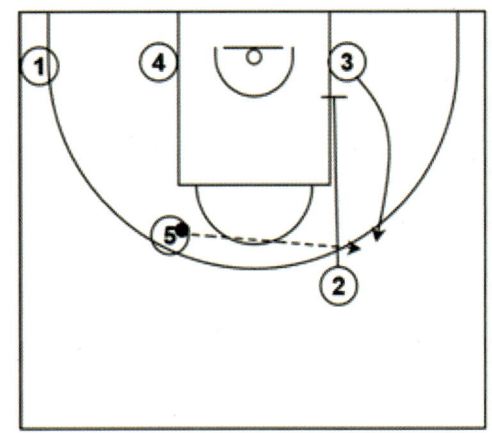

3 | 5명 아웃공격 5 Man Out Offense

 설명

5명 아웃 공격은 볼 가진 플레이어가 탑에서 시작하여 각각의 윙 플레이어 2명과 베이스라인 코너에 2명 플레이어가 시작된다. 이것은 패스, 커팅 또는 스크린 등의 구체적인 패턴이 없는 자유롭게 흐르는 공격이지만 몇 가지 규칙을 따른다. 패스하고 커팅한다. 주변에 있는 팀원에게 패스하고 바스켓 쪽으로 커팅한다. 패스하고 반대 방향으로 코너를 채운다. 예를 들어, 오른쪽 윙을 통과한 경우 왼쪽 코너를 커팅하여 채운다. 컷이 끝나면 패스의 반대 편에 있는 플레이어가 탑 쪽으로 간다.

플레이어 1에서 플레이어 3으로 패스하면 플레이어 1이 바스켓으로 커팅을 한다.

왼쪽 코너를 채운다.

그러면 플레이어 2가 탑 쪽으로 가서 자리를 채우고 플레이어 4는 윙으로 가서 자리를 채운다.

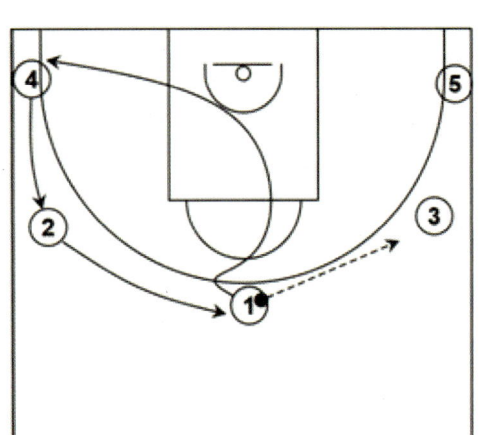

플레이어 3은 플레이어 2에게 패스하고 움직인다.

플레이어 3이 바스켓으로 커팅하고 오른쪽 코너로 간다.

5명 아웃 공격은 패스, 컷 및 상대 플레이어에게 계속해서 플레이가 만들어질 때까지 진행될 수 있다.

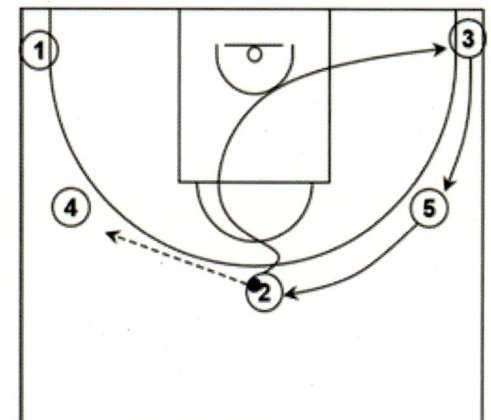

계속 반복하도록 한다. 플레이어 2가 플레이어 4에게 패스 후 플레이어 2는 바스켓으로 커팅을 한다. 오른쪽 코너를 채운다.

그러면 플레이어 5가 탑 쪽으로 가서 자리를 채우고 플레이어 3은 윙으로 가서 자리를 채운다.

플레이어 4는 플레이어 2에게 패스하고 움직인다.

플레이어 4가 바스켓으로 커팅하고 왼쪽 코너로 간다.

계속 반복하도록 한다.

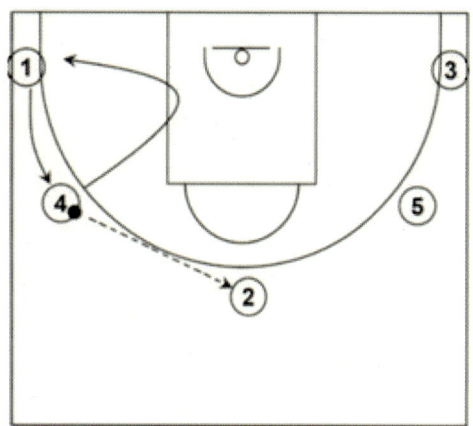

🏀 변형: 패스 앤 스크린 Pass and Screen Away

이 규칙은 플레이어가 패스를 하면 반대 방향으로 팀 동료에게 스크린을 돌아서 하고 그 동료가 코너를 채우는 것을 의미한다.

팀원은 이 스크린을 이용하여 오픈 슛 찬스를 보고 그들이 왔던 쪽의 코너로 채울 것이다. 그런 다음 플레이어는 위치로 복귀해서 이 게임을 계속 진행할 수도 있다.

4 | 4명 아웃 공격 4 Man Out Offense

4명 아웃은 2명의 플레이어가 탑으로 올라가는 것으로 시작한다.

각각 양 코너 3점 슛 라인에 1명씩 위치하고 로우 포스트에 1명의 플레이어가 있다.

플레이어 1이 플레이어 3에게 패스 후 플레이어 1은 바스켓으로 커팅을 한다.

왼쪽 코너를 채운다.

플레이어 5는 플레이어 1이 지나간 후 이동한다. 그러면 플레이어 2가 오른쪽으로 가서 자리를 채우고 플레이어 4는 왼쪽 위로 올라간다.

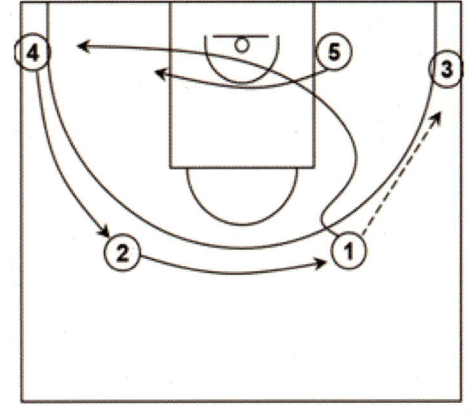

플레이어 3은 플레이어 2에게 패스하고 커팅하는 척하고 코너로 되돌아온다.

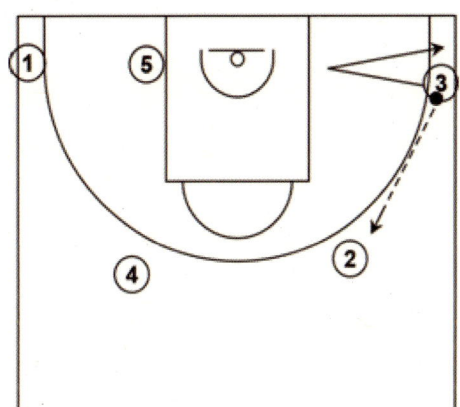

플레이어 2은 플레이어 4에게 패스 후 바스켓으로 커팅하고 오른쪽 코너로 간다. 플레이어 3은 플레이어 2의 자리로 온다.

4명 아웃 공격은 패스, 컷 및 상대 플레이어에게 계속해서 플레이가 만들어질 때까지 진행될 수 있다.

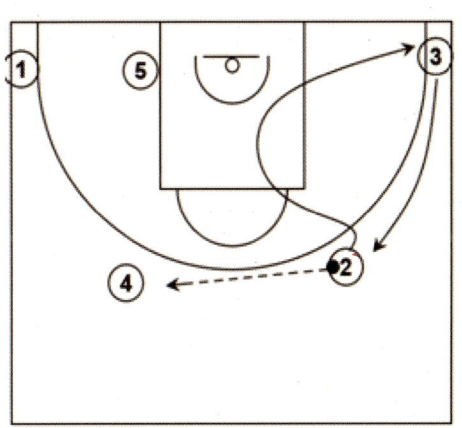

계속 반복하도록 한다

그러나 플레이어 5는 포지션 간격으로 움직이며 코트에서 유지하고 주변 공격 플레이 대신 피드로 사용할 수 있다.

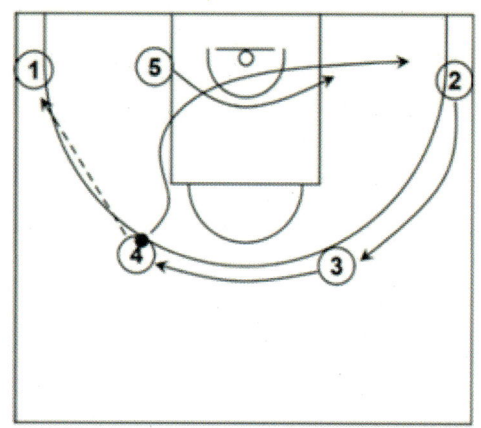

플레이어 1은 플레이어 3에게 패스하고 커팅하는 척하고 코너로 되돌아온다.

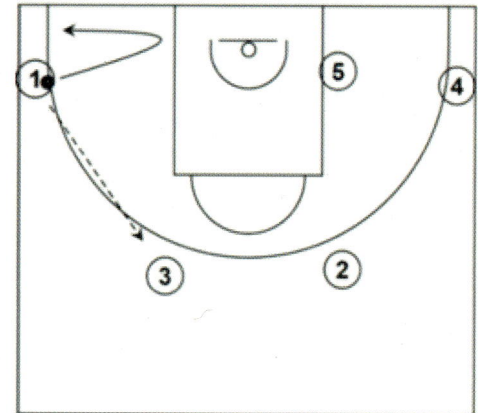

플레이어 3은 플레이어 2에게 패스 후 바스켓으로 커팅하고 왼쪽 코너로 간다. 플레이어 1은 플레이어 3 위치로 간다.

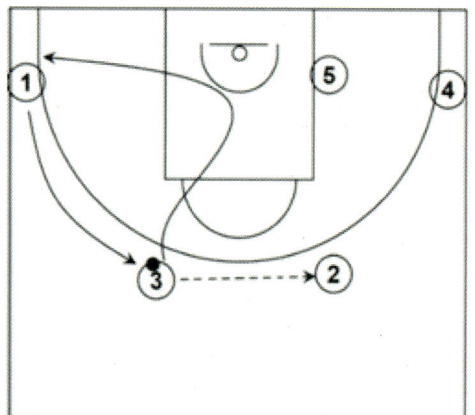

4명 아웃 공격은 패스, 컷으로 플레이어에게 공격 찬스가 만들어질 때까지 계속해서 진행한다.

계속 반복하도록 한다

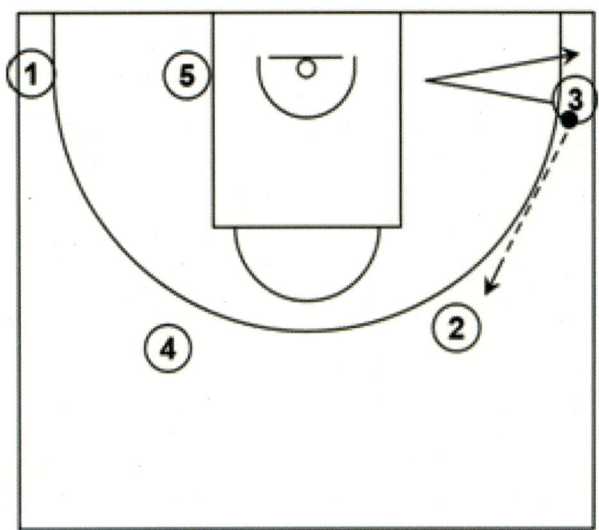

지역 수비 Zone Defensive

농구와 관련하여 "지역 수비"라는 용어를 들을 때 생각나는 것이 2-3 지역 수비다.

농구 수비에서 가장 보편적이며 코치는 가장 먼저 지역 수비를 생각한다.

지역 수비 개념은 본인 수비지역에 대한 절대적 책임이다.

지역 수비는 일반적으로 볼 소유자의 팀 패스가 자유로워 외곽 주변에서 쉽게 패스한다.

공격 시간을 많이 사용하게 되어 게임의 공격시간과 리듬 템포를 조절하는 팀에게 유리하다.

농구코트에서의 맨투맨과 지역 수비의 가장 큰 차이점은 개인 수비이고 팀 수비이다.

여기에 책임이 있고 실수는 하지 않는다.

2-3 지역 수비는 팀 수비이기 때문에 한 명이 실수를 하면 팀원 전체가 움직이어야 한다.

공격 찬스를 만들기 위해 패스, 개인돌파, 패턴플레이를 하기 때문에 지역 수비는 인내심이 절대적으로 필요하다.

페인트 지역 멀리서 공격하기 때문에 수비가 도움이 된다.

중앙에는 항상 포스트맨이 준비되어 있다.

훌륭한 2-3 지역 수비는 man-to-man 수비만큼 많은 연습이 필요하다

지역 수비 Zone Defensive 4가지 규칙

1. 모든 수비수들이 손을 들고 적극적으로 수비자세를 취해야 한다.

크로스 패스나, 수비수 사이로 통과되는 패스는 지역 수비에 약점 중 하나이다.

수비팀이 크로스패스나 수비수 사이로 패스를 통과시켜준다면 공격팀에게 절대 유리하게 된다.

수비수는 손을 들어 올려서 패스를 방해해야만 지역 수비의 대한 수비를 유리하게 이끌어 갈 수 있다.

손을 드는 것은 패스할 때 볼을 가로챌 때 신속히 대응할 수 있게 한다.

2. 수비자는 볼에 대해 빠르게 계속 움직여야 한다.

공격적인 플레이어의 빠른 움직임이 있으면 수비수는 볼에 대해 수비적인 위치에 있다.

수비수 모두는 볼의 방향에 대해 빠르게 움직여서 수비를 한다면 볼을 소유한 플레이어에게 적극적인 수비를 할 수 있다.

3. 큰소리로 수비수끼리 대화하면서 소통해야 한다.

대화는 모든 수비에 중요하며 2-3 지역 수비도 포함된다.

수비수는 스크린하는 사람, 커팅하는 사람, 공격자의 위치 등을 알려주어야 한다.

지역 수비를 잘하는 팀은 서로 간의 훌륭한 대화소통을 한다.

4. 레이업을 허용하지 마십시오

지역 수비에서 레이업을 절대 허용하지 않는다.

수비수는 공격팀에게 쉽게 득점을 허용해서는 안 된다.

지역 수비 장점 Zone Defensive Advantages

팀 플레이어가 너무 빠르거나(가드일 경우) 또는 너무 클 때(포워드, 센터의 경우) 효과적이다.

코트에서 더 많은 움직임과 집중을 할 수 있다.

파울이 많은 플레이어는 파울 컨트롤 할 수 있다.

체력을 덜 소비하게 할 수 있다.

좁은 지역에서 공격을 한다.

공격력이 좋은 팀을 효과적으로 수비할 수 있다.

패스 라인을 차단할 수 있다.

특정 플레이어의 수비지역에서 체력과 정신적인 부담을 덜어준다.

수비를 못 하거나 발이 늦은 플레이어도 팀 수비로 도움을 받을 수 있다.

바스켓 밑에 공격 플레이어가 있으면 주위에서 도움 수비가 가능하여 쉬운 득점을 방지한다.

지역 수비 단점 Zone Defensive Weakness

지역 수비 단점은 3점 슛을 허용할 수 있다.

지역 수비에서 움직임이 감소하고 수비 지역에서 발 놀림이 제한된다.

(특히 뒤쪽 수비수는 움직임이 적다.)

맨투맨 수비가 낫다고 주장할 수 있다.

지역 수비는 약한 수비수가 앞에 있는 최고의 공격 플레이어를 수비할 수 있다.

지역 수비에서 리바운드를 많이 빼앗길 수도 있다.

맨투맨 수비보다 지역 수비에서 리바운드 쟁취를 위한 박스아웃이 더 어렵다.

지역 수비의 경계지역에서 수비 실수가 발생할 수 있다.

지역 수비에서 항상 플레이어들은 자기 지역에 대해 서로 다른 의견과 해석이 있다.

지역 수비에서 볼과 사람의 위치를 항상 보고 있어야 하고 수비 위치 균형을 맞추기 어려울 수도 있다.

지역 수비 Zone Defensive 어느 팀에게 사용할 것인가?

일반적인 수비 이야기에 휩쓸리지 말아야 한다.

많은 코치들이 "2-3 지역 수비는 느리고, 키가 큰 팀에게 사용되어야 한다"는 말을 듣는다.

이것은 여러 가지 구성에 따라 조금씩 다르다.

코치는 소속 팀의 구성된 플레이어의 실력에 따라 수비를 정해야 된다.

크고 느린 팀이 있다면 2-3 지역 수비를 사용할 때 효과적인 방법은 수비를 끈질기게 지속하여 함정 수비는 하지 않고 공격팀이 오픈 슛을 찾을 때까지 계속 볼을 패스하게만 하여야 한다.

반면 플레이어가 작고 빠른 팀은 자주 트랩(함정 수비)를 하는 것, 빠른 결정으로 공격을 서두르게 하는 것, 스틸을 노리고, 수비 템포를 유지하는 것이다.

모든 팀에게 2-3 지역 수비를 사용할 수 있다.

다만 그 팀 특정 플레이어의 공격포인트를 스카우트하여 지역 수비에 적합하게 대비하여야 한다.

🏀 2:3 지역 수비 위치 Zone Defensive Position 2:3

2-3 지역 수비는 상위 포스트 근처 Free Throw Line의 지역 두 명의 플레이어를 포함한다.

이 수비수들은 '가드(1과 2)'라고 불리며, 두 명의 수비수는 각 블록의 바깥쪽에 있다.

'포워드(3과 4)'로 알려진 지역 중간에 있는 수비수는 '포스트맨(5)'라고 불린다.

이미지는 각각의 수비지역을 보여주지만, 볼의 위치에 따라 겹쳐지는 부분이 있다.

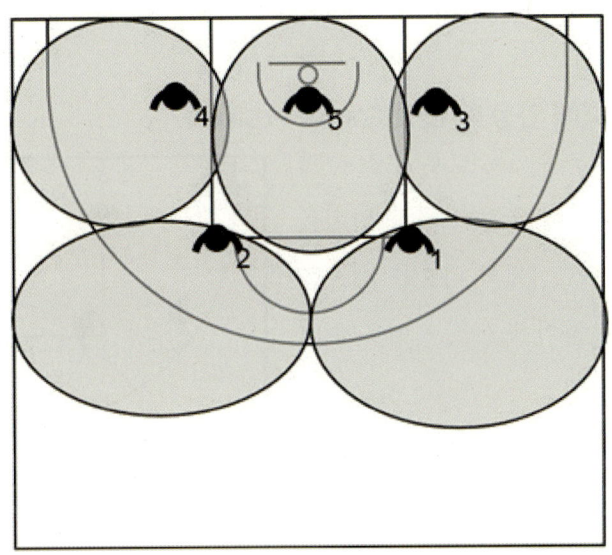

1 | 2-3 지역 수비 기본 Basic 2-3 Zone Defensive

🏀 볼이 탑에 있을 때 Top Position

수비수 1은 볼 가까이 있고 수비수 2는 프리드로 우라인 모서리 위에 있다. 수비수 3, 4 및 5는 바스켓 림 앞의 가운데에 있고 수비수 3 및 수비수 4는 수비수 5의 옆 좌, 우 2~3미터 지역 밖에 위치한다.

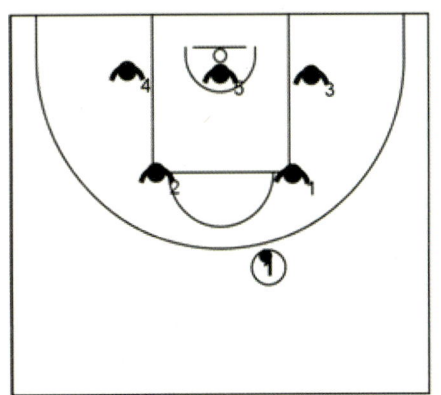

🏀 볼이 왼쪽 윙에 있을 때 Left Wing Position

수비수 2는 볼을 잡고, 수비수 1은 프리드로우 라인 모서리, 수비수 4는 코너 쪽으로, 수비수 5는 볼과 바스켓 사이의 위치를 유지하며, 수비수 3은 반대 로우 포스트 라인에 걸친다.

🏀 볼이 왼쪽 코너에 있을 때 Left Corner Position

수비수 4는 볼에, 수비수 5는 로우 포스트 지역을, 수비수 3은 림 밑에서 강한 반등 위치를 유지하고 수비수 2는 코너에서 나오는 패스를 차단하며 수비수 1은 하이 포스트 지역을 수비한다.

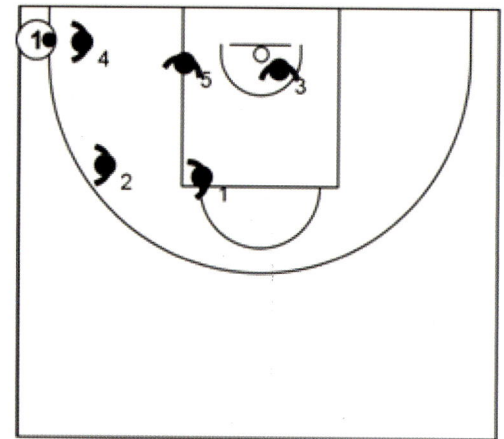

🏀 볼이 오른쪽 윙에 있을 때 Right Wing Position

수비수 1은 볼에 있고, 수비수 2는 하이포스트 지역을 보호하는 모서리로 이동한다. 수비수 3은 코너로 가며 수비수 5는 볼과 바스켓 사이의 위치를 유지하며 수비수 4는 리바운드 잡기에 약한 위치에 있다.

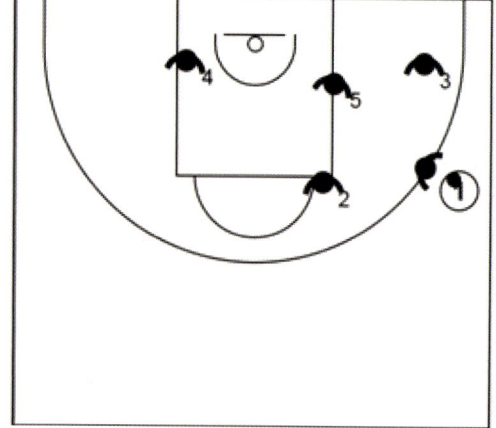

🏀 볼이 오른쪽 코너에 있을 때 Right Corner Position

수비수 3은 볼을, 수비수 5는 로우 포스트 지역을, 수비수 4는 림 밑에서 도움 줄 수 있는 위치에 있고 수비수 1은 코너에서 나오는 패스를 차단하고 수비수 2는 하이포스트 지역을 수비한다.

1-1 | 2-3 지역 수비 하이 포스트 2-3 High Post Position

볼이 중앙으로 전달되면, 수비수인 5는 볼 소유자가 양쪽 코너로 패스하는 것을 막는다. 수비수 1과 수비수 2는 공격 플레이어 5에게 다가가고 아래 수비수 4와 수비수 5는 하이, 로우 포스트에 패스하는 것을 대비 림 밑을 보호하는 지역으로 간다.

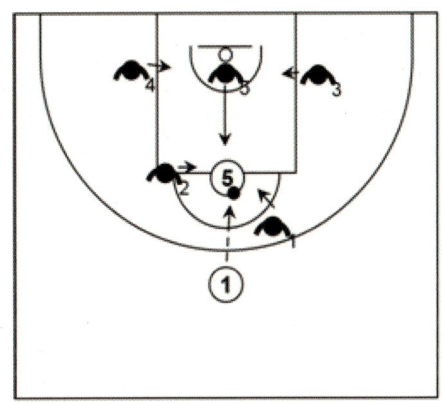

2 | 2-3 지역 수비 포스트맨 움직임 2-3 Zone Defensive Postman Shifts

🏀 볼이 탑에 있을 때 Front Position

포스트맨 5는 림 앞에 위치한다

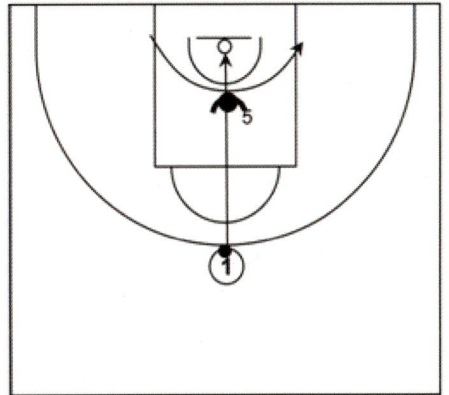

볼이 오른쪽 윙에 있을 때 Wing Position
포스트맨 5의 로우 포스트 지역

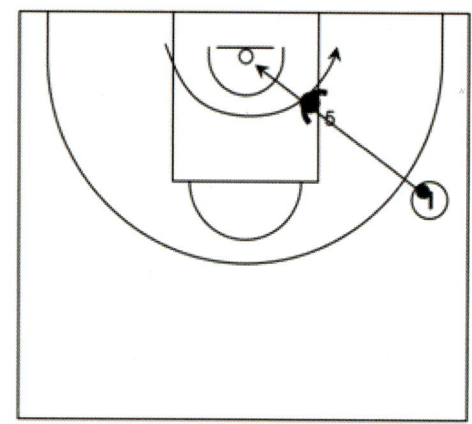

볼이 오른쪽 코너에 있을 때 Corner Position
포스트맨 5의 베이스라인 사이드를 완전하게 막는 위치에 선다.

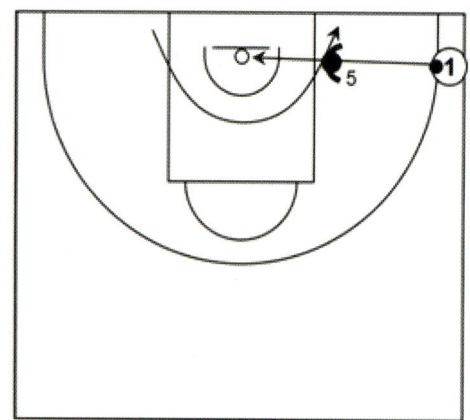

볼이 왼쪽 윙 있을 때 Wing Position
포스트맨 5의 로우 포스트 지역

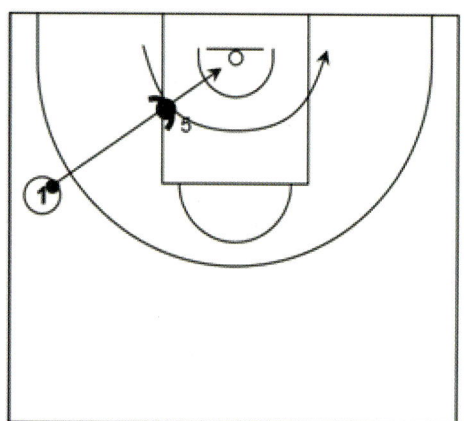

🏀 볼이 왼쪽 코너에 있을 때 Corner Position

포스트맨 5의 베이스라인 사이드를 완전하게 막는 위치에 선다.

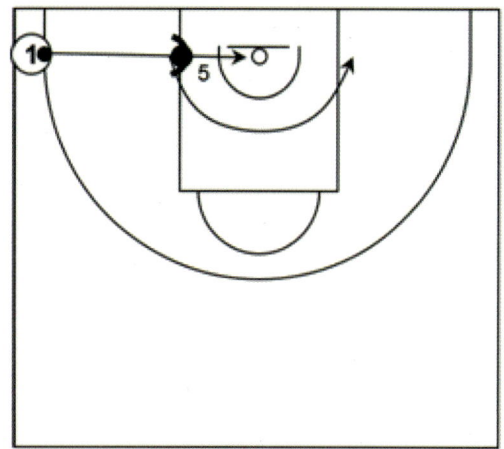

3 | 2-3 지역 수비 베이스 움직임 2-3 Zone Defensive Base Shifts

🏀 볼이 왼쪽 코너에 있을 때 Corner Position

볼 수비수 4의 수비수 3은 취약한 리바운드 위치에 자리 잡는다.

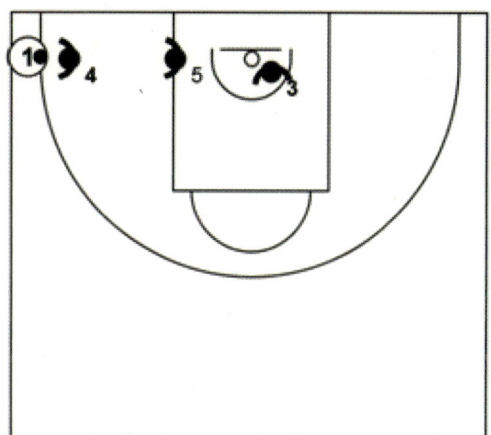

🏀 볼이 왼쪽 윙 있을 때 Wing Position

수비수 4는 코너에서 나오고 수비수 3은 리바운드 약한 쪽에 위치로 자리 잡는다.

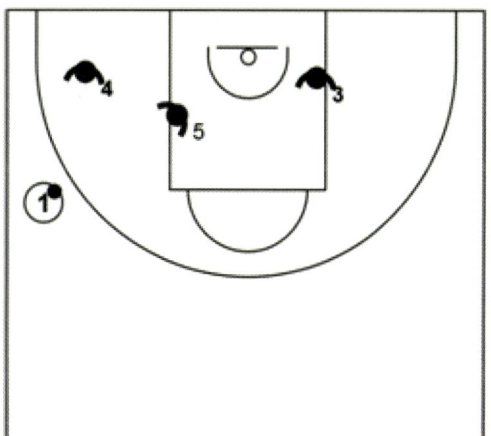

🏀 볼이 탑에 있을 때 Front Position

수비수 3과 수비수 4는 블록 위의 세 번째 두 번째 지역 외부 위치를 자리 잡는다.

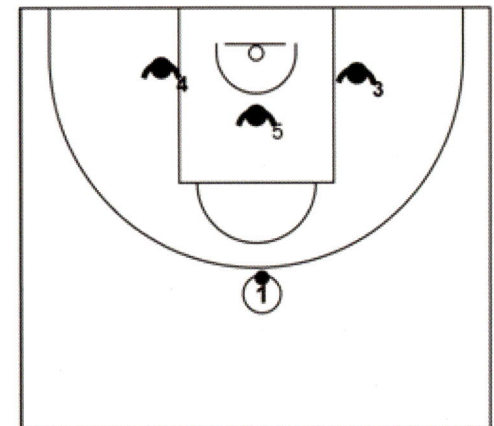

🏀 볼이 오른쪽 윙에 있을 때 Wing Position

수비수 3은 코너에서 나오고 수비수 4는 리바운드 약한 쪽에 위치로 자리 잡는다.

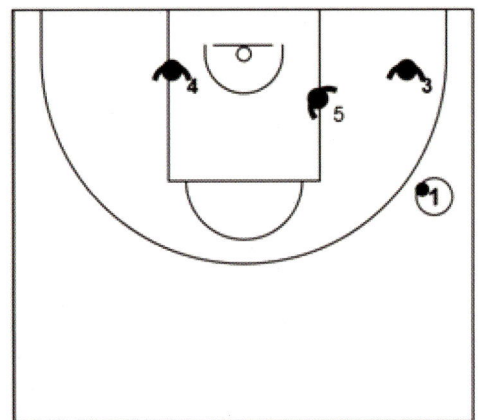

🏀 볼이 오른쪽 코너에 있을 때 Corner Position

볼 수비수 3의 수비수 4는 취약한 리바운드 위치에 자리 잡는다.

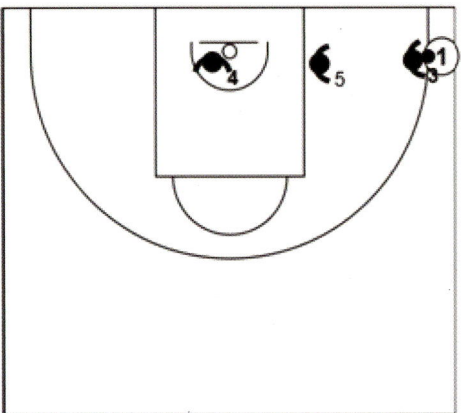

4 | 2-3 지역 수비 포스트맨 2-3 Zone Defensive Postman

키가 크고 공격력이 걸출한 플레이어의 수비는 진짜 문제일 수 있다. 포스트에서 2-3지역 수비는 키가 크고 공격력이 좋은 포스트 플레이어 5의 수비하기 좋은 지역이 된다. 그러나 로우 포스트에서 겹겹이 2~3명으로 수비하려면 일반적인 2-3 지역 수비와 몇 가지 다르게 연습이 필요하다.

🏀 볼이 탑에 있을 때 Top Position

볼이 탑 쪽으로 나오면 수비수 5는 키가 큰 공격 플레이어 5에게 수비수 4와 수비수 3은 도움 수비 한다고 생각한다. 수비수 4는 뒤로 볼이 가는 것을 도와주고, 수비수 3은 공격 플레이어 5의 포스트 공격을 가정하에 옆에서 수비 위치를 준비하고 수비수 1은 볼 소유자에게 가까이 접근하여 공격 포스트맨 5에게 패스를 못 하게 방해한다.

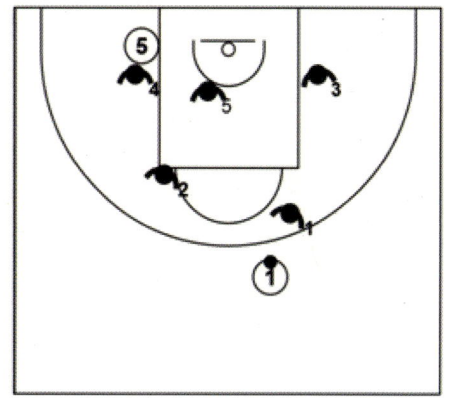

🏀 볼이 왼쪽 윙 있을 때 Wing Position

수비수 2는 볼 소유자에게 압력을 가해 패스를 방해한다.

수비수 5는 공격자의 위치보다 앞으로 나와 수비할 때 수비수 3은 뒤쪽으로 가는 로브 패스를 방해한다.

수비수 4는 현 위치에서 도움 수비를 할 수 있도록 준비하고 있고 공격 포스트맨 5가 패스를 받았을 때. 수비수 4, 5 더블팀 및 수비수 3까지 합세하여 트리플 팀으로 도움 수비를 한다.

🏀 볼이 왼쪽 코너에 있을 때 Corner Position

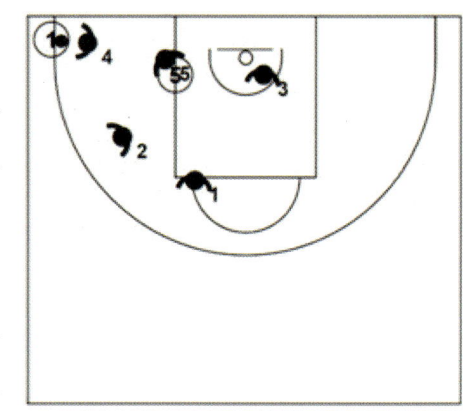

수비수 4는 볼 소유자에게 압력을 가해 패스를 방해한다. 수비수 5는 공격 플레이어 5의 위치보다 앞으로 나와 패스를 못 받게 방해하는 수비를 취한다.

수비수 3은 뒤쪽 도움 수비를 준비하고 수비수 2는 공격 플레이어 5의 쪽으로 내려와서 앞쪽 도움 수비를 한다. 공격 플레이어 5가 패스를 받으면 수비수 5 및 수비수 2, 3까지 합세하여 트리플 팀으로 도움 수비 한다.

🏀 볼이 오른쪽 윙에 있을 때 Wing Position

수비수 1은 볼 소유자에게 압력을 가해 패스를 방해 한다. 수비수 5는 공격 플레이어의 위치보다 앞으로 나와 수비할 때 수비수 3은 현 위치에서 도움 수비를 할 수 있도록 준비하고 있고. 수비수 4는 뒤쪽으로 가는 로브 패스를 방해한다.

수비수 3, 4 및 수비수 5 트리플 팀으로 공격 포스트맨 5가 볼을 받으면 언제든지 도움 수비 한다.

🏀 볼이 오른쪽 코너에 있을 때 Corner Position

수비수 3은 볼소유자에게 압력을 가해 패스를 방해 한다. 수비수 5는 공격 포스트맨 5의 위치보다 앞으로 나와 패스를 못 받게 방해하는 수비를 취한다. 수비수 4는 뒤쪽에서 도움수비를 준비하고 수비수 1은 공격 포스트맨 5의 쪽으로 내려가고 앞쪽에서 도움수비를 준비한다.

공격 포스트맨 5가 패스를 받으면 수비수 1, 4 더블팀 및 수비수 5 트리플 팀으로 도움 수비 한다.

5 | 2-3 지역 수비 가드 연습 2:3 Zone Defensive Guard Drill

🏀 탑 위치에서 Top Position

탑에서 윙으로 패스 후 오른쪽 수비 움직임

윙에서 탑으로 패스 후 오른쪽 수비 움직임

탑에서 왼쪽 윙으로 패스 후 수비 움직임

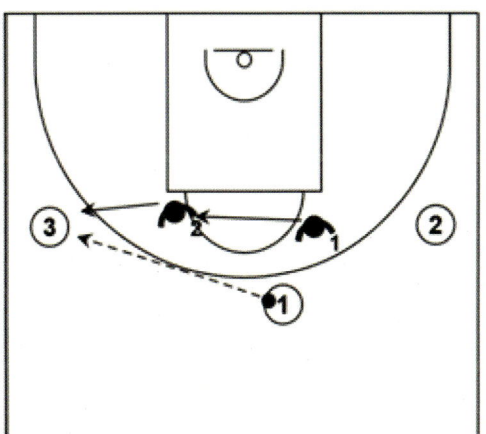

윙에서 탑으로 패스 후 왼쪽 수비 움직임

5-1 | 탑과 윙의 움직임 Wing Position Cross Pass

왼쪽 윙에서 오른쪽 윙으로 패스 후 움직임

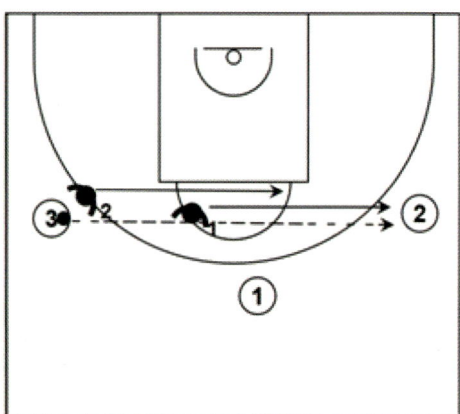

오른쪽 윙에서 왼쪽 윙으로 패스 후 움직임

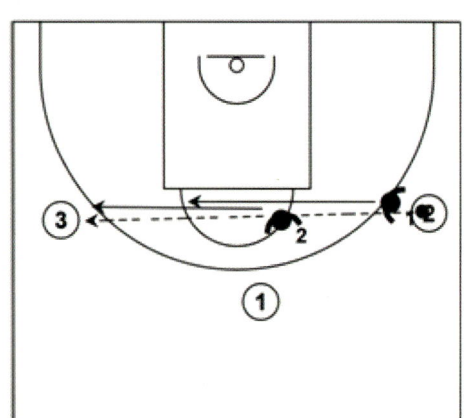

★코칭포인트☆

가까운 거리에서 패스는 최대한 빠르게 움직이어야 한다.

잠깐이라도 늦거나 방심하면 3점 슛 라인에서 슛이나 드라이브를 허용할 수 있다.

반복적으로 24초 동안 빠르게 패스하여 포지션 안에서 수비 움직이는 것을 연습을 한다.

6 | 2-3 지역 수비 윙, 옵션1 윙 디나이

2:3 Zone Defensive Wing의 수비변화

윙의 코너 이동 옵션 Wing Corner Shift Options

볼이 코너로 패스할 때, 윙 수비수는 그 자리 있거나 로우 포스트 수비수를 돕기 위해 아래로 이동할 수 있다. 코너는 공격적인 지역이지만 자리에 머무를 것인지 또는 아래로 이동하는 것은 코치의 결정이다.

옵션1. 윙 디나이 Wing Deny

볼을 코너로 통과시키면 윙 수비수는 패스차단 위치로 있게 된다. 코너에서 나오는 왕복 패스를 차단을 유도하거나 수비수 1이 탑 쪽으로 롱 패스하는 것에 대한 가로채기를 노린다.

옵션2. 포스트 헬프 Post Help

코너 패스로 윙 수비수가 아래로 내려가면 포스트에 도움 수비가 된다. 또는 이 옵션은 공격 플레이어 4가 드라이브를 실행할 때 사용할 수 있다.

6-1 | 지역 수비 윙, 빠른 패스의 유형의 수비
Defending Against Ball Reversal

모든 유형의 지역에는 수비의 어려움이 있다. 2-3 구역에서는 코너가 반대쪽 윙을 체크 후 내려가고 그때 윙이 빨리 온다.

🏀 왼쪽 윙에서 반전 패스 막기

윙에서 탑으로 다시 윙으로 패스에서 수비수 4가 일시적으로 공격자를 체크 수비하고 수비수 2가 이쪽으로 올 때까지 잠시 지켜준다.

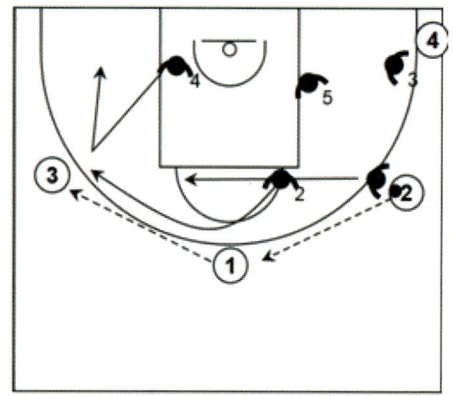

🏀 오른쪽 윙에서 반전 패스 막기

윙에서 탑으로 다시 윙으로 패스할 때 수비수 3은 수비수 1이 이쪽으로 올 때까지 일시적으로 공격 플레이어를 체크 수비하고 잠시 지켜준다.

수비수 1은 반전 패스를 막으면서 윙으로 빨리 간다.

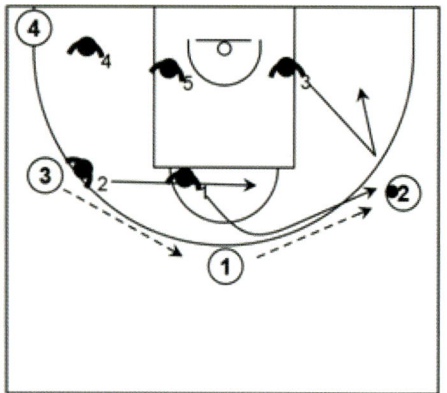

7 | 2-3 지역 수비 변형, 수비수의 선택

 2-3 Zone Defensive Variation

가드 수비수의 선택 Ball in the Middle Shift Options

하프라인에서 공격 플레이어 가드 1과 2의 수비수 사이의 코트로 가운데로 진입했을 때 공격 플레이어의 드리블러가 오른쪽으로 방향으로 오는지, 왼쪽 방향으로 오는지 보고 어느 수비수가 맡을지 딜레마가 있을 수 있다. 드리블러 오는 방향으로 빨리 정하여 수비한다.

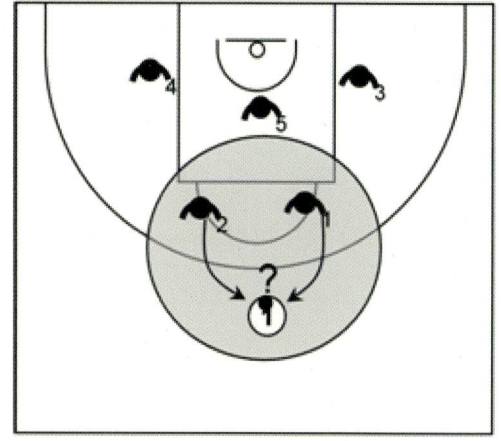

방향 Direction

공격하는 드리블러는 좌, 우 방향으로 오는 가까운 가드 수비수가 선택하여 맡는다.

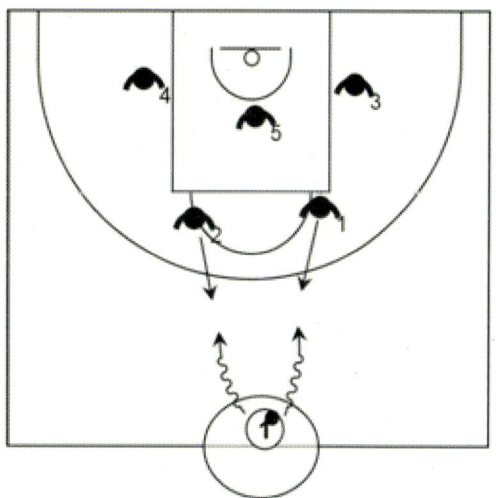

🏀 수비수의 선택시 3번 4번 수비수 움직임 Move

1번 수비수가 수비할 경우 그림과 같이 움직인다.

가드 수비수(1, 2)들은 일직선 협력을 취할 수 있다.

이 정렬은 2번 수비수가 상대 포인트 가드와 일치하도록 유지한다.

수비수 1의 뒤에서 윙 수비수인 2가 첫 번째 패스를 따라가서 수비한다.

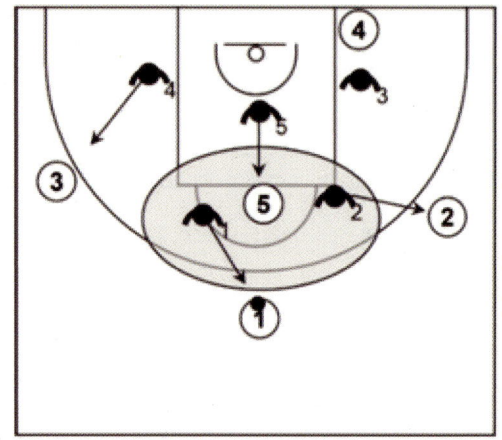

탑 3점 슈터 수비 Top Shooter Defensive

슈팅 또는 공격력이 좋은 포인트 가드나 탑으로 오는 드리블러 수비하는 방법이다. 하프코트에서 수비수 1이 공격 플레이어 1을 맞이하여 3점 라인까지 내려온다.

공격 플레이어 2나 3에게 패스하면 엘보 쪽으로 빠르게 내려가서 원래의 2:3 지역 수비를 한다.

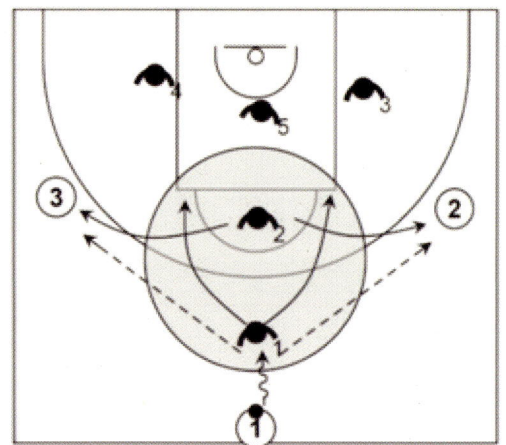

7-1 | 수비수 사이 돌파 Gap Penetration

공격 플레이어가 앞선 수비수 사이를 돌파 시 수비수 1과 2는 서로 간의 사이를 침투를 허용해서는 안된다.

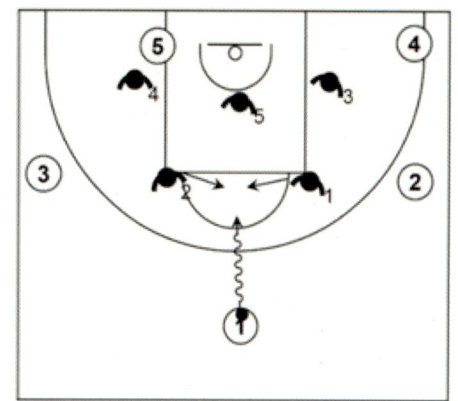

드리블 스톱되고 양쪽 45도로 공격 플레이어에게 패스하면 아래에 있던 수비수 3과 4는 반드시 위쪽으로 올라와서 공격 플레이어를 수비 체크를 하는 동안 앞선 수비수가 오면 바로 빨리 내려간다.

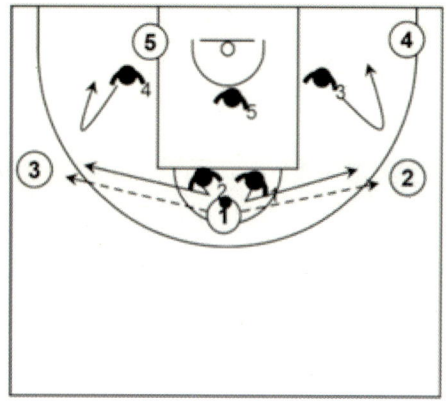

★코칭포인트☆

앞선 수비수들은 보다 재빠르게 움직이어야 한다. 조금만 늦어도 슈팅을 허용하기 때문이다.

🏀 1-2-2 지역 수비 Zone Defensive 1-2-2

1 | 1-2-2 지역 수비 Zone Defensive 1-2-2

1-2-2 존 디펜스는 외곽 슛(3점 슛)을 막기 위한 매우 강력한 지역 수비다. 상대 팀에게 점수가 뒤진 상태에서 따라잡아야 하는 강한 공격을 시도를 해야 할 때, 힘들게 얻은 점수를 보호하기 위해, 경기 후반에 고려해야 할 지역 수비이기도 하다. 또한 1-2-2 존 디펜스는 수비를 성공하면 속공에 대비하여 맞추어져 있어 속공으로 쉽게 연결된다.

1-2-2 지역에서 탑은 프리드로우 서클 상단에 위치한다. 윙은 모서리 위치를 취하고 아래 수비는 로우 포스트에서 오른발이나, 왼발을 라인 밟는 위치에 있다.

수비수는 볼이 패스 중에는 팔과 손을 뻗어 항상 준비하고 움직여야 한다.

🏀 볼이 탑에 있을 때 Top Position

수비수 1은 볼에, 수비수 2와 수비수 3은 모서리에, 수비수 4와 수비수 5는 로우 포스트 레인에 걸쳐있다.

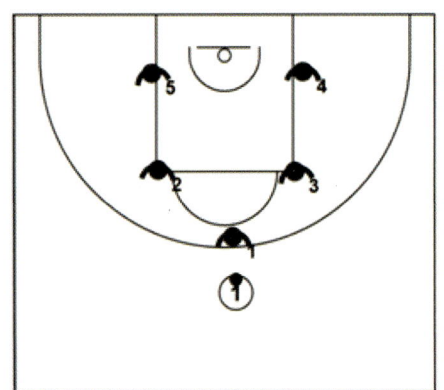

🏀 볼이 왼쪽 윙에 있을 때 Left Wing Position

수비수 2가 볼 앞에 있고, 수비수 1이 볼 사이드 모서리에 내려오고, 수비수 3이 포스트에 내려오고, 수비수 5가 코너에서 지키고, 수비수 4가 림 앞에 있다.

🏀 볼이 왼쪽 코너에 있을 때 Left Corner Position

수비수 5는 볼 앞에, 수비수 4는 로우 포스트 지역, 수비수 3은 볼 반대쪽 바스켓 밑에 있고, 수비수 2는 코너에서 나오는 패스를 수비하며 수비수 1은 엘보 쪽 하이 포스트 영역을 수비한다.

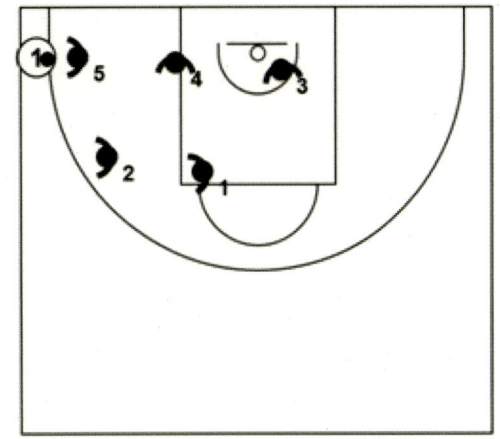

🏀 볼이 탑에 있을 때 Top Position

수비수 1은 볼에, 수비수 2와 수비수 3은 모서리에, 수비수 4와 수비수 5는 로우 포스트 레인에 걸쳐있다.

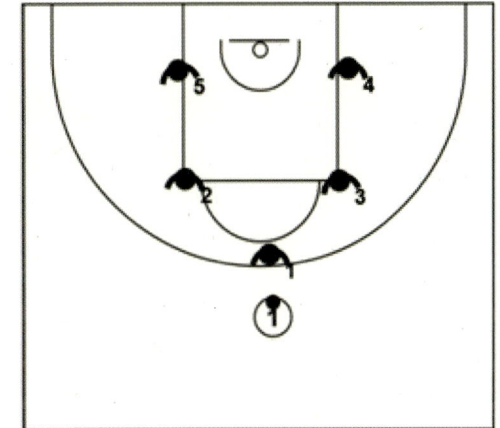

🏀 볼이 오른쪽 윙에 있을 때 Right Wing Position

수비수 3이 볼 앞에 있고, 수비수 1은 볼 사이드 모서리로 내려오고, 수비수 2는 포스트에 내려오고, 수비수 4가 코너에서 지키고, 수비수 5가 림 앞에 있다.

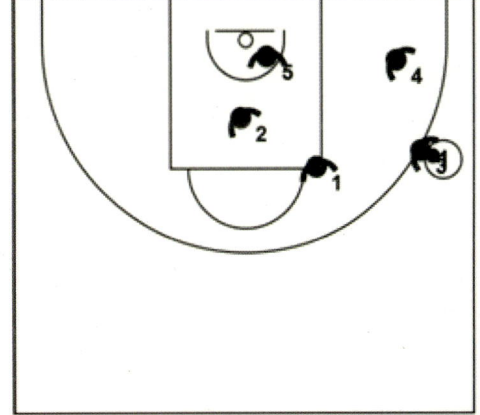

🏀 볼이 오른쪽 코너에 있을 때 Right Corner Position

수비수 4는 볼 앞에, 수비수 5는 로우 포스트 지역, 수비수 2는 볼 반대쪽 바스켓 밑에 있고, 수비수 3은 코너에서 나오는 패스를 수비하며 수비수 1은 엘보 쪽 하이 포스트 영역을 수비한다.

2 | 1-2-2 지역 수비 움직임 4번, 5번 1-2-2 Zone Defensive Shifts

1-2-2 Zone에서는 수비수 4, 5의 두 명의 베이스라인 플레이어가 한 조로 묶인 것처럼 동시에 움직인다.

🏀 볼이 왼쪽 코너에 있을 때 Corner Position

수비수 5는 볼 가진 플레이어 완전 커버
로우 포스트 지역 수비수 4는 라인 앞에

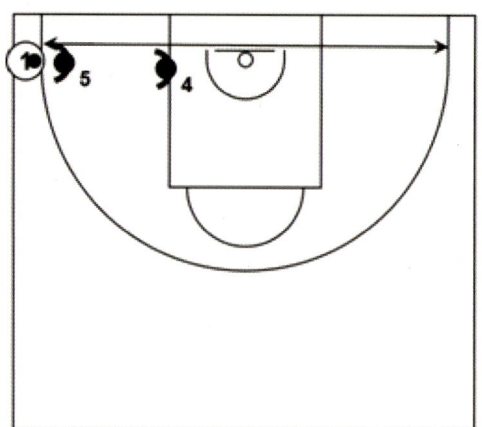

🏀 볼이 왼쪽 윙에 있을 때 Wing Position

수비수 5는 반쯤 코너에서 수비수 4는 림(바스켓) 앞에서

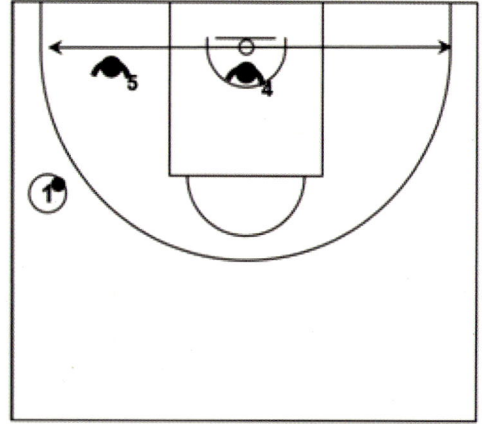

🏀 볼이 탑에 있을 때 Top Front Position

수비수 5와 수비수 4는 로우 포스트 프리드로우 레인 밟고 있는다.

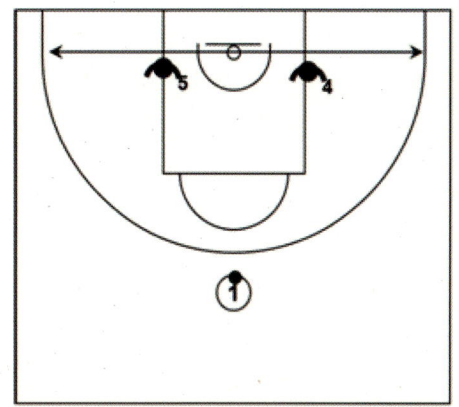

🏀 볼이 오른쪽 윙에 있을 때 Wing Position

수비수 4는 반쯤 코너에서 수비수 5는 림(바스켓) 앞에서

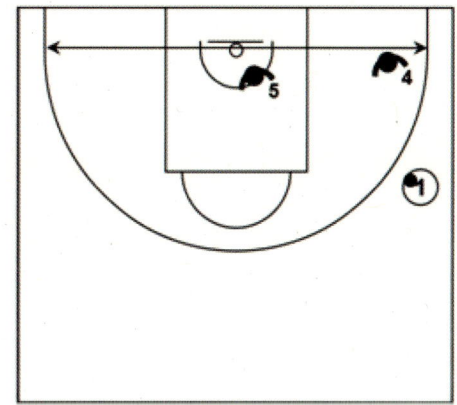

🏀 볼이 오른쪽 코너에 있을 때 Corner Position

수비수 5는 라인 앞에 로우 포스트 지역,
수비수 4는 볼 가진 플레이어 완전 커버

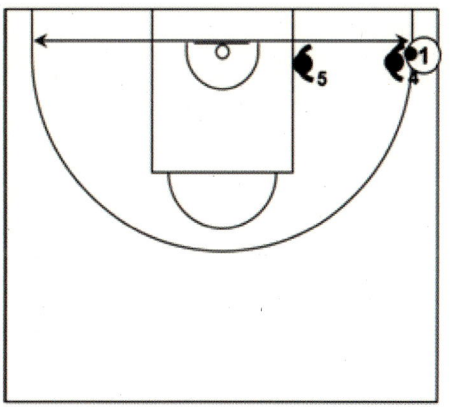

3 | 1-2-2 지역 수비 윙 움직임 2번, 3번
1-2-2 Zone Defensive Wing Shifts

1-2-2 구역에서는 볼이 코너에 있을 때 양쪽 윙은 반대쪽으로 위치한다. 리바운드에 약한 부분에 위치를 잡는다.

볼이 앞에 있을 때 Top Front Position

수비수 2, 3은 엘보 위치에 있는다.

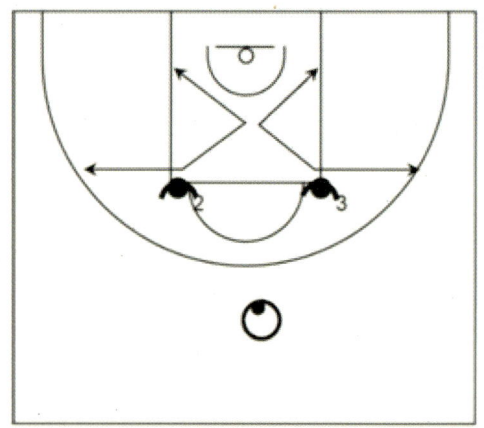

볼이 오른쪽 윙에 있을 때 Wing Position

수비수 3은 볼 앞에, 2는 중간 위치

볼이 오른쪽 코너에 있을 때 Corner Position

수비수 3은 코너에서 나오는 리턴패스를 막고 수비수 2는 반대쪽 리바운드에 위치를 잡는다.

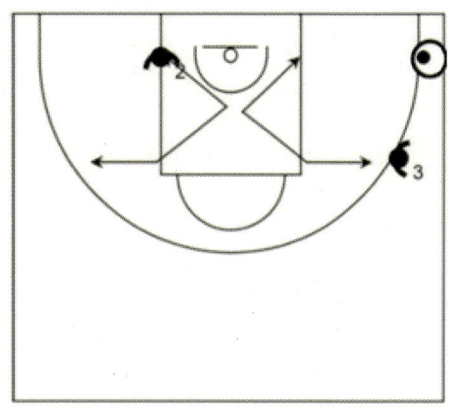

볼이 왼쪽 윙에 있을 때 Wing Position

수비수 3은 볼 앞에, 2는 중간 위치

볼이 왼쪽 코너에 있을 때 Ball in Corner

수비수 3은 코너에서 나오는 리턴패스를 막고 2는 리바운드에 약한 부분에 위치를 잡는다.

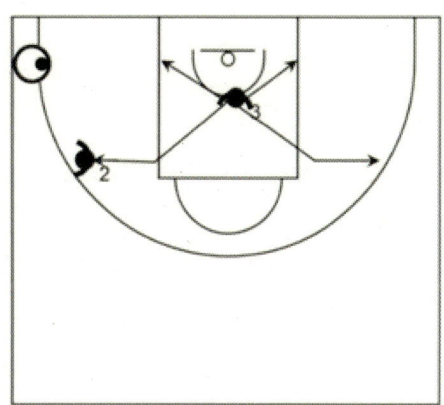

4 | 1-2-2 지역 수비 움직임 1번 Zone Defensive 1 Point Shifts 1-2-2

포인트가드 수비자는 볼이 앞쪽에 있을 때 볼을 지키고 볼이 윙이나 코너에 있을 때 하이 포스트 지역을 수비해야 한다. 포인트가드 수비자가 키가 크면 포인트 지역에서 윙에서 움직이면 매우 효과적으로 수비할 수 있다.

🏀 볼이 탑에 있을 때 Out Front Position
수비수 1은 볼 앞에 위치를 잡는다.

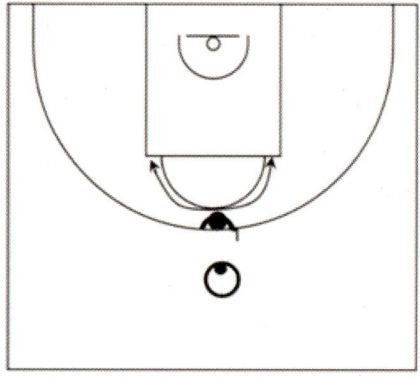

🏀 볼이 왼쪽 윙에 있을 때 Wing Position
수비수 1은 하이포스트 지역을 보호한다.

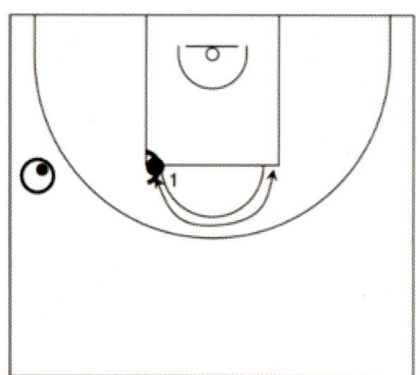

🏀 볼이 왼쪽 코너에 있을 때 Corner Position
수비수 1은 하이포스트 지역을 보호한다.

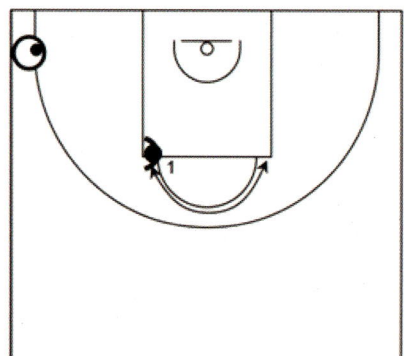

🏀 볼이 오른쪽 윙에 있을 때 Wing Position
수비수 1은 하이포스트 지역을 보호한다.

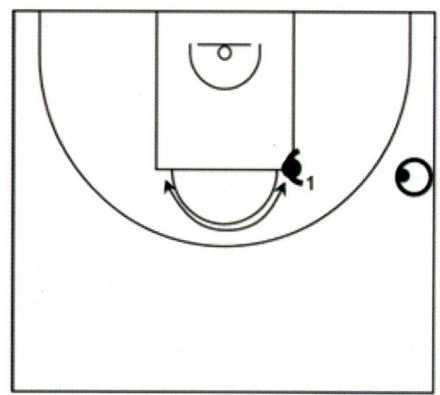

🏀 볼이 오른쪽 코너에 있을 때 Corner Position
수비수 1은 하이포스트 지역을 보호한다.

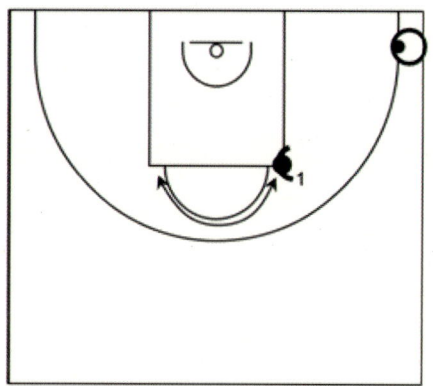

5 | 1-2-2 지역 수비 적응과 변화

🏀 1-2-2 Zone Adjustments & Variations
윙과 코너 선택 Wing Corner Shift Options

볼이 코너로 패스할 때, 윙 수비수는 로우 포스트 수비수를 돕기 위해 그 위치에 있거나 내려갈 수 있다.

코너는 공격적인 지역이지만, 머무를 것인지 또는 내려갈 것인지 선택하는 것은 코치의 결정이다.

옵션1. 디나이 Deny

볼을 코너로 패스하면 윙 수비수 3은 패스를 막는 위치가 된다. 이것은 리턴 패스를 차단하거나 롱 패스를 유도하여 수비수 1이 가로채기 할 수 있게 기회를 본다.

옵션2. 포스트 헬프 Post Help

코너 패스로, 윙 수비수 3이 포스트에 내려가면 도움 수비가 된다. 이 옵션은 상대 팀이 공격적으로 나와 수비를 강화할 때 사용할 수도 있다.

6 | 1-2-2 코너 함정 수비 1-2-2 Corner Trap

볼이 코너로 패스할 때, 1-2-2 구역은 볼 잡은 상대를 쉽게 수비할 수 있다. 수비팀이 준비되어 있지 않으면 코너 트랩(함정 수비)이 잘못될 수 있다.

1. 코너로 패스할 때, 윙 수비수 3은 패스를 따라 볼을 소유한 공격 플레이어 4에게 트랩(함정 수비)을 건다.

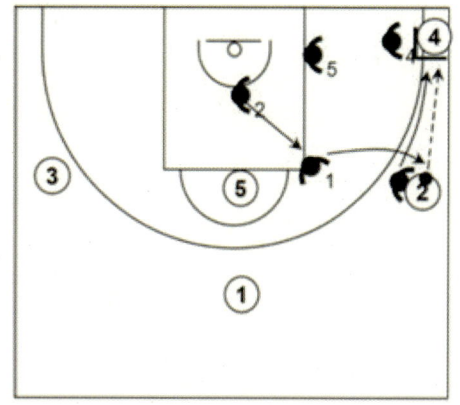

수비수 1이 나가서 윙으로 가는 리턴 패스를 차단하는 반면 수비수 2는 트랩에서 빠져나올 것을 예상하여 하이포스트 지역에서 인터셉트를 노리거나 안 될 경우 수비한다.

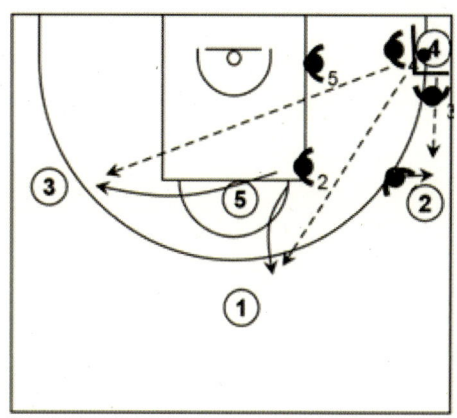

3-2 지역 수비 Zone Defensive 3-2

3-2 지역 수비는 1-2-2 지역 수비의 변형이다. 프리드로우 라인으로 탑 수비수를 떨어뜨리면 윙 수비수가 더 넓게 움직이고 패스 라인에 더 큰 압박을 할 수 있다. 코너에서 윙으로 패스가 오는 것이 일반적이므로 대부분의 지역 수비에서 완전히 혼란스럽게 하거나 방해할 수 있다. 포인트 수비수를 프리드로우 라인에 떨어뜨리면 하이 포스트 지역으로 패스를 막는다. 3-2 지역 수비는 포인트가드 오픈 슛을 허용한다. 그러나 대부분의 포인트 가드는 절대적 위협이 아니다. 포인트 가드가 훌륭한 외곽 슈터인 경우 3-2는 1-2-2 지역 수비로 조정하거나 1-3-1 지역 수비로 간단히 바꿀 수 있고 3-2 지역 수비로, 탑 수비수와 윙 지역의 수비의 폭이 대폭 넓어진다.

이 시점에서 키가 큰 수비수가 있으면 하이 포스트 지역에 패스하기가 쉽지 않고 키가 큰 플레이어는 움직임이 기본적으로 2-1-2 존의 중간 수비수와 같기 때문에 윙에서 수비 리바운드 이점을 살릴 수 있다. 1-2-2 지역 수비와 마찬가지로 3-2 지역 수비는 수비수가 빠르게 위치에 정렬되어 있기 때문에 체력회복에 도움이 되는 훌륭한 수비이다.

1 | 3-2 지역 수비 기본 움직임 Basic 3-2 Zone Shifts

볼이 탑에 있을 때 Top Position

탑 수비수 1은 프리드로우 라인, 윙 수비수, 2와 3은 넓게 벌려 패스 라인 막는 것을 강화하고 수비수 4와 5가 레인 위에서 서 있다.

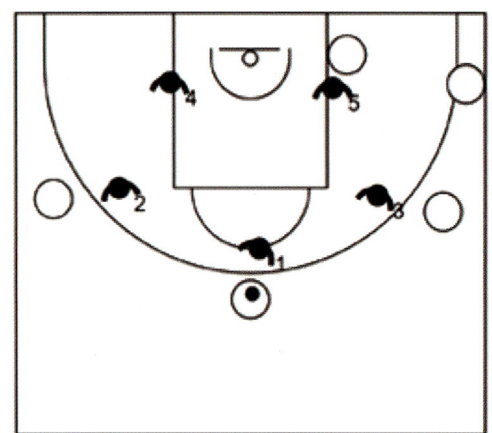

🏀 볼이 왼쪽 윙에 있을 때 Left Wing Position

윙 수비수 2가 볼 앞에 있고, 수비수 1은 볼 사이드 엘보로 이동하고, 수비수 3은 중간에 떨어지고, 수비수 5는 코너의 절반 위치에 수비수 4는 림 앞에 있다.

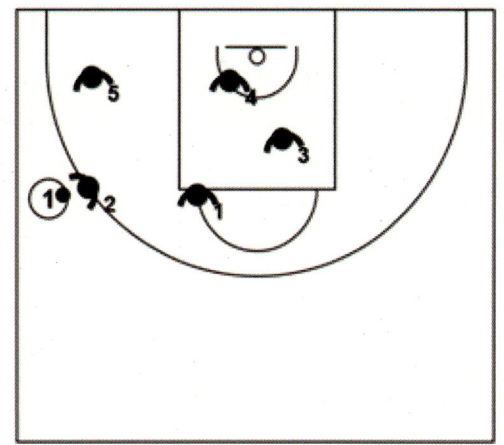

🏀 볼이 왼쪽 코너에 있을 때 Left Corner Position

베이스라인 수비수 5가 볼 앞에 있고 수비수 4는 로우 포스트 지역, 라인 앞에 수비수 3은 반대 로우 포스트 림 가까이 떨어지고, 수비수 2는 코너에서 나오는 패스를 인터셉트 노리고 수비수 1은 하이포스트 지역을 수비한다.

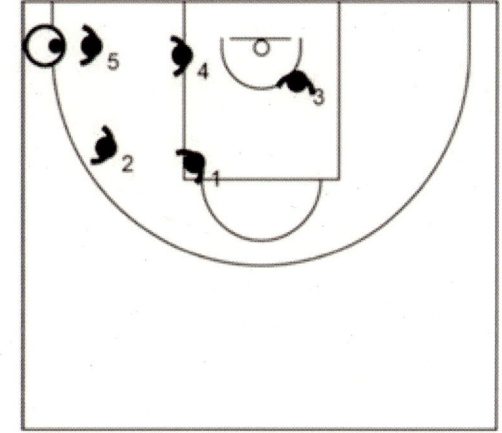

🏀 볼이 오른쪽 윙에 있을 때 Right Wing Position

윙 수비수 3은 볼 앞에 있고, 수비수 1은 볼 사이드 모서리로 이동하고, 수비수 2는 중간에 떨어지고, 수비수 4는 코너의 절반 위치에, 수비수 5는 림 앞에 있다.

🏀 볼이 오른쪽 코너에 있을 때 Right Corner Position

베이스라인 수비수 4가 볼 앞에 있고 5는 로우포스트 지역, 2는 반대 로우 포스트 림 가까이 떨어지고, 3은 코너에서 나오는 패스를 인터셉트 노리고 수비수 1은 하이포스트 지역을 수비한다.

2 | 3-2 지역 수비 변칙옵션 3-2 Zone Point Wing Interchange

탑과 윙에 키가 크고 운동 능력이 높은 플레이어가 팀에 있다면 탑과 윙 수비에서 강력한 변칙옵션이다.

🏀 볼이 탑에 있을 때 Top Position

탑 수비수 3은 프리드로우 라인, 윙 수비수 1과 2는 지역을 넓게 벌리고 윙으로 가는 패스를 막는다.

베이스라인 수비수 4와 5는 레인 위에서 서 있는다.

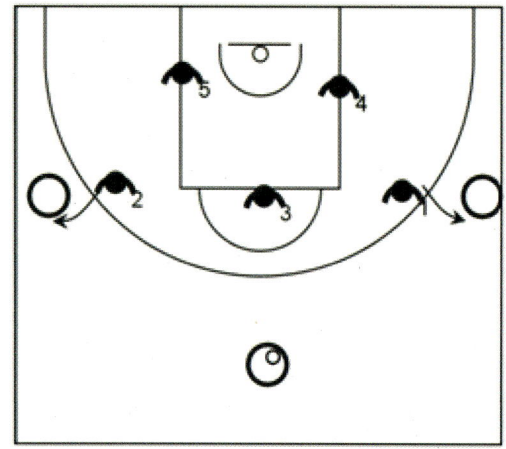

🏀 볼이 왼쪽 윙에 있을 때 Left Wing Position

윙 수비수 2는 볼 앞에 있고, 수비수 3이 볼과 림 라인의 포지션에 위치하며, 윙은 수비수 1은 반대 엘보 밑 안쪽으로 떨어지고, 수비수 5는 코너로 가는 중간 지점에 위치, 수비수 4는 반대편 로우 포스트 안쪽으로 위한다.

🏀 볼이 왼쪽 코너에 있을 때 Left Corner Position

베이스라인 수비수 5가 볼 앞에, 탑 수비수 3은 로우 포스트 지역, 수비수 4는 림 밑쪽 베이스라인에, 수비수 2가 코너에서 나오는 패스를 차단하고, 윙 수비수 1은 하이 포스트 아래에 떨어져서 수비한다.

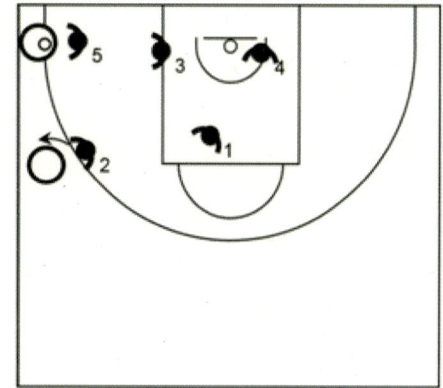

🏀 볼이 오른쪽 윙에 있을 때 Right Wing Position

윙 수비수 1은 볼 앞에 있고, 수비수 3이 볼과 림 라인의 포지션에 위하며, 윙 수비수 2은 반대 엘보 밑 안쪽으로 떨어지고, 수비수 4는 코너로 가는 중간 지점에 위치, 수비수 5는 반대편 로우 포스트 안쪽으로 위치한다.

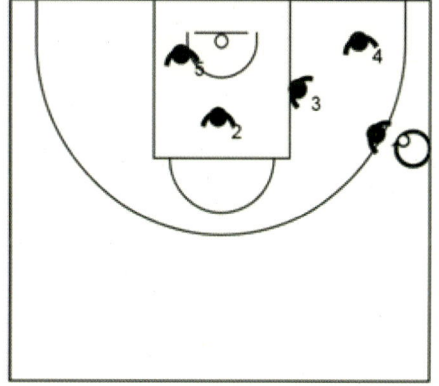

볼이 오른쪽 코너에 있을 때 Right Corner Position

베이스라인 수비수 4가 볼 앞에, 탑 수비수 3은 로우 포스트 지역, 수비수 5는 림 밑쪽 베이스라인에, 수비수 1은 코너에서 나오는 패스를 차단하고, 윙 수비수 2는 하이포스트 아래를 떨어져서 수비한다.

3 | 3-2 지역 수비 윙 변칙 옵션 3-2 Zone Wing Interchange

윙으로 가는 패스를 수비수 2와 3이 인터셉트를 노리고 있거나 패스 길을 차단한다.

그 지역에서 인터셉트가 가능한 위치이기 때문이다.

수비수가 패스 라인 가까이 있어서 유리하다

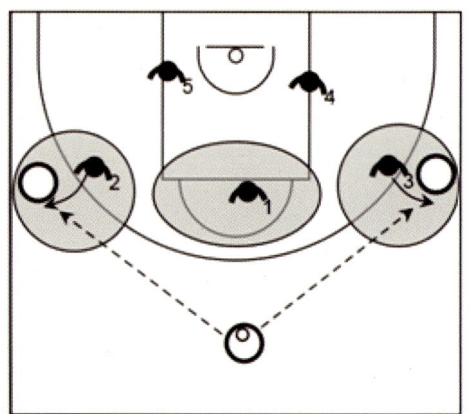

지역 수비 공격 Zone Offense

지역 수비 공격의 원칙 Zone Offense Principles

모든 지역 수비를 공격할 수 있다.

첫 번째, 지역 수비를 이기는 가장 좋은 방법은 빠른 공격이다.

3점슛 찬스를 얻을 수 있지만, 상대방의 더 큰 효과는 사기를 떨어뜨리는 것이다.

두 번째, 지역 수비를 공격하는 기본 방법은 공격 플레이어들이 지역 수비수의 간격(틈)을 노리는 것이다. 이것은 지역 수비를 하는 두 명의 수비수 사이에 공격 플레이어를 배치해서 플레이하는 것을 의미한다.

세 번째, 요소로 스크린 사용을 한다. 맨투맨 디펜스 스크린과 존 디펜스 스크린 간의 차이가 있다.

맨투맨 디펜스 상대로 게임을 한다면 1~2명 스크린을 설정하고 스크리너를 수비한다.

하지만 지역 수비는 스크린하면 우리는 가까운 수비수가 움직임을 막을 뿐만 아니라, 공격 플레이어가 위치한 지역에서 가장 가까운 수비수가 봉쇄한다.

지역 수비수가 코트의 특정 지역을 수비하고 특정 플레이어를 수비하는 것에 부담이 적기 때문이다.

프리드로우 지역 내에서 볼을 패스하는 것은 이 위치에서 어떤 방향으로 쉽게 패스할 수 있고 코트의 모든 위치를 볼 수 있기 때문에 지역을 공격하는데 사용되는 매우 중요한 요소이다.

이 지역 안에서 공격 플레이어들은 신속하게 움직이어야 한다.

수비수가 움직이기 위해서 또한 매우 중요하다.

볼을 앞에 두고 왼쪽에서 오른쪽으로 빠르게 이동하고 볼을 패스할 수 있어도 마찬가지로 수비 체제는 그대로 유지할 수 있다.

그 지역 공격에 필수 요소는 코치의 생각과 연습에 달려 있다.

세 명 혹은 네 명의 플레이어들은 공격하기 강력한 측면을 오버로딩(측면 대 측면, 탑에서 로우 포스트 거쳐 측면이나 코너)한다.

두 명의 수비수 사이 침투는 수비를 분열시킬 것이고 또 좋은 공격 요소가 될 것이다.

이 경우에 침투 드리블러는 키가 큰 수비수가 나타나서 블로킹하기 전에 빠르고 짧게 재빨리 슛을 하거나 다른 선택은 페이크해서 다른 공격 플레이어에게 패스를 하는 것이다.

드리블 침투해서 슛과 드리블 침투 그리고 어시스트 패스는 지역 수비를 깨트리기 때문에 많은 문제를 일으킨다.

내가 강조하고 있는 또 다른 매우 중요한 요소는 슛을 하기 전에 최소한 안쪽(포스트 에리어)으로 두번 볼이 패스가 되면 수비는 본능적으로 볼 쪽으로 모이게 되어 따라서 외곽 공격 찬스는 생기게 된다.

공격 플레이어가 오른쪽 포스트 위치에서 볼을 받으면 4명의 나머지 공격 플레이어들이 패스에 대해 모두 보고 있어야 하지만 포스트 일대일 플레이를 할 수 있는 시간과 공간이 있다.

공격적인 플레이어 포지셔닝. 공격 플레이어들이 수비수 앞으로 특정 방향으로 움직이거나 커팅하면 수비수들은 움직임을 보고 있기 때문에 수비하기가 더 쉽다.

그러나 공격수가 수비수 뒤편에 있는 경우 수비수는 무슨 일이 일어나고 있는지 볼 수 없으며 머리를 돌려야 한다. 공격적인 플레이어(특히 로우 포스트 코너에 있는)는 장점이 있고 빨리 튀어나와서 볼 잡고 공격하기가 더 쉽다.

커버 할 거리가 짧아지면 슈팅 위치가 더 좋고 신속하게 할 수 있다.

수비수가 볼 만 집중적으로 보고 있으면 오픈 지역에서 빠르게 커팅을 하는 공격 플레이어를 놓치게 되고 쉽게 점수를 줄 수 있다.

지역 수비에 대한 중요한 기술적 및 전술적 포인트에 강조하려고 한다.

트리플 위협(앞 수비수, 옆 좌, 우 수비수 2명) 위치에서 페이크 패스, 페이크 슛을 사용한다.

지역 수비 위반의 마지막 요소는 기술적 측면이 아니라 오히려 심리적 측면이다.

게임의 심리적 측면을 강조해야 한다. 공격 플레이어에게 지역 수비를 뚫고 점수를 획득하면 전체 팀워크의 훌륭한 노력의 산물이라고 확신시켜야 한다.

슈터는 슛이 들어갈 것임을 확신하고 나머지 4명은 슛이 안 들어갈 경우 적극적으로 공격적인 리바운드를 할 것이라고 생각한다.

그리고 슛을 던지기 직전 가능한 리바운드를 위해 공격 플레이어들은 미리 움직여서 위치를 선점한다.

공격적인 리바운드를 참가하여 볼 잡았을 때 볼 잡은 양손은 턱의 높이로 들고 안전하게 잡거나 슛을 한다.

통계 데이터와 비디오 증거는 함께 슈터가 슛을 던지고 바스켓 쪽으로 리바운드하러 갈 때 팀과 플레이어의 90%가 리바운드를 하는 것을 분명히 보여준다.

그러나 이 시점에서 리바운드하기에는 너무 늦었다고 생각되고 볼을 잡을 수 없는 위치에 있다면 수비를 하기 위해 무조건 백코트 하는 것이 더 나을 것이라고 생각한다.

지역 수비는 공격 플레이어들이 페인트 존으로 들어와서 공격하지 못하게 하고 가까운 수비수들이 협력하면서 수비하고 팀을 보호하기 위해 만들었다고 할 수 있다.

그들은 공격 플레이어가 타 수비지역으로 이동할 때는 다른 수비수가 데리고 가는 걸 원칙이고 본인 지역을 수비할 것을 요구한다. 지역 수비와 맨투맨 수비하는 것과는 다르다.

우리는 지역 수비를 성공적으로 막기 위한 몇 가지 팁이다.

지역 수비를 깨려면 요령을 터득하기 전에 먼저 존 디펜스를 원칙을 이해해야 한다.

코치는 수비 지역에 따라 공격 플레이어를 배치하고 플레이어는 성공률이 높은 슈팅을 하기 위해 지역 수비의 틈 사이에 위치해야 한다.

페이크(속임동작)볼, 페이크 슛은 상대방을 속일 수 있고, 페이크는 공격할 때 공간을 만들어 내는 데 도움이 될 수 있다.

높고 낮은 패스는 반대쪽 수비 움직임에 도움이 되고 지역 수비는 효율적인 공격 플레이를 만들 충분한 공간이 생길 때까지 볼을 계속 패스해야 하며, 포스트 플레이어는 가능한 경우 페인트 존에 위치해서 움직이어야 한다.

이제 기본 지역 수비원칙을 이해했으면 다음은 지역 수비를 무력화하는 팁이다.

지역 수비 공격 7가지 원칙 7 Principles for a Zone Offense

- 전체적으로 빠른 리듬이 존 디펜스를 깰 수가 있다.
- 공격 플레이어는 계속 움직여야 한다.
- 수비수 간격 사이를 침투한다.

- 빠른 패스를 한다.
- 공격적인 포스트 플레이를 한다.
- 지역 수비 공격에 대한 인내심이 필요하다(성급한 플레이는 절대 안된다).
- 포스트플레이를 하거나 페인트 존을 공략한다.

지역 수비 공격의 기본 Fundamentals for Zone Offense

(2-3 지역 수비, 1-2-2 지역 수비, 1-3-1 지역 수비 공통)

1 | 패스와 무브 Pass and Move

설명

공격 플레이어 1은 공격 플레이어 5의 포스트맨에게 패스한다.

수비수 1이 포스트맨으로 도움 수비 하러 가거나 한 스텝 뒤로 떨어지면 패스 한 위치에서 좌우로 이동해서 포스트에서 리턴 패스가 나오는 것을 잡아서 오픈 슈팅을 노린다.

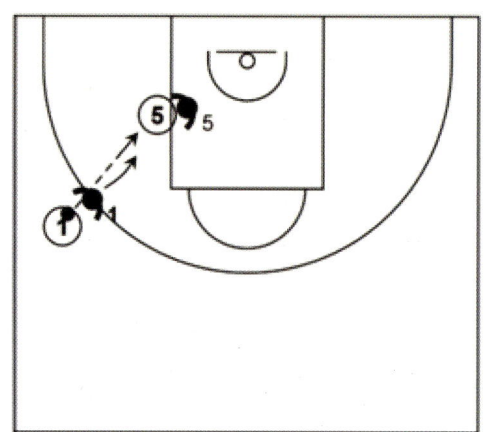

★코칭포인트☆

공격 플레이어는 포스트로 패스 후 좌우로 슈팅하기 위해 이동한다. 수비수 1의 도움 수비 위치에 따라 행동한다. 포스트맨은 짧고 빠른 패스를 한다.

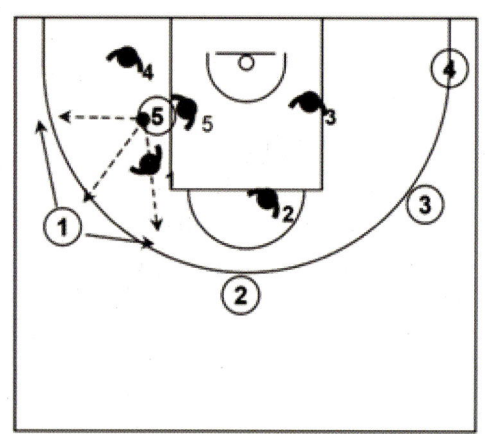

2 | 수비를 모아서 패스 Make Two Guard One

 **설명**

공격 플레이어 1은 수비수 1과 수비수 2번 틈 사이로 침투한다. 일단 수비수 1번과 수비수 2번에 막혀 멈추면 양쪽 윙에 있는 공격 플레이어 2에게 또는 공격 플레이어 3에게 패스한다.

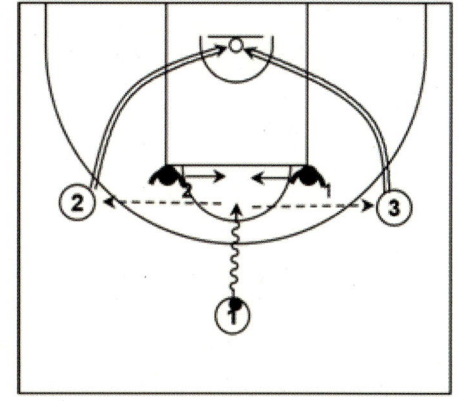

★코칭포인트☆

지역 수비수 틈을 드리블로 가서 두 명의 수비수를 붙여 놓고 공격 플레이어를 수비하게 하여 이때 공격 플레이어 2나, 3에게 패스해서 슈팅하게 한다.

3 | 포스트맨 아웃 패스 Post Outside Pass

 설명

공격 플레이어 2는 로우 포스트로 패스 공격 플레이어 5의 포스트맨에게 전달된다. 포스트맨이 페이크나 피봇하여 공격 플레이어 3에게 길게 패스하여 슈팅찬스를 보게 한다.

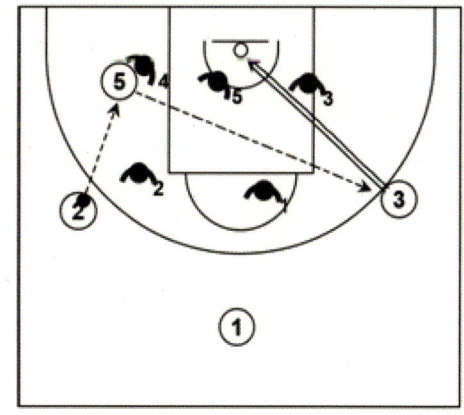

★코칭포인트☆

볼은 포스트로 투입해서 반대쪽 윙으로 패스 해야 한다.

이것은 플레이하는 것처럼 해서 수비수를 많이 붙게 하여 공격 플레이어 3에게 패스, 슈팅한다.

반대편에서도 똑같은 상황.

4 | 갭 침투 아웃 패스 Gap Penetration Outside Pass

🏀 설명

공격 플레이어 1은 수비수 2, 4의 틈 사이를 드리블로 침투하여 수비수들이 붙게 한다.

이때 빨리 공격 플레이어 2에게 패스하여 슈팅하게 한다.

★코칭포인트☆

수비수들에게 집중하게 해서 반대 약한 쪽 윙으로 패스해야 한다. 이것은 침투하는 것처럼 보이게 해서 수비수를 많이 붙게 하여 공격 플레이어 2에게 패스 슈팅한다.

반대편에서도 똑 같은 상황.

5 | 컷 포스트맨 아웃패스 Postman Cut Outside Pass 1

🏀 설명

공격 플레이어 2는 로우나 미들 포스트로 패스 포스트맨에게 전달한다.

포스트맨에게 페이크나 피봇플레이 하는 것처럼 보이게 해서 수비수를 많이 붙게 하여 반대쪽 엘보로 커팅하는 공격 플레이어 1에게 패스한다.

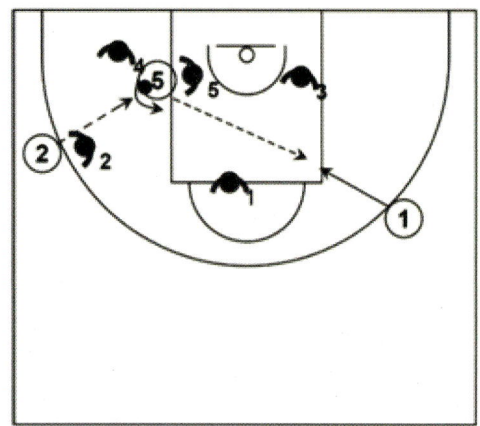

공격 플레이어 1은 수비수 1, 3 틈 사이로 커팅해서 공격 플레이어 5의 패스를 엘보 위치에서 볼 잡고 슈팅한다.

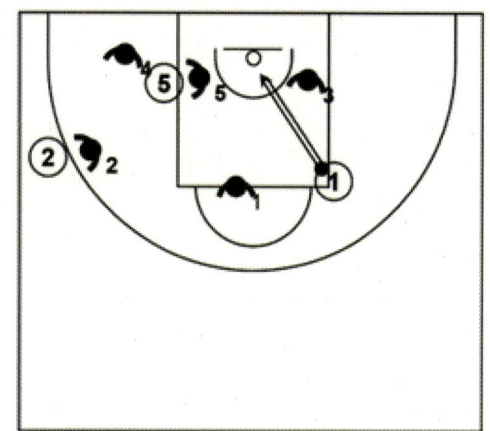

6 | 더블 포스트맨 커트 패스 Double Postman Cut Pass

 설명

공격 플레이어 1은 로우 포스트로 패스 공격 플레이어 4의 포스트로 전달된다.

공격 플레이어 4는 페이크나 피봇하여 하이 포스트에서 커팅하는 공격 플레이어 5에게 패스한다. 수비수가 많은 지역이라 패스할 때 주의한다.

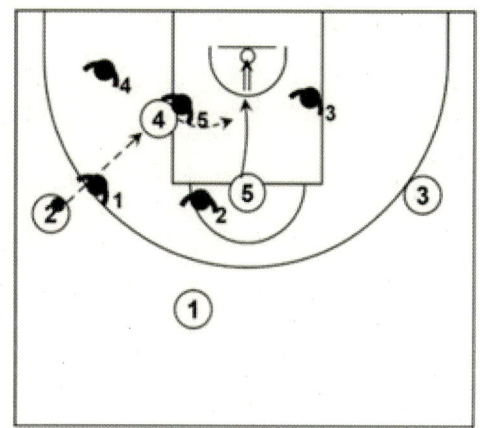

★코칭포인트☆

공격 플레이어 5는 수비수 뒤쪽에서 림을 향해 커팅한다.

림 주위에는 수비수가 많이 있는 곳으로 파워 슛을 한다.

반대편에서도 똑같은 상황.

7 | 크로스 패스 슛 Wing Cross Pass

🏀 설명

공격 플레이어 1의 반대편 윙에 있는 공격 플레이어 2에게 빠른 크로스 패스를 한다. 윙맨에게 패스가 전달되면 바로 슈팅을 한다.

★코칭포인트☆

공격 플레이어 1은 반대 윙으로 빠른 패스해야 한다.

공격 플레이어 2는 볼을 잡아 슈팅한다.

반대편에서도 똑같은 상황.

8 | 틈 사이 침투 패스 Gap Penetration Pass

🏀 설명

공격 플레이어 1은 페이크하고 패스하고 공격 플레이어 2는 볼 캐치 후 바로 반대 방향 림으로 수비수를 좌측에 두고 2~3번의 드리블 침투해서 옆에 있는 공격 플레이어 3에게 패스한다. 공격 플레이어 3은 슈팅한다.

반대편에서도 똑같은 상황.

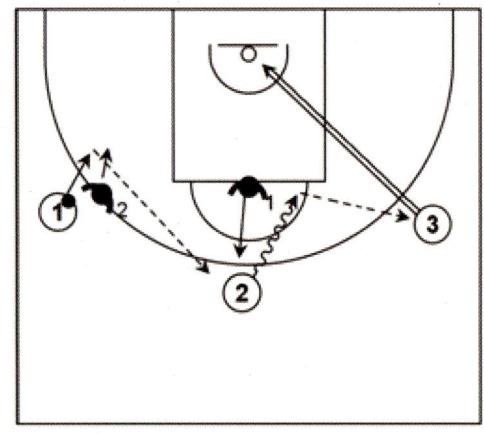

★코칭포인트☆

짧은 패스를 하고 수비수가 가까이 오면 원 드리블로 침투를 하면서 패스를 한다.

9 | 외곽에서 패스 포스트 슛 Postman Shot Perimeter Pass

🏀 설명

코너에 있는 공격 플레이어 3은 3점 라인 윙으로 드리블해서 수비수를 유인한다.

로우 포스트에서 있던 포스트맨 4번이 빈자리로 나온다.

공격 플레이어 3의 패스 받아 슈팅한다.

미들 슛이 좋은 포스트맨이어야 한다.

반대편에서도 똑같은 상황으로 할 수 있다.

★코칭포인트☆

공격 플레이어 3은 수비수 2의 경계선까지만 드리블로 가고 윙으로 많이 올라가지 않는다.

10 | 포스트맨 스크린 공격 Screen Postman

🏀 설명

로우 포스트에 있는 공격 플레이어 4가 스크린을 한다.

공격 플레이어 5는 스크린을 받아 지나가고 이때 공격 플레이어 4는 스크린 후 턴해서 수비수 앞으로 나와 공격 플레이어 1의 패스를 받고 파워 슈팅 플레이를 한다.

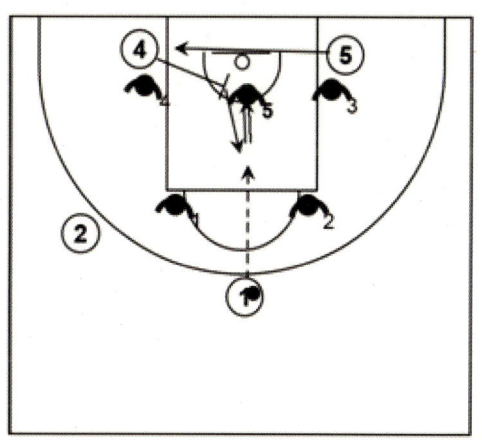

★코칭포인트☆

스크린 끝난 후 곧바로 턴이나 스텝 아웃을 해서 림 밑에서 위치 선점을 한다.

11 | 페이크 패스 Fake Quick Pass

 설명

공격 플레이어 1과 공격 플레이어 2는 탑에서 빠른 패스로 주고받아 수비수가 도착 전에 반대편으로 공격 플레이어 3에게 패스 한다.

수비수 3이 오기 전에 슈팅 찬스를 본다.

반대편에서도 똑같은 상황으로 할 수 있다.

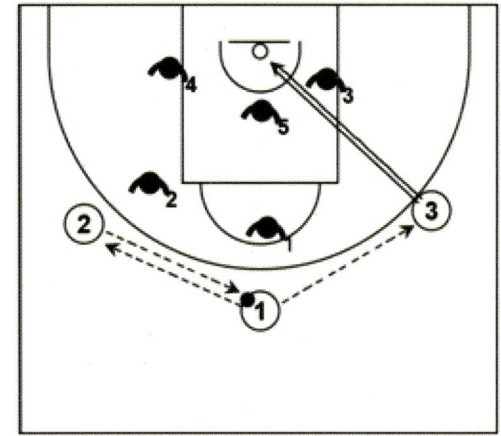

★코칭포인트☆

수비수 앞에서 주고받는 패스를 빠르게 한다.

12 | 반대쪽 리바운드 참가 Weak side Rebound

 설명

단순하게 지역 수비는 리바운드에 약한 시스템이기 때문에 특히 반대편에서 리바운드를 적극적으로 참가하면 좋은 결과를 가질 수 있다.

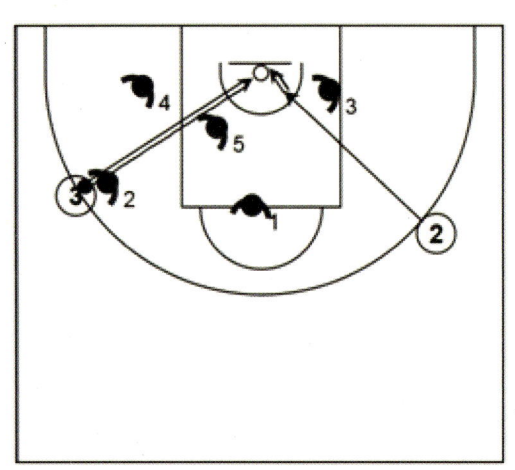

★코칭포인트☆

오펜스 리바운드 참가 연습을 한다.

지역 수비 공격의 기본 Zone Offense Fundamentals

2-3 지역 수비 수비수 틈사이 공격 Gap Penetration
(2-3 지역 수비, 1-2-2 지역 수비, 1-3-1 지역 수비 공통)

🏀 설명

이것은 몇몇 지역과 다양한 지역들 틈사이에 약간의 차이가 있다.

2-3 지역 수비수에 맞춰 정렬하면 탑과 윙 사이에 배치할 수 있다.

수비수들 뒤에 배치하는 것이 유리하고 또한 틈사이에 진입하는 것이 유리하다.

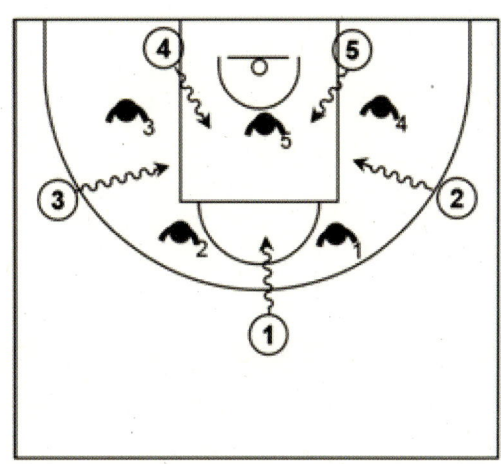

1-3-1 지역 수비 수비수 틈사이 공격 Gap Penetration

🏀 설명

1-3-1수비 틈사이에 공격하려면 네 군데 외곽에 공격 플레이어를 배치한다.

이것은 홀수, 짝수 개념과 일치하지만, 플레이어들에게 공격 플레이보다는 수비 시스템이 어떻게 움직이는지 인식하고 가르쳐 준다. 그리고 수비수들은 그 지역이 어떻게 움직이는지를 알고 있기 때문에 속일 수 없다.

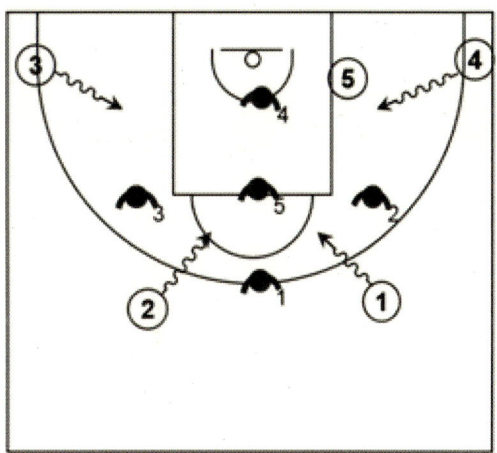

1-2-2 지역 수비 수비수 틈사이 공격 Gap Penetration

🏀 설명

1-2-2존 디펜스의 틈사이를 메꾸기 위해 차이를 방지하기 위해 코너에서 윙 쪽으로 배치하는 것으로 의미한다.

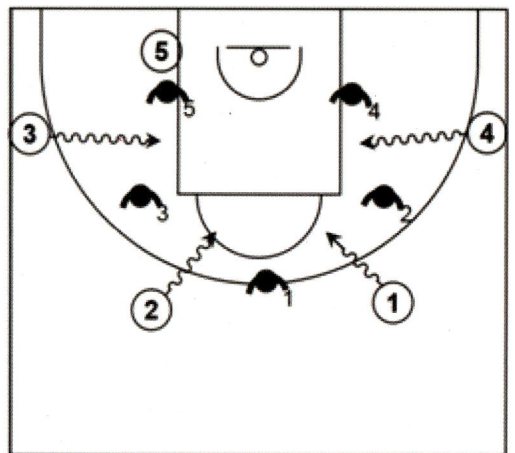

2-3 지역 수비의 기본 공격 배치 1-3-1 포메이션

2-3 지역 수비 공격의 1-3-1 공격 배치

설명

1-3-1 공격 위치를 지정하면서 시작한다.

1-3-1 공격 라인 배치는 2-3, 1-2-2, 1-3-1 등의 지역 수비를 최고의 공격시스템으로 설정할 수 있고 가장 기본적인 공격으로 지역 수비를 무너뜨린다.

전통적으로 이것은 탑에는 당신 팀의 ①포인트 가드, 윙에 ②슈팅 가드, 그리고 ③스몰 포워드, 프리드로우 라인에는 ⑤포스트맨(빅맨)을, ④파워 포드는 베이스라인에 배치한다.

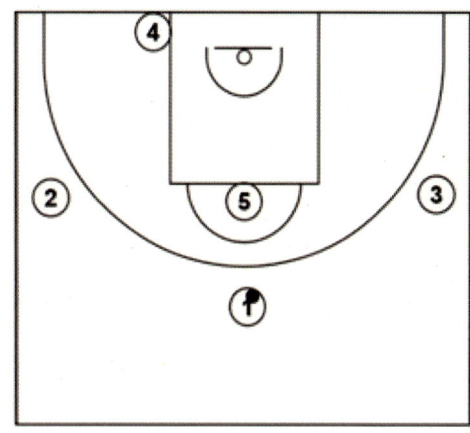

이 포메이션은 강한 지역 수비에 공격팀이 수비수 틈사이에 배치해서 공격하는데 상당히 효과적이다. 공격 플레이어들이 경기장에서 게임을 할 때 수비수들 앞에 공격할 수 있는 길이 분명히 있다. 수비수 틈사이로 공격하는 플레이어를 막기 위해 위아래와 옆과 옆 사이를 누가 수비를 할지 혼란스러워 할 수도 있다.

1 | 1-3-1 로테이션 공격패턴 Rotation Offense

로테이션 공격은 가르치기 쉽고 숙달하기 쉬운 패턴이다. 수비의 모든 레벨에 매우 효과적으로 사용할 수 있다. 그것은 공격적인 패스와 몇 가지 기본적인 로테이션 움직임으로 만든다.

지역 수비뿐만 아니라 맨투맨 수비에도 성공적으로 사용될 수 있다.

패턴을 반복 연습해서 숙지한다.

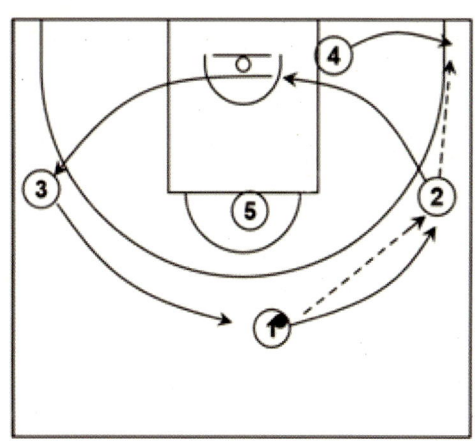

1-1 | 1-3-1 로우 포스트 옵션 Low Post Options

먼저 공격 플레이어 2가 코너로 연결 패스 후에 바스켓으로 커팅한 후 코너를 지나갈 때, 외곽 공격 플레이어 1과 3은 빈자리 위치로 빨리 간다.

공격 플레이어 2가 코너를 지나가면서 공격 플레이어 4로부터의 리턴 패스를 예상하면서 바스켓으로 커팅을 한다.

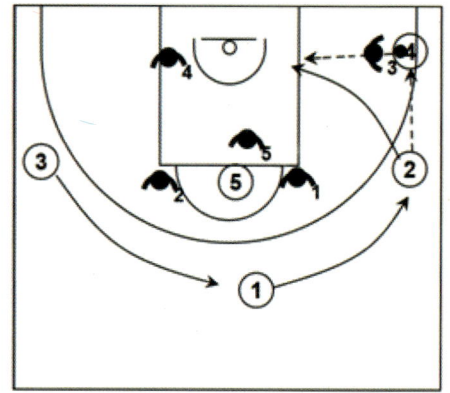

1-2 | 1-3-1 로우 포스트 옵션 Low Post Options

만약 수비수 5가 공격 플레이어 2의 바스켓 커팅을 수비하기 위해 위에서 내려오면, 코너에 있는 공격 플레이어 4는 공격 플레이어 5의 하이 또는 미들 포스트의 오픈 찬스를 같이 본다.

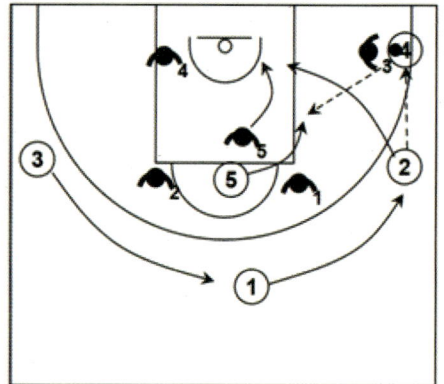

2 | 1-3-1 연결된 반대선택 Reversal Options

일단 수비가 정렬되어 오픈 슛이 막히면 공격 플레이어 4는 볼을 빠르게 반대편으로 연결 패스하고 오버로드 한다.

지역 수비의 약점을 공격한다.

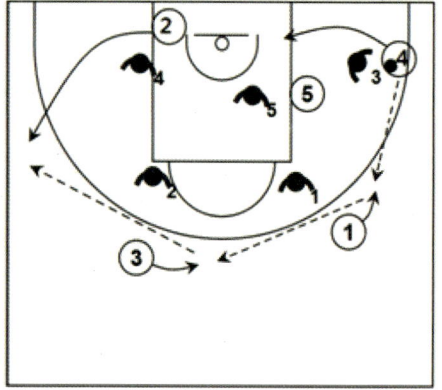

포스트맨 5는 하이 포스트로 먼저 움직이고 수비수 4가 공격 플레이어 2의 수비하기 위해 윙으로 올라갈 때, 공격 플레이어 2는 베이스라인 쪽 커팅해오는 공격 플레이어 4에게 패스를 한다.

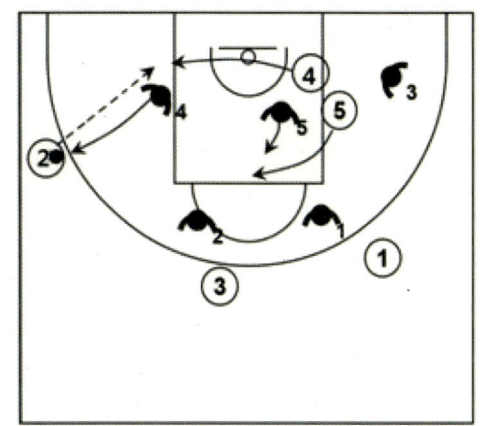

2-1 | 1-3-1 연결된 반대선택 포스트 패스 Reversal Options Post Pass

공격 플레이어 4의 베이스라인 컷을 막기 위해 수비수 5가 쫓아가면, 공격 플레이어 2는 오픈 되어 있는 공격 플레이어 5가 엘보로 튀어나오는 오픈 찬스를 본다.

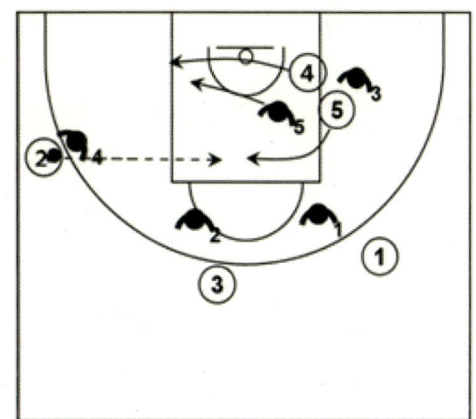

코너 패스 Corner Pass

계속 로테이션이 된다. 윙 공격 플레이어 2가 코너로 패스하고 공격 플레이어 2가 바스켓으로 커팅을 하면서 리턴패스를 본다.

공격 플레이어 2가 바스켓을 통과 중이면, 공격 플레이어 3가 빈자리로 와서 지키고, 공격 플레이어 1도 탑으로 올라온다.

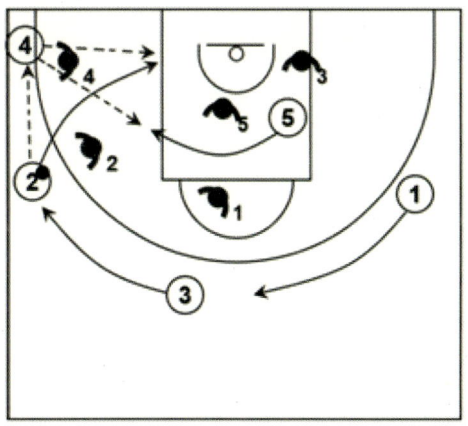

만약 공격 플레이어 3으로 볼이 리턴 패스하였으면 공격 플레이어 3은 공격 플레이어 1로 빨리 패스하여 반전을 하여 존 디펜스의 약점 공격을 시도한다.

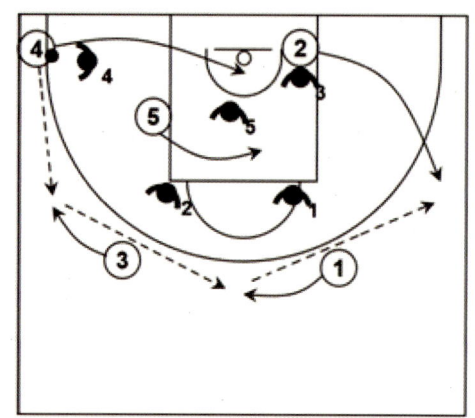

4 | 1-3-1 드리블 선택 Dribble Options

공격 플레이어 2는 드리블로 코너 쪽으로 간다. 코너에 있는 공격 플레이어 4는 베이스라인 따라 바스켓으로 커팅한다.

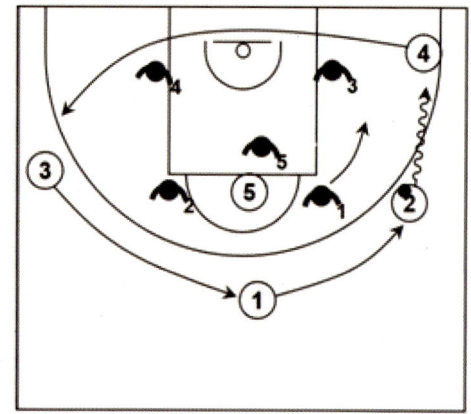

공격 플레이어 2는 공격 플레이어 4의 백 컷을 보고 패스 여부를 결정한다.

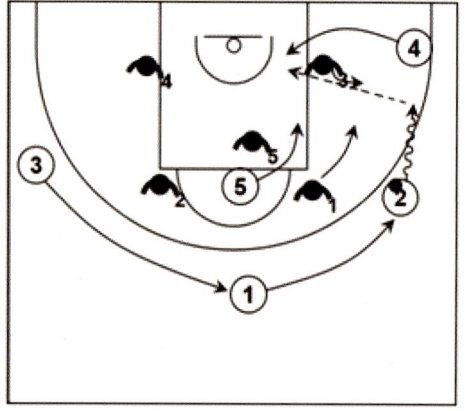

공격 플레이어 4가 바스켓으로 커팅 지나가고 공격 플레이어 5의 포스트가 열리면 라인을 따라 내려가 공격 플레이어 2에게 패스를 받을 준비를 한다.

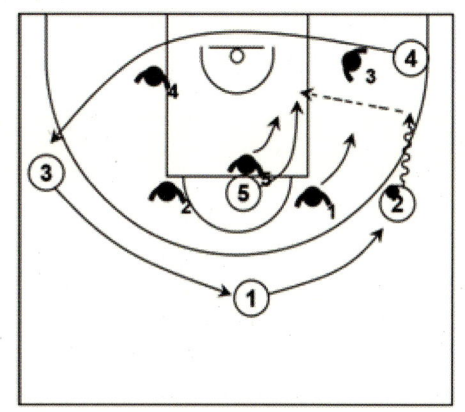

공격 플레이어 2가 볼을 포스트에 투입을 못 했을 때, 공격 플레이어 2는 볼 반전을 위해 반대쪽으로 공격을 시작하기 위해 공격 플레이어 1, 공격 플레이어 3, 공격 플레이어 4에게 연속으로 연결 패스를 한다.

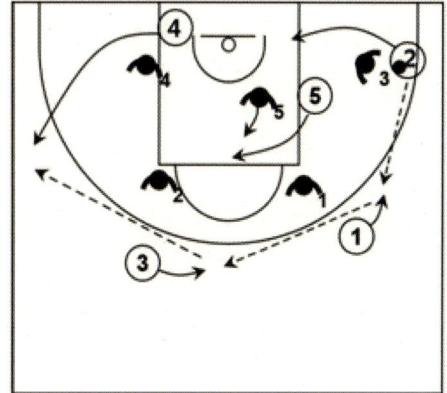

공격 플레이어 2가 바스켓으로 커팅 오면서 공격 플레이어 5의 포스트는 오픈되고 수비수 5가 따라가면 공격 플레이어 4는 베이스라인으로 오는 공격 플레이어 2에게 오픈 찬스가 나면 패스를 한다.

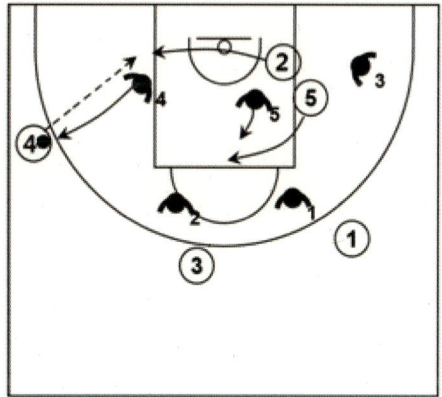

공격 플레이어 4는 공격 플레이어 2의 베이스라인 컷을 수비하기 위해 수비수 5가 쫓아가면, 오픈되어 있는 포스트맨 5가 미들 포스트로 뛰어나간다.

4-1 | 1-3-1 드리블 선택 Dribble Option

🏀 연속옵션 패스 앤 컷 Continuity Pass & Cut

공격 플레이어4의 로테이션 연속성은 윙에서 패스나 드리블하고 코너를 비우게 하여 커팅이나, 드리블로 공격 진행이 막힐 경우 반대 방향으로 패스를 한다.

공격 플레이어4 윙은 코너 쪽으로 패스 후 바스켓으로 커팅해서 반대쪽 윙으로 간다.

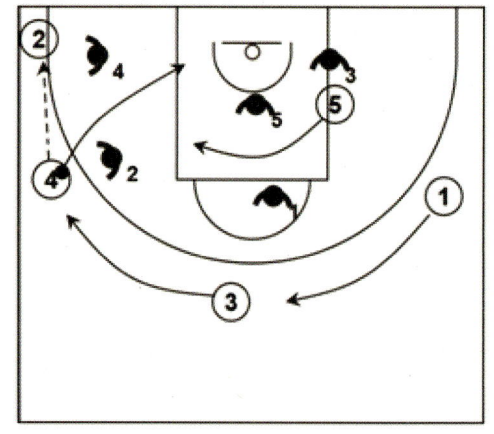

🏀 연속옵션 드리블 Continuity Dribble

공격 플레이어 4가 윙에서 코너로 향해 드리블할 때마다 공격 플레이어 2는 커터가 되어 코너에서 베이스라인 따라 바스켓 쪽으로 백 컷을 한다.

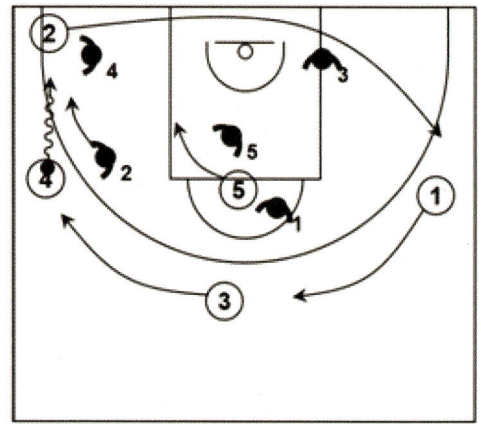

연속옵션 반대 방향 패스 Continuity Opposite Pass

베이스라인의 공격 플레이어 2는 반대쪽 코너로 커팅하고 공격 플레이어 1은 공격 플레이어 2의 로우 포스트 오픈 찬스를 보고 패스한다.

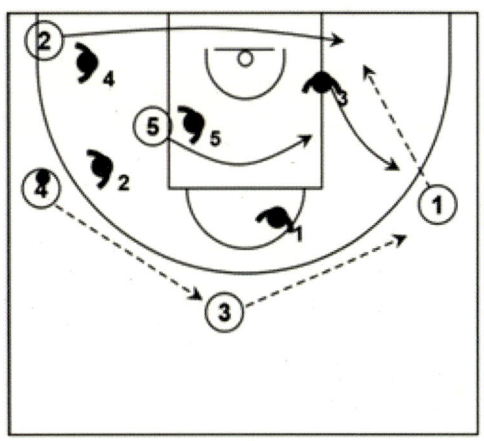

6 | 리턴 패스 Return Pass

🏀 목적
2-3 지역 수비하는 중 윙에 있는 수비수를 스크린해서 최고의 슈터에게 오픈 슛을 제공하기 위해서다.

🏀 설명
1-3-1 포메이션으로 시작되며 공격 플레이어는 슈터와 같은 쪽 코너에서 던질 수 있다. 공격 플레이어 1은 원, 투 드리블 후 공격 플레이어 2에게 패스한다.

수비수 2의 윙으로 가고 공격 플레이어 1은 탑에 패스 후 머물러 있는다.

공격 플레이어 5는 강한 측면 엘보로 이동하고 공격 플레이어 2 즉시 코너에 있는 공격 플레이어 4로 패스한다.

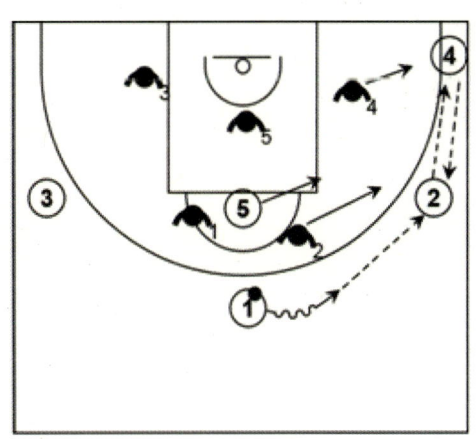

공격 플레이어 4는 공격 플레이어 2로 리턴 패스 후 수비수 4로 다가간다.

공격 플레이어2는 오픈 슛을 위해 수비수 2가 따르도록 윙에서 두세 번 드리블 후 잡고 공격 플레이어 1에게 패스한다.

공격 플레이어 5는 즉시 공격 플레이어 2의 슈팅을 위해 수비수 2 옆에 스크린을 만든다.

이 일이 일어나고 있는 동안, 공격 플레이어 4는 수비수 4쪽으로 가서 윙으로 수비하러 올라가지 못하게 즉시 스크린을 설정한다.

공격 플레이어 2는 스크린을 이용하고, 공격 플레이어 1은 열려있는 3점 슛을 위해 수비수 2 위로 패스를 한다.

★코칭포인트☆

공격 플레이어 5의 설정된 스크린은 수비수 2를 차단하도록 빠른 속도여야 한다. 이 공격은 한게임에 한~두 번만 할 수 있고 3점 슛이 필요한 특별한 경우를 염두에 두어야 한다.

7 | 오버로드 3가지 Three Time Overload

🏀 목적

2-3 지역 수비 공격은 2명의 수비수가 3명의 공격 플레이어를 수비하도록 하기 위해 고안되었고 한쪽 면에 있는 측면에서 3가지 공격포인트를 잡고 오픈 3점 슛 등을 찬스를 보고 있다.

좋은 공격과 결정 능력을 갖춘 포인트 가드 1, 강력한 페네츄레이션과 레이업을 할 수 있어야 한다. 3점 슛을 꼭 메이드 할 수 있는 두 명의 공격 플레이어 2와 3이 필요하다.

🏀 설명

1-3-1 포메이션에서 시작된다.

공격 플레이어 1은 한 방향으로 수비수 1을 윙 쪽으로 데리고 가기 위해 드리블하는 것으로 시작한다. 동시에 공격 플레이어는 3은 코너로 가서 공격 플레이어 1의 윙의 공간을 비운다.

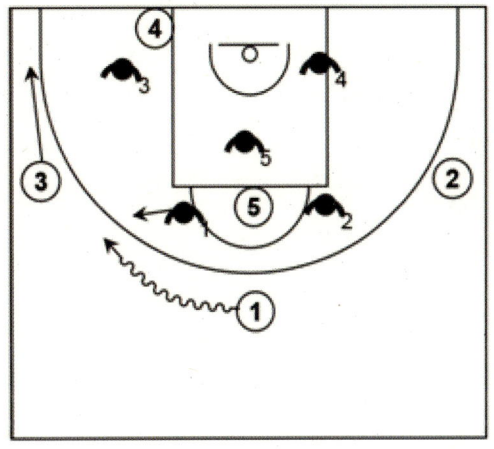

하이 포스트에서 공격 플레이어 5는 수비수 1에게 스크린을 한다. 공격 플레이어 1은 스크린을 이용하여 하이 포스트에서 공격한다. 드리블 침투 시 수비수 2가 틈사이 수비를 도와주러 오지 않으면 공격 플레이어 1은 끝까지 침투하여 레이업이나, 중간에 스톱, 풀업 점프 슛을 하여 끝낼 수 있다.

공격 플레이어 1이 공격 플레이어 5에게 스크린을 사용하는 것과 동시에 공격 플레이어 3

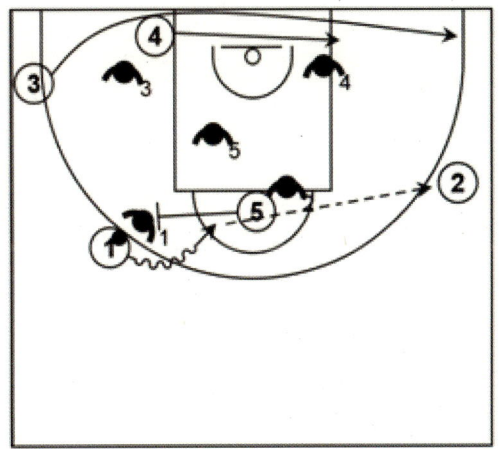

베이스라인 따라 반대쪽 코너까지 커팅한다.

공격 플레이어 1이 수비수 2 앞에서 드리블 침투를 예상대로 멈추면 윙에 있는 공격 플레이어 2에게 패스하여 오픈되어 있는 3점 슛 본다.

수비수 2가 드라이브를 멈추었으므로 공격 플레이어 2의 슛을 막을 수 있는 수비수 4이다. 수비수 4는 슛을 막기 위해 전속력으로 오고 오픈 슛에 대한 준비는 공격 플레이어 2에서 공격 플레이어 3으로 패스한다. 공격 플레이어 1은 패스 후 즉시 원래 위치를 가서 다음을 준비한다.

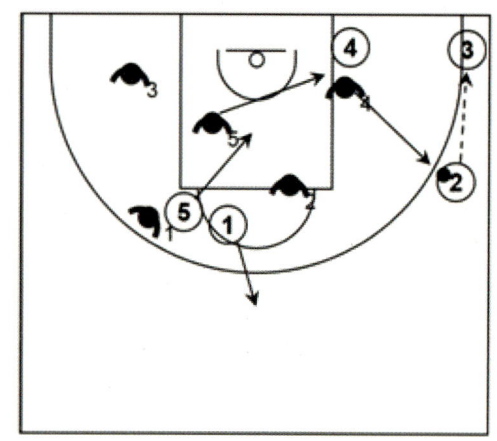

★코칭포인트☆

양쪽 윙 공격 플레이어 2와 3은 모두 슈팅 위치에 있으므로 수비수가 없는 쪽에서 슛을 던지면 된다.

공격 플레이어 4의 기준에서 이 볼이 반대쪽으로 가면 그쪽 볼 사이드로 가야 한다. 공격 플레이어 5와 공격 플레이어 4는 슈팅 후에 리바운드 참가해야 한다.

8 | 크로스패스 Cross Pass

목적

이것은 좋은 슈터에게 크로스 패스를 함으로 코너에서 오픈 3점 슛을 얻도록 고안된 것이다. 크로스 패스로 인해, 이것은 어린 팀은 실행하기 어려울 수 있지만, 고등학교 팀 이상은 게임에 사용하여 많은 성공을 발견하게 된다.

공격 플레이어 3은 강한 크로스 패스를 할 수 있어야 한다.

공격 플레이어 2는 팀 최고의 3점 슈터이어야 된다.

🏀 설명

1-3-1 포메이션에서 시작된다. 가장 좋은 3점 슈터 2와 같은 쪽에 로우 포스트 플레이어 5를 배치한다.

공격 플레이어 1은 한 방향으로 수비수 2를 윙 쪽으로 데리고 가기 위해 드리블하는 것으로 시작한다.

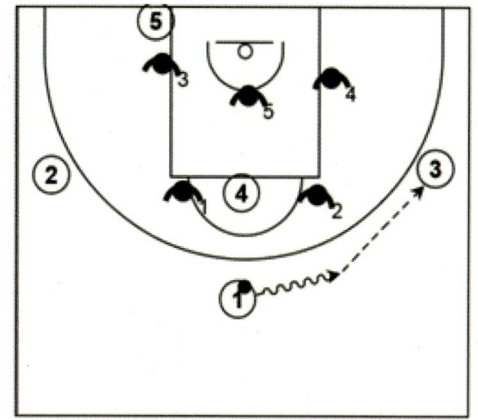

공격 플레이어 5는 수비수 3의 뒤에서 나와 옆쪽에서 스크린을 설정한다. 공격 플레이어 2가 공격 플레이어 5의 스크린 뒤쪽 코너로 내려간다. 공격 플레이어 3은 반대편 공격 플레이어 2에게 강하고 긴 스킵 패스를 한다.

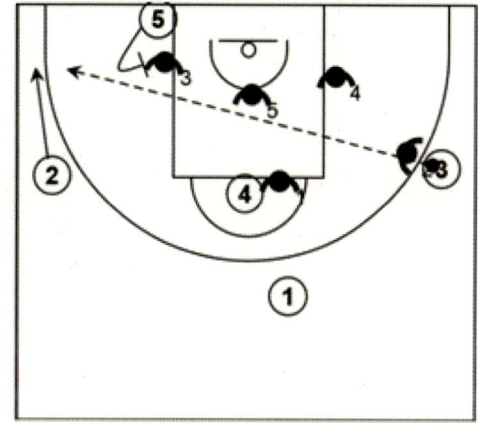

★코칭포인트☆

공격 플레이어 4의 뒷면에 공격 플레이어 5의 스크린을 미리 설정하면 패스가 작성되기 전까지 수비수 3의 스크린을 확인하지 않아야 한다. 그것을 너무 빨리하면, 수비는 즉시 무슨 일이 일어나고 있는지 알게 될 것이고 스크린을 통해 싸울 수 있다.

볼이 옆으로 가지 않도록 공격 플레이어 3은 긴 패스를 정확히 해야 한다.

팀과 함께 패스 연습을 해본다.

9 | 블라인드 사이드 픽앤롤 Blind Side Pick and Roll

🏀 목적

이 플레이는 상단에 있는 포인트가드의 수비 맹점을 찾아내기 위해 고안되었다.

Pick-and-Roll을 사용한 후, 포인트 가드는 팀이 득점할 수 있는 최고의 기회를 제공하기 위해 다양한 옵션을 사용한다.

공격 플레이어 1은 상황에 맞추어 빠른 판단을 결정해야 한다.

공격 플레이어 5는 강한 스크린을 해야 한다.

공격 플레이어 3은 3점 슛을 던져서 득점할 수 있어야 한다.

🏀 설명

공격 플레이어는 포인트 가드 1의 운영하는 공격 결정권자와 1-3-1 포메이션에서 시작한다.

공격 플레이어 1은 윙 쪽으로 공격 플레이어 2에게 볼을 패스한다.

수비수 1이 오면 공격 플레이어 2가 공격 플레이어 1에게 탑으로 리턴 패스를 한다.

이 패스가 완료되면 공격 플레이어 5가 수비수 2에게 스크린을 설정한다.

공격 플레이어 1은 즉시 스크린을 이용하고 림쪽으로 공격한다.

공격 플레이어 5는 픽앤롤하고 공격 플레이어 3은 코너로 가고, 슛 찬스를 보고 공격 플레이어 4는 베이스라인을 따라 움직인다.

공격 플레이어 1은 수비가 어떤 상황인지에 따라 3가지 공격 옵션을 가진다.

9-1 | 블라인드 사이드 이지 슛 Blind Side Easy Shot

공격 플레이어 4는 베이스라인을 따라 움직인다.

9-2 | 블라인드 사이드 스크린 Blind Side Screen

공격 플레이어 3은 윙이나 코너로 가서, 슛 찬스를 노린다.

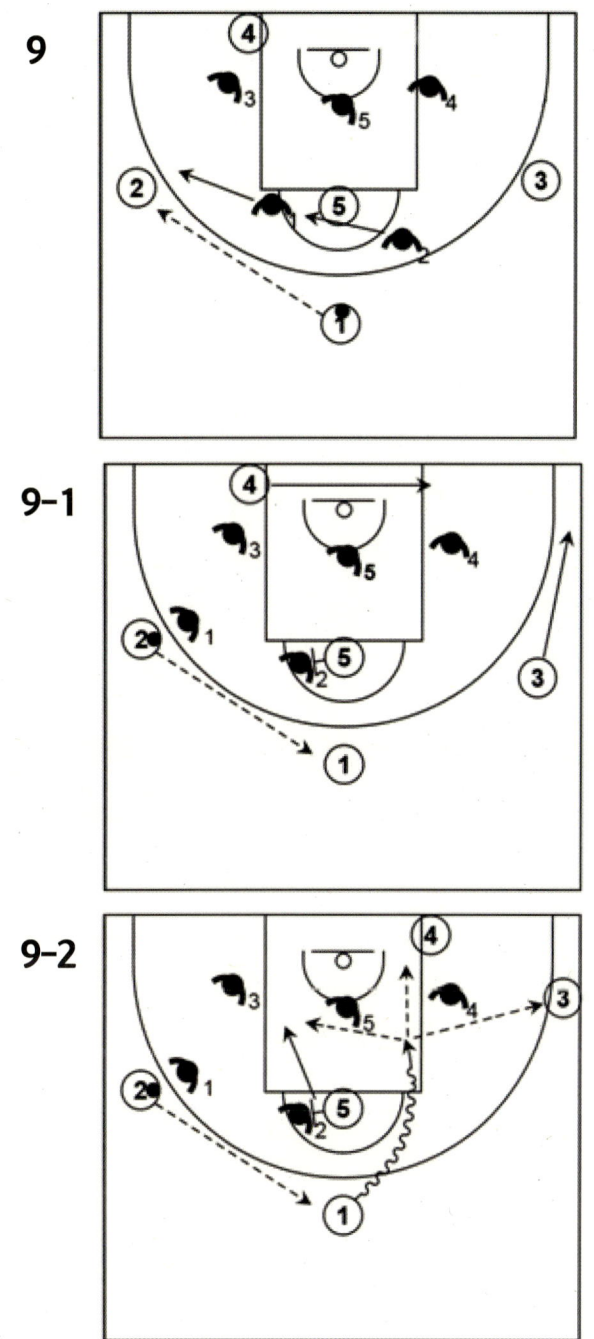

★코칭포인트☆

공격 플레이어 5는 림 방향으로 공격할 수 있도록 스크린을 좋은 각도로 만들어야 한다. 많은 플레이어들이 수비수 옆쪽에 스크린을 이용하여 픽앤롤을 이용해서 아래로 미끄러져 내려간다.

공격 플레이어 3과 공격 플레이어 4는 공격 플레이어 1이 패스를 주면 볼 잡고 바로 슛을 던질 준비가 되어 있어야 한다.

1-3-1 지역 수비의 기본 공격 배치 1-3-1 포메이션

1-3-1 존 디펜스의 1-3-1 공격 옵션

1-3-1 공격 위치 선정해서 시작된다.

1-3-1 지역 수비의 훌륭한 공격은 기본적 약한 부분 (이미지 진한 부분)을 기준으로 하여 1-3-1의 약점을 이용하는 것이다.

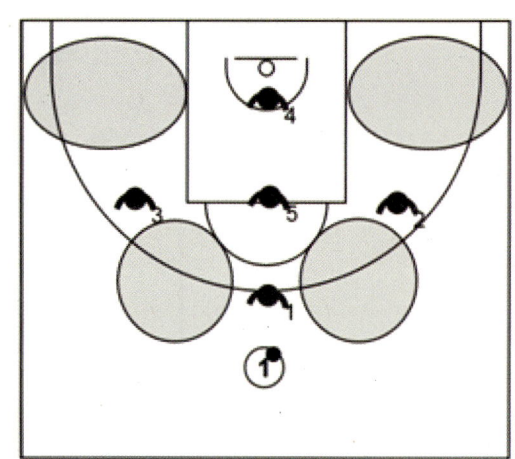

1 | 로우 포스트 옵션 Low Post Options

탑에서 윙으로 코너로 패스 후에 윙 공격 플레이어 2는, 코너를 지나 바스켓으로 커팅 통과하면서 공격 플레이어 4로부터의 리턴 패스를 예상한다. 바스켓을 지나갈 때, 공격 플레이어 1은 빈자리로 간다.

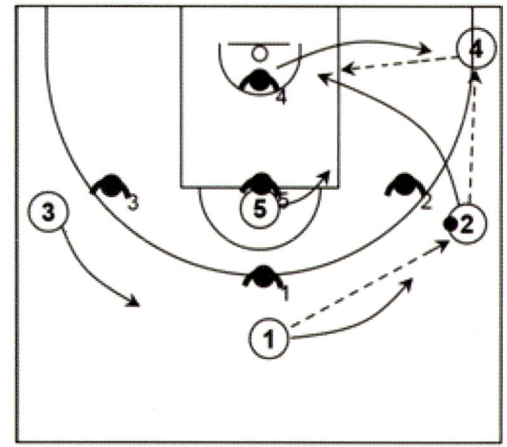

2 | 로우 포스트 옵션2 Low Post Options 2

만약 수비수 5가 윙 공격 플레이어 2의 바스켓 커팅 공격을 도움 수비하러 위에서 아래로 내려가면, 코너에 있는 공격 플레이어 4는 포스트맨 5의 튀어나오는 것 찬스를 본다.

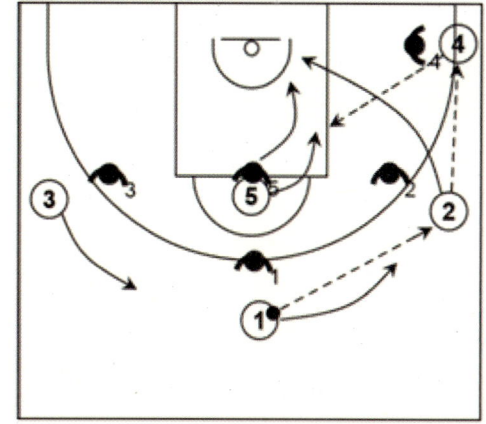

연결된 반대편 선택 Reversal Options

일단 수비가 정렬되어 오픈 슛이 막히면 볼을 빠르게 반대편으로 연결 패스하고 오버로드 한다.

지역 수비의 약점을 공격한다.

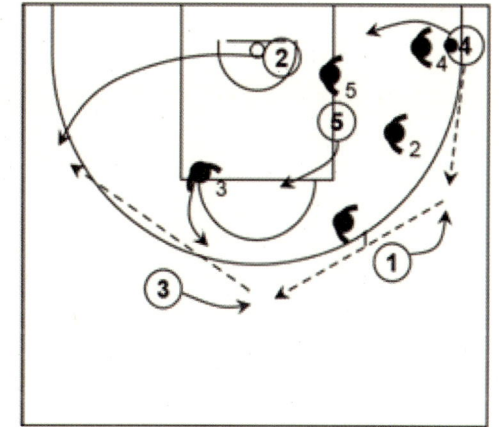

3 | 포스트 패스 Middle Pass

공격 플레이어 4의 베이스라인 컷을 막기 위해 수비수 4가 쫓아오고, 수비수 5가 공격 플레이어 2의 슛을 막기 위해 오면 오픈되어 있는 포스트맨 5가 미들 포스트에서 튀어나오는 찬스를 본다.

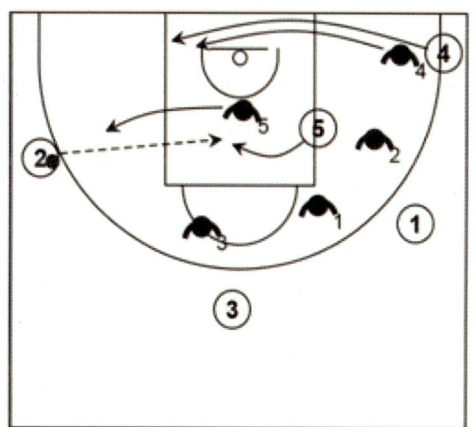

코너 패스 Corner Pass

계속 로테이션이 되고 윙 공격 플레이어 2가 코너로 패스하고 바스켓으로 커팅을 하면서 다시 리턴패스를 본다.

공격 플레이어 2가 바스켓을 통과하거나, 중간 지점을 지나가면, 공격 플레이어 3가 빈자리로 가서 교대하고, 공격 플레이어 1은 로테이션 한다.

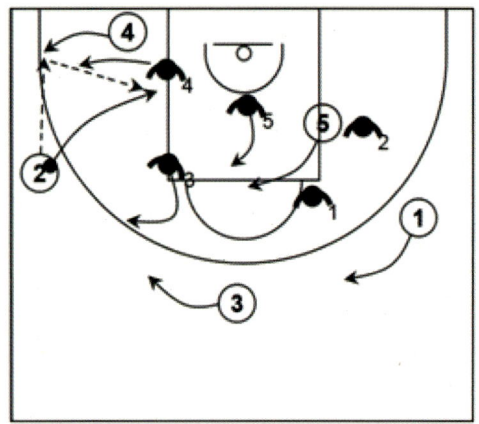

1-2-2 지역 수비의 기본 공격 배치 1-3-1 포메이션

1-2-2 지역 수비 공격의 1-3-1 공격 옵션

1-3-1 공격 위치 선정해서 시작된다.

1-2-2 지역 수비의 기본 약점(이미지)
비록 1-2-2가 3점 슛 수비에 강할 수 있지만, 그것은 페인트 존과 코너에 수비가 취약하다.

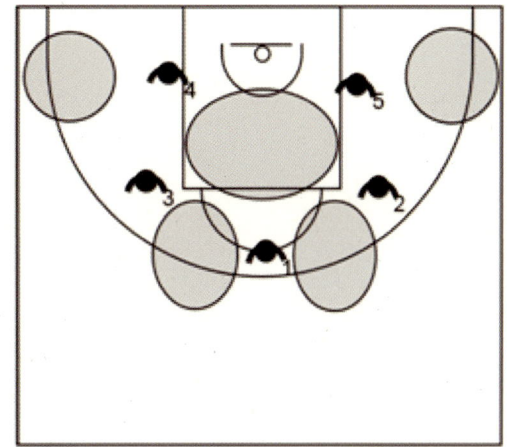

1 | 로우 포스트 옵션 Low Post Options

윙 공격 플레이어 2가 코너로 패스 후 바스켓으로 커팅한다. 수비수 5가 공격 플레이어 4를 막기 위해 올 때 공격 플레이어 5로 미들 포스트로 오픈 슛을 위해 튀어나온다.

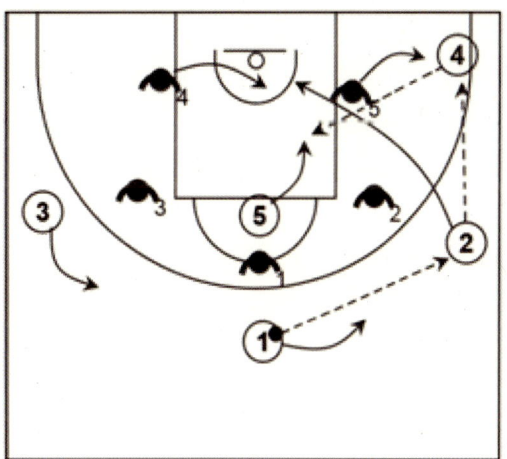

2 | 다이렉트 패스 Direct Pass

공격 플레이어 1은 공격 포스트맨 5에게 직접 패스할 수 있다.

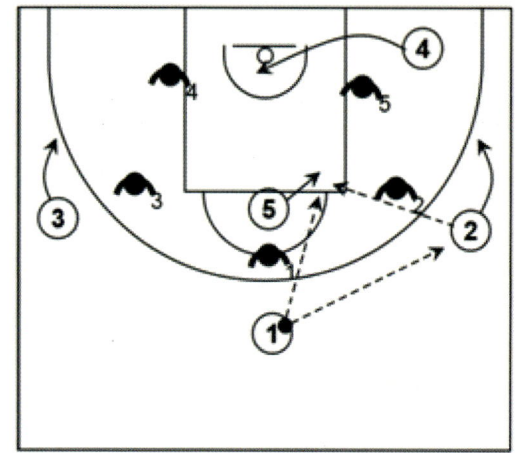

2-1 | 다이렉트 패스 2 Direct Pass 2

공격 플레이어 2는 공격 포스트맨 5에게 직접 패스할 수 있다.

공격 플레이어 2가 코너를 지나가면서 공격 플레이어 4로부터의 리턴 패스를 예상하면서 바스켓으로 커팅을 한다.

공격 플레이어 1, 3은 빈자리로 빨리 가서 교대한다.

공격 플레이어 4는 연속 빠른 패스를 공격 플레이어 1에게 공격 플레이어 3에게 반전 패스를 한다.

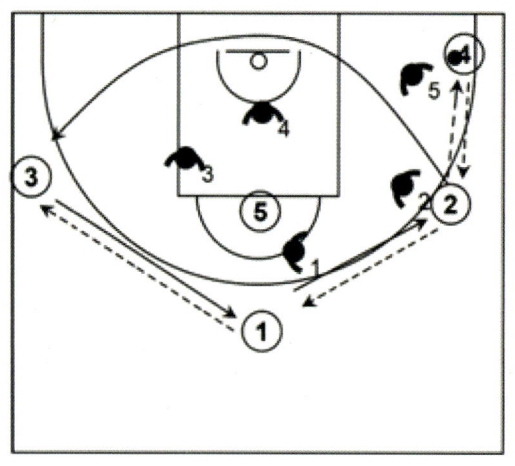

3 | 포스트와 오버로드 Middle and Overload

수비수 4가 공격 플레이어 2를 막기 위해 나올 때 공격 플레이어 2는 베이스라인 따라오는 공격 플레이어 4의 찬스를 본다.

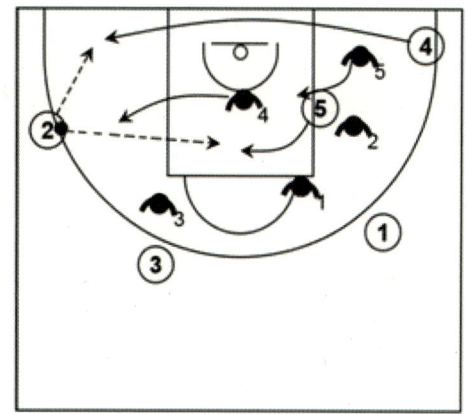

3-1 | 포스트에 패스한다

수비수 4가 공격 플레이어 2를 막기 위해 나올 때 공격 플레이어 2는 미들 포스트에서 튀어나오는 공격 플레이어 5의 찬스를 본다.

4 | 코너 패스 Corner Pass

계속 로테이션이 된다. 윙 공격 플레이어 2가 코너로 패스하면 공격 플레이어 2가 바스켓으로 커팅을 하면 리턴패스를 본다.

공격 플레이어 2가 바스켓을 통과하거나, 중간 지점을 지나가면, 공격 플레이어 3가 교대하고, 공격 플레이어 1도 로테이션 한다.

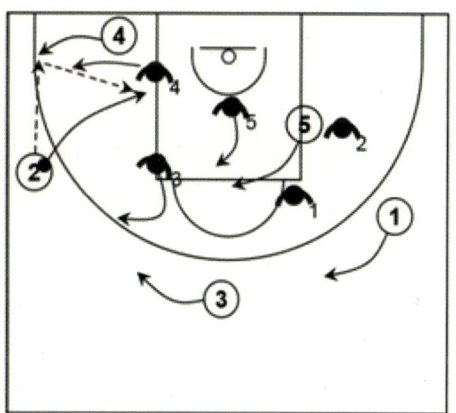

1-2-2 하프코트 프레스 Half Court Press 1-2-2

하프코트 압박 수비는 매우 가치 있고 귀중한 수비 전술이다.

빠르게 공격하는 팀을 방해, 저지하는 주요 수비 무기이다.

힘들고 어려운 게임에서 리드를 지킬 수 있는 매우 중요한 수비이다.

하프코트 프레스를 사용하면 볼을 잘 다루는 공격 플레이어에게 볼을 빼앗을 수 있다. 또한 게임 중 속도, 게임 템포를 조절할 수 있다.

하프코트 프레스는 경기 후반에 힘들게 얻은 리드를 보호하는 데 중요하다.

그 이유는 대부분의 팀이 하프코트 프레스를 깨기 위해 드리블로 돌파하는 공격을 사용하기 때문이다.

그러나 공격시간이 늦추어 지면 수비에게 시간을 빼앗기게 된다.

또한 팀이 공격적으로 하프코트 프레스를 깨기 위해 어려운 패스를 시도하는 경향이 있으므로 이때 인터셉트를 더 많이 할 수 있다.

볼을 잘 다루는 공격 플레이어나, 득점력이 좋은 사람에게 사용될 수도 있다. 그 공격 플레이어가 트랩에 걸려서 볼을 잡으면, 수비수는 강력한 수비로 패스를 못 하게 하고 스텝을 방해하는 수비를 취하고 리턴 패스를 허용하지 않게 한다.

이것은 일반적으로 다른 공격 플레이어가 대신 공격을 하는 결과를 낳으므로 어느 정도의 효과를 본 것이다.

가장 중요한 것은 하프코트 프레스를 함으로써 압박 수비 경고가 적극적으로 유지된다는 것이다.

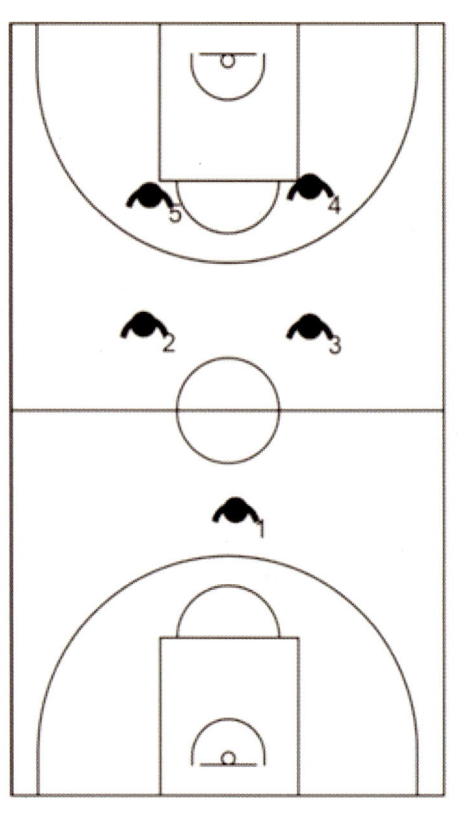

1 | 기본적인 위치 이동 First Rotations

수비수 1은 볼소유자 공격 플레이어 1과 공격 플레이어 2 사이에서 패스 라인 차단하고 볼 소유자공격 플레이어 1을 기본 트랩지역으로 밀어 넣는다.

공격 플레이어 1이 하프라인 넘어오면 수비수 1은 수비수 3과 공격 플레이어 1에게 트랩을 건다.

트랩이 설정됨에 따라 수비수 2는 공격 플레이어 2 또는 공격 플레이어 4의 패스 통과를 예상하여 헬프사이드 위치로 떨어진다. 수비수 4는 공격 플레이어 3에 대해 완전 패스 거부 위치로 막고, 수비수 5는 공격 플레이어 5에 대해 앞을 막아 패스 거부 위치를 지킨다.

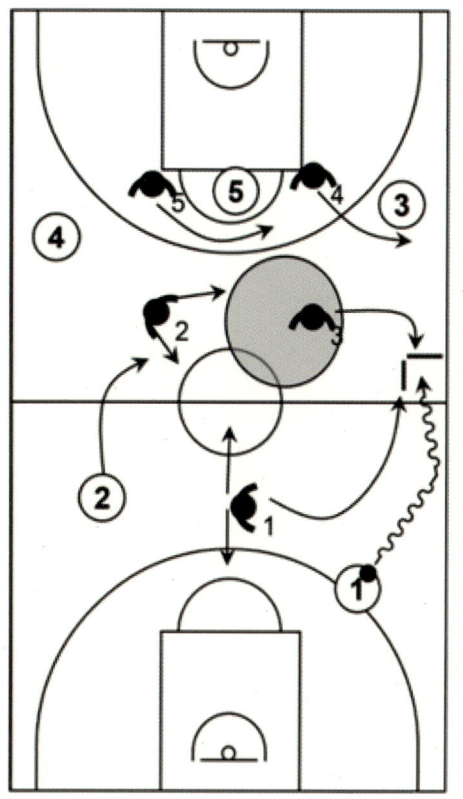

2 | 반전 패스 Pass Vicinity

볼이 트랩에서 공격 플레이어 2로 전달되면 수비수 1은 공격 플레이어1에서 리턴패스 거부 위치로 간다.

수비수 2는 공격 플레이어 2를 막고 사이드라인 쪽으로 몰아공격 플레이어 2를 수비한다.

수비수 3은 패스를 한 것을 보면서 공격 플레이어3에 대비하여 헬프사이드로 빨리 떨어진다.

수비수 4는 공격 플레이어 5 포스트에서 완전 패스 거부 위치로 빠르게 위치를 잡는다.

수비수 5는 공격 플레이어 4에게 완전 패스 거부 위치로 막는다.

3 | 최종 수비

공격 플레이어 2가 윙 공격 플레이어 4에게 통과 패스하면 수비수 5는 공격 플레이어 4를 코너 또는 프리드로우 레인 로우 포스트 쪽으로 푸쉬하는 수비자세를 취한다.

수비수 2는 공격 플레이어 2를 리턴 패스하지 않게 막는다. 수비수 4는 공격 플레이어 5 포스트에서 패스 거부 위치에 잡고 수비수 3과 수비수 1은 헬프사이드 위치로 떨어진다. 기본적이고 파괴적인 압박 수비규칙이 적용된다.

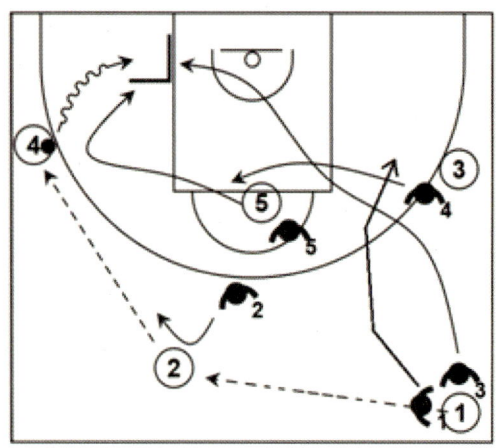

★성공의 열쇠☆

볼이 하프코트 라인을 넘을 때까지 한쪽 방향으로 한다.
하프코트 라인지역으로의 무의식적인 통과를 허용하지 않는다.
크로스 스킵(통과) 패스 시에는 빠르게 수비 위치를 이동한다.

프레스 수비의 움직임 Press Moving Defensive

1 | 볼 방향 전환

가드 플레이어가 패스 및 볼 전환을 못 하게 하려면 수비수 1이 볼 핸들러 1과 공격 플레이어 2 사이에 패스가 오가지 못 하게 패스 라인을 막고 하면 공격 플레이어 1이 드리블을 통해 전진시킬 수 있다.

이 때 트랩을 시도한다.

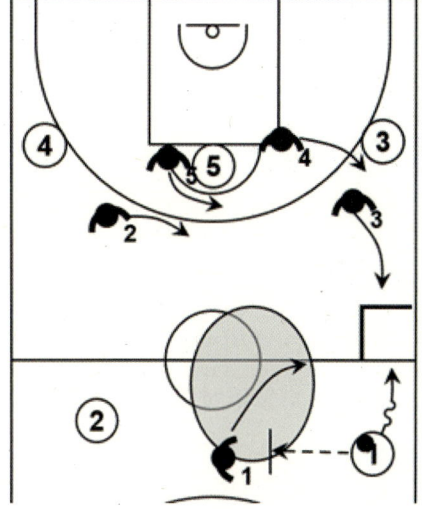

2 | 급습으로 전환

상대의 가드가 하프코트 라인을 넘기 전에 반대쪽으로 패스를 하고 공격 플레이어 2가 드리블하고 하프코트를 넘어오면 수비수 1은 하프코트 라인에서 떨어져서 기회를 보고 트랩을 시도한다.

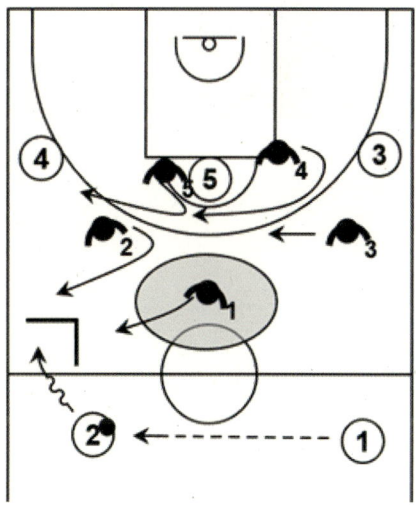

3 | 후방 수비

상대가 가운데로 포스트로 패스하여 윙을 무력하게 한다면 수비수 2가 공격 플레이어 5에 대해 하이 포스트 패스 거부 위치로 이동하고 수비수 5가 공격 플레이어 4에 수비 위해 로우 포스트로 내려간다.

앞에 있는 수비수는 트랩에 집중한다.

강력한 더블팀하고 있는 상태에서 로우 포스트까지 가는 긴 패스는 불가능하고 실행하기가 어렵다.

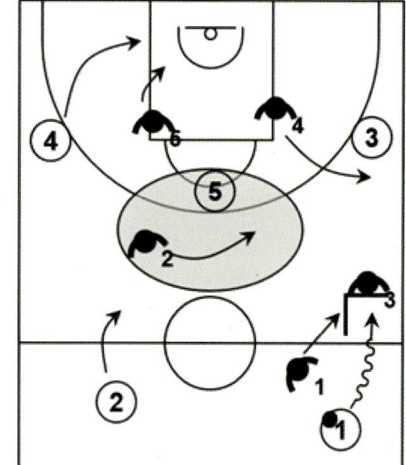

★코칭포인트☆

키가 큰 수비수 4를 수비수 3 위치에 뒤집어서 배치하여 키 작은 공격 가드 플레이어들은 키가 큰 플레이어를 앞에서 스킵 패스나 롱 패스를 하기가 쉽지 않다.

또한 이것은 움직임이 빠른 수비수 3이 인터셉트 하기 쉬운 위치에 있다.

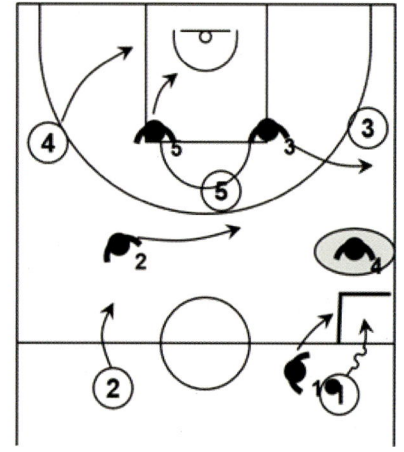

3-1-1풀 코트 프레스 Full Court Press 3-1-1

🏀 **3-1-1풀 코트 프레스 1-2-1-1 Full Court Press Defensive와 운영이 거의 같다.**

3-1-1 풀코트 프레스(압박 수비)는 팀에 맞게 또는 상대방 상대로 맞추어서 수비할 수 있도록 다양한 변형이 가능한 공격적인 풀코트 프레스(압박 수비)이다.

3-1-1 풀코트 프레스는 프리드로우를 던진 후 수비 시 베이스라인에서 시작과 라인 밖에서 패스를 하는 공격 플레이어를 압박하는 것으로시작한다.

🏀 **코트에서 목표**

코트의 주요 목표는 볼을 오른쪽이나, 왼쪽 측면 코너로 패스를 유도하고 가까운 윙 플레이어와 함께 공격적인 플레이어를 잡는 것이다.

이것은 코트의 주요 트랩(함정 수비)이며, 목표는 트랩에 걸린 공격 플레이어가 트랩에서 높고 느린 패스를 하게 하여 수비수가 볼 가로채기를 하는 것에 있다.

이것이 주요 목표이지만 코트이 외 다른 분야에서 활용 할 수 있는 많은 기회가 있다.

3-1-1 Full Court Press의 장점

🏀 **복구 할 시간이 많다.**

메인 트랩이 상대방 실력 우위 속 만들어졌기 때문에 풀 코트 프레스(압박 수비)가 무너지면 수비팀은 중단하고 게임 밸런스를 다시 회복하면 전체 게임 시간을 유지할 수 있다.

🏀 **게임 템포를 높인다.**

풀 코트 프레스(압박 수비)를 운영하는 경우 빠른 농구를 좋아하는 팀이어야 한다. 득점력이 좋은 팀은 그들이 원하는 것보다 더 빨리 득점할 수 있기 때문에 프레스(압박 수비)을 싫어하고 풀 코트 프레스(압박 수비)는 그들의 공격 플레이와 리듬을 방해하는 훌륭한 전략이다.

🏀 재미있고 흥미진진한 농구다.

솔직해지자… 모두들 농구 경기가 고조되는 것을 좋아한다. 플레이어들은 그런 게임을 좋아한다.

부모님과 팬은 그런 것을 보고 싶어 한다. 우리 모두 배우는 것을 좋아한다!

🏀 상대방에게 힘들게 한다.

당신 팀이 풀코트 프레스를 실행한다면 충분한 체력을 가져야 한다. 상대방 팀에게 동등한 실력이 되지 않으면 상대 팀에게 리드 당할 수 밖에 없다. 또한 상대방 공격 리듬에 끌려가면 의심할 여지없이 체력은 빨리 떨어지고 더 많은 실수를 저지르기 시작한다.

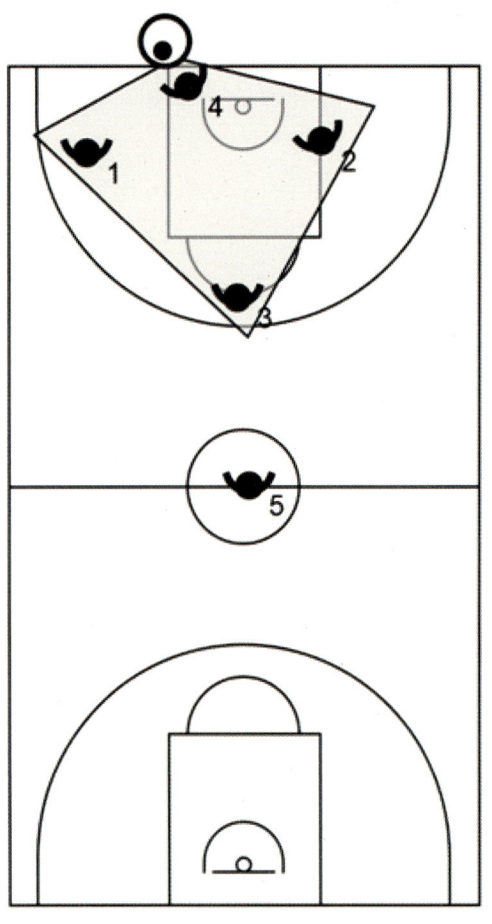

🏀 가드의 손에 의해 볼이 지배당한다.

풀코트 프레스 수비 시 패스와 드리블을 잘 하는 가드에 의해 코트를 지배당했을 때는 그 가드의 볼을 다른 팀원에게 빨리 패스를 유도하여 볼을 다루는 시간을 적게 한다.

볼이 그 가드의 손에서 벗어나면 당신 팀은 다시 수비할 기회가 생긴다.

🏀 팀 웍을 향상시킨다.

플레이어가 풀코트 프레스 100%의 노력을 기울이고 모든 플레이어를 활기찬 상태로 유지하기 위해 더 많은 벤치 멤버를 사용해야 한다. 벤치멤버들이 많은 시간을 코트에서 보낸다면 더 좋은 팀을 의미한다.

🏀 림 가까이에 있는

상대 바스켓에 가깝게 인터셉트 하는 것이 더 좋은 게 없다. 트랩 위치가 구석에 있기 때문에 인터셉트라도 하면 상대 팀이 다시 수비하기가 대단히 어렵다.

위치설정, 역할 및 책임

다이어그램에서 볼 수 있듯이 '풀코트 프레스'라는 이름은 그 형성에서 비롯된 것이다. 설정에서 코트에서 보면 첫 번째 네 명의 플레이어가 다이아몬드 모양과 매우 유사하게 설정되어있는 반면 다섯 번째 플레이어는 뒤쪽에서 안전하게 있다.

각 직책의 역할과 책임에 대해 논의한 다음 우리는 어떤 플레이어가 포지션을 차지하고 어떤 플레이어가 코트에서 가장 중요한 플레이어인지 결정하는 방법에 대해 논의 한다.

🏀 방해하고 혼란을 주는 수비수 4

수비를 성공하려면 팀 플레이어 중 키가 큰 사람 한 명이 있어야 한다.

완벽하려면 이 플레이어는 키가 크고 팔이 길며 운동 능력이 뛰어나야 한다. 신속하게 트랩(함정)에 걸 수 있고 뚫려도 신속히 복구할 수 있다.

그들은 3-1-1 풀코트 프레스에서 두 가지 주요 역할을 한다.

① 트랩을 하기 위해 패스를 코너로 하도록 유도한다.
② 첫 번째 패스받은 공격 플레이어에게 윙 플레이어와 함께 트랩을 건다.

🏀 윙 수비수 1, 2

윙 플레이어는 다음과 같은 두 가지 다른 역할을 맡아야 한다.

① 볼 쪽 사이드 윙플레이어

그의 역할은 라인 밖에서 패스하는 사람보고 즉시 윙에서 주위 공격 플레이어 찾아 수비하는 것이다.

② 반대편 측면의 윙 플레이어

그의 역할은 중간으로 패스하는 것을 인터셉트하는 것이다.

반대편 측면 윙 플레이어의 역할은 3-1-1 풀코트 프레스에서 매우 중요하다.

그 이유는 많은 변화가 발생할 수 있는 위치이기 때문이다.

중요한 위치인 코트의 중앙과 플레이어들은 가장 가까운 플레이어 뒤쪽과 각각의 측면에서 자신의 구역에서 패스를 막고 트랩을 건다.

🏀 인터셉터수비수 3

수비수 3(가로채기 플레이어)의 주된 역할은 트랩을 통과하는 패스를 가로막고, 가로막을 때를 예상하는 것이다.

그들은 드리블로 트랩 수비를 돌파할 경우 그들 위치에서 더 이상 침투 못 하게 막아야 한다.

그들의 통과 패스나 드리블 돌파를 멈추게 할 수 없다면, 수비수 3(가로채기 플레이어)는 최소한 팀에 영향을 미치지 않게 하고 그들이 통과 못 하도록 막아야 한다.

이 플레이어는 농구 IQ가 높아야 한다!

그들은 바스켓(림)과 3점 라인 인근 하프코트 사이의 중간 정도에 위치한다.

🏀 코트 중심 수비수 5

코트 중심에는 두 가지 중요한 역할이 있다.

① 그들은 긴 패스를 예상하고 차단해야 한다.

② 그들은 종종 풀코트 프레스가 깨져 후방까지 침투되는 이런 상황에서 팀을 괴롭히기 때문에 플레이어 5는 마지막 보루인 2대1 수비수가 되어야 한다.

그들은 후방에 있는 공격 플레이어는 멀리 뒤로 세워야 한다.

마지막 수비수 5가 하프코트에서 위치한다.

공격자 플레이어가 바스켓 아래에 있다면 먼 거리를 천천히 가는 패스를 가로챌 수 있다.

공격 플레이어들이 멀리 있는 반대편 골대 근처에 있는 공격 플레이어에게 장거리 패스할 수 있을 만큼 충분히 강하지 않기 때문에 청소년 농구에서 백코트에서는 안전하다.

🏀 플레이어의 위치 선정

벤치멤버들 하고 자주 교체하게 되면 여기서는 플레이어의 각각의 위치를 알려주는 방법을 추천한다.

🏀 "인터셉터"를 선택하여 시작한다.

제 의견으로는 이것은 코트에서 가장 중요하고 인터셉트를 하는 이 플레이어는 당신의 팀에서 최고의 플레이어야 하고 가급적 운동을 잘하는 플레이어야 한다.

나는 보통 이 위치를 지키기 위해 가드, 슈팅가드 또는 스몰포워드를 선택한다.

🏀 당신의 빅맨의 위치를 결정하라

당신의 빅맨은 안전할 것이고 하나는 움직임이 느려서 방해가 될 수도 있는 것이다.

다재다능하고 탄탄한 체격을 가진 플레이어들이 게임에 지장을 주는 사람이 될 수도 있다.

그들은 코트에서 더 많이 뛰고 쉬지 않고 코트를 움직인다면 파울이 나올 가능성이 크다. 그래서 빅맨은 느린 것이 안전이 될 수도 있다.

🏀 마지막 두 플레이어는 윙이 될 것이다.

나머지 3명의 플레이어가 채우면 마지막 두 플레이어가 각각 윙에 배정된다.

이들은 보통 포인트가드, 슈팅가드 및 스몰포워드의 조합이다.

🏀 플레이어 역할에 대한 참고 사항

팀은 위에서 설명한 직책의 요구 사항을 완벽하게 충족시킬 멤버를 보유하지 않을 수도 있다.

키 큰 팀은 이러한 공격에 성공할 수 있고 작은 팀도 이러한 공격에 성공할 수 있다.

포인트 가드는 당신의 안전을 지키기 위해 최선의 선택일 수 있다.

앞쪽 위에 써 놓은 이 풀코트 프레스 수비에서 역할들을 이용하는 방법은 성공적으로 사용하는 방법이라고 생각할 수도 있고 반면에 여러 포지션은 여러분의 멤버들에 실력이나 신체적 조건에 따라 다르기 때문에 팀 상황에 맞추어서 한다.

프레스 거는 방법

1 | 첫 패스 후 라인 안에서

가장 먼저 실행해야 할 사항은 3-1-1 풀 코트 프레스에서 우리의 첫 번째 목표는 수비하는 팀이 측면 코너로 패스를 유도하고 이것은 수비를 적극적으로 하는 수비수 4로 시작한다.

수비수는 공격 플레이어가 라인 밖에서 패스를 하면 패스 잡은 곳 위치에 최대한 빨리 가서 사이드라인 쪽을 제외하고 한쪽 코너를 막는다.

사이드라인 쪽 코너는 수비수 4가 오는 동시에 공격 플레이어에게 트랩을 건다. 패스가 오면 공격 플레이어는 반대쪽으로 패스를 하거나 코트의 반대쪽으로 드리블하려고 한다.

그들의 플레이를 수비로 막으면서 혼란 시키려 한다.

비록 수비에 약한 부분을 가지고 있지만, 우리는 약점을 감내하면서 한다. 수비수 4는 먼 거리를 백코트 하려면 시간이 필요하다.

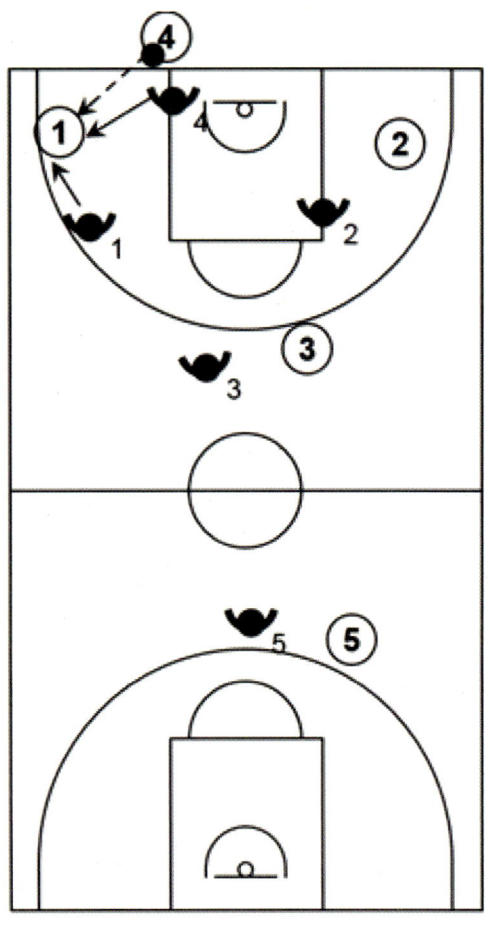

★주의 나쁜 동작☆
점프하지 않는다.

볼 가진 플레이어를 패스 방해하고 있고 라인 밖에서 (점프해서 패스 방해하더라도)수비할 때 점프하고 패스가 통과되면 그쪽으로 전속력을 가는 데 반 타임 정도 늦을 수 있기때문이다.

2 | 5초를 카운트한다

볼 가진 플레이어는 3-1-1 프레스의 강한 수비로 심판이 5초 룰 위반을 보고 있기 때문에 빨리 패스해야 된다는 압박감을 느낄 것이다.

수비수에게 트랩에 걸린 공격 플레이어는 빨리 패스를 하고 싶어 한다.

두 명의 수비 윙 플레이어는 가까운 곳에서 시작한다.

공격 플레이어를 코트 측면 코너 쪽으로 밀어 넣는다.

양쪽 중 어느 한 곳 코너에 패스하도록 유도한다.

우리가 양 측면에서 플레이를 하도록 하는 이유는 측면 코너에서 그들의 공격 동작들을 막는 데에 있다.

사이드라인과 베이스라인은 수비하는데 도움이 된다.

멀리 떨어진 곳으로 패스를 하면 인터셉트를 시도해야 한다.

라인 밖에서 패스하는 사람과 패스 받는 사람을 함께 보면서 대처해야 한다. 후방에 있는 수비수는 최대한 멀리 떨어져 있어야 하고 쉬운 찬스나 패스가 오지 않는 위치를 체크한다.

라인 밖에서 패스한 공격 플레이어는 중앙으로 지나간다.

그렇다면 수비수 4는 중앙에 통과하지 못하게 체크한다.

3 | 초기 트랩

풀코트 프레스 실행 시 초기 트랩에 두 가지 옵션이 있다.

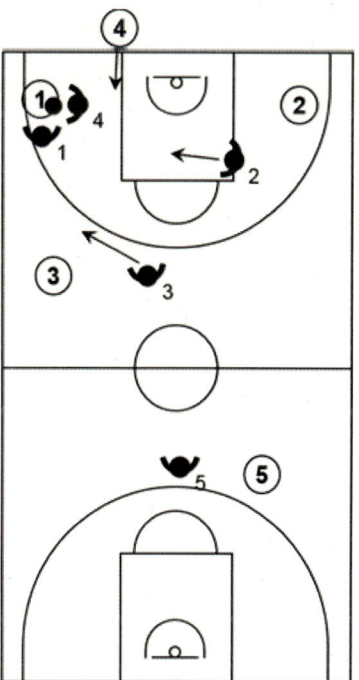

① 즉시 트랩

이것은 분쇄한다는 것으로 의미한다.

라인 밖에서 패스로 전달된 것을 보고 빨리 윙에 있는 수비수가 올라와 트랩(함정 수비)을 건다.

② 첫 드리블 후 트랩

라인 밖 있는 공격 플레이어 4를 한쪽 방향을 방해하고 고개를 돌리게 한 후 패스를 하게 하고 수비수들은 첫 번째 드리블에 수비수 4의 빠른 발을 사용하여 트랩으로 설정했다.

여기에서 트랩을 즉시 설정한다고 가정한다.

볼이 측면 코너로 전달되면, 수비수 1과 수비수 4는 즉시 농구 트랩(함정)에 빠뜨린다. 공격 플레이어 1은 볼을 사이드라인을 따라 드리블할 수 있게 유도했다.

그들은 수비를 뚫고 나가서 공격을 하고 싶어한다.

수비수 4는 긴 손을 이용해서 트랩을 걸고 리턴패스를 막는다. 만약 공격 플레이어 1이 볼을 잡으면 수비수 1과 수비수 4가 빠르게 트랩을 해야 한다.

그들이 볼을 잡으면 그때 수비수 1은 공격 플레이어 1과 신체 접촉이 않도록 하고 수비수 4는 옆에서 재빨리 트랩을 해야 한다.

수비수 1의 코너 사이드라인 쪽을 만약 뚫리면 수비수 4가 더 길게 쫓아 와서 수비해야 한다는 것이다.

유일한 차이점은 수비수 4가 바뀌고, 트랩과 수비수1 역할을 하기 위해더 긴 거리를 두어야 한다는 점이다.

-수비수 2는 코트 중앙으로 이동하여 프레스의 중간 진입을 방지한다.

-수비수 3은 공격 플레이어 3의 패스 차단하고 앞 트랩이 깨져서 뚫리면 막고 다시 1과 트랩 해야 한다.

- 프레스 하는 동안 수비수 3. 수비수 5는 수비 안전을 위해 멀리 떨어진 공격 플레이어와 거의 동등한 위치에 있고 롱 패스는 인터셉트 한다.

🏀 트랩에 대한 참고 사항

농구 트랩을 건 2명의 플레이어는 손을 내밀어서 볼을 빼앗으려 하지 말아야 한다.

그렇게 하면 반칙을 저지를 수 있고 반칙을 저지르면 공격 기회가 다시 생긴다.

오히려 트랩을 한 사람은 팔을 길게 뻗어 공격수의 시야를 차단하고, 하체를 이용해 빈 공간을 주지 말아야 한다.

4 | 볼 반대편으로 전환

초기 트랩(함정 수비)이 올바르게 설정된 경우 보이는 패스 공격만 통과한다. 플레이어는 트랩(함정 수비)에서 빠져나올 것이다.

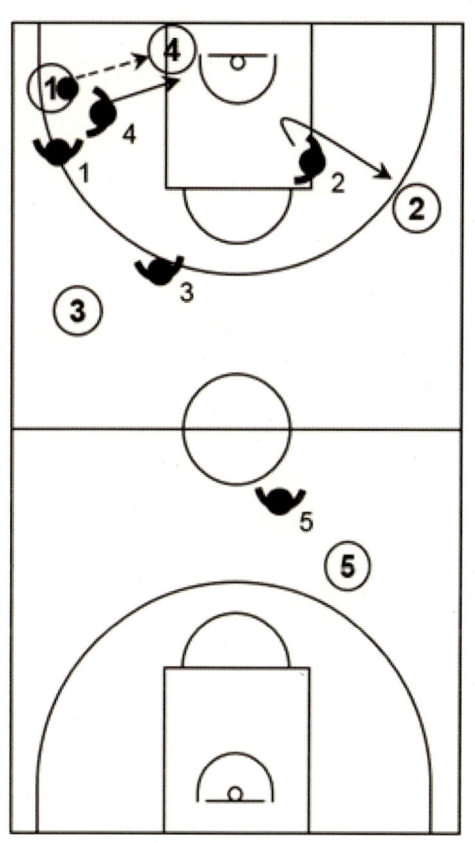

트랩(함정수비)에서 나온 패스의 약점은 발생하는 첫 번째 상황은 윙 공격 플레이어 1이 패스하는 것을 수비수 4가 공격 플레이어 4를 따라 잡을 시간이 적다.

어린 농구플레이어들이 하는 것은 쉬운 일이 아니다.

그들이 프레스 수비 타이밍을 잘못 정하면 공격 플레이어는 쉽게 패스할 것이고 결과적으로 공격플레이에 유리하게 될 것이다.

4-1 | 볼 반대편으로 전환

뒤쪽으로 리턴 패스를 하면 수비수 4는 빨리 가서 볼을 수비해야 한다.

모든 수비수들은 풀코트 프레스에서 일대일 수비 위치를 지키겠지만 그렇게 함으로써 공격 플레이어 4는 빨리 공격플레이가 되지 않아 어려운 패스를 하게 된다.

시간이 지나가는 동안 프레스 수비 성공이 있다.

우리는 8초의 위반하는 것에 가까워지고 있고 볼이 반대쪽으로 두 번째로 패스하여 전환된 경우 우리는 수비수 4와 수비수 2는 다시 트랩(함정 수비)에 걸 것이다.

이것은 수비수가 공격적인 플레이어 쪽으로 볼을 패스하지 않도록 한다.

공격 플레이어의 드리블을 붕괴시키기 위해 손을 높게 들고, 다시 트랩(함정 수비)을 걸고 패스 차단하며 적극적으로 한다.

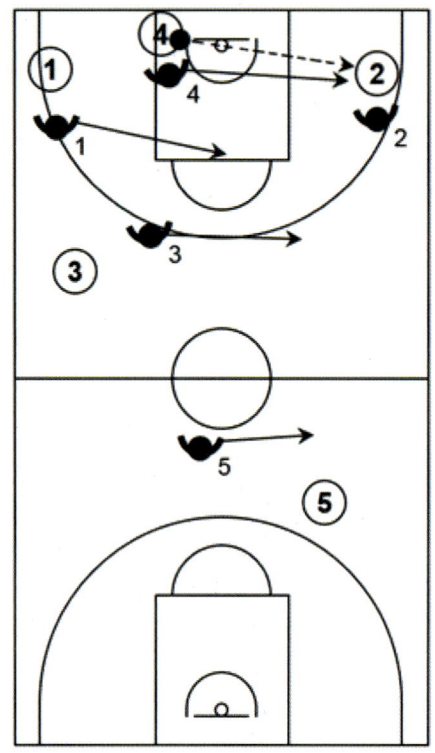

5 | 수비수 뒤로 가는 패스

공격 플레이어의 첫 번째 수비 통과 패스 할 때 인터셉트의 행운을 빈다. 코너에 있는 수비수 1과 윙의 수비수 3은 즉각적인 트랩이 있어야 한다.

플레이어가 코트를 어느 쪽에서 패스 통과를 했는지 볼은 위로 패스해야 하기 때문에 수비수 3이 얻는 시간이 있다.

빠르게 이동하여 볼을 가진 공격 플레이어 3을 수비수 3과 수비수 1은 가까이에서 수비한다.

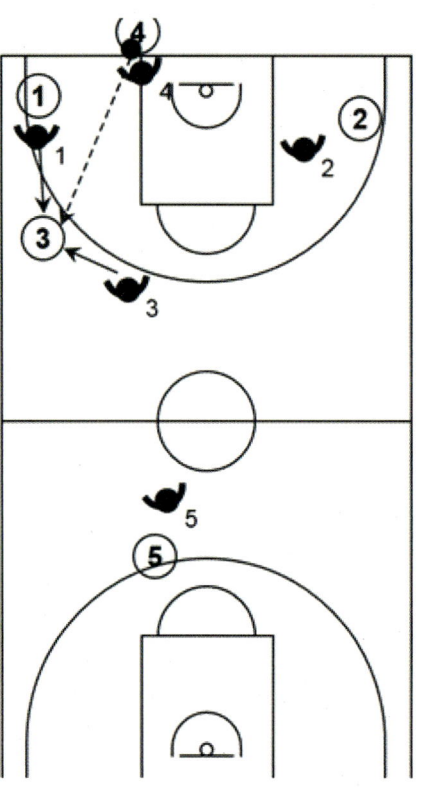

5-1 | 수비수 뒤로 가는 패스

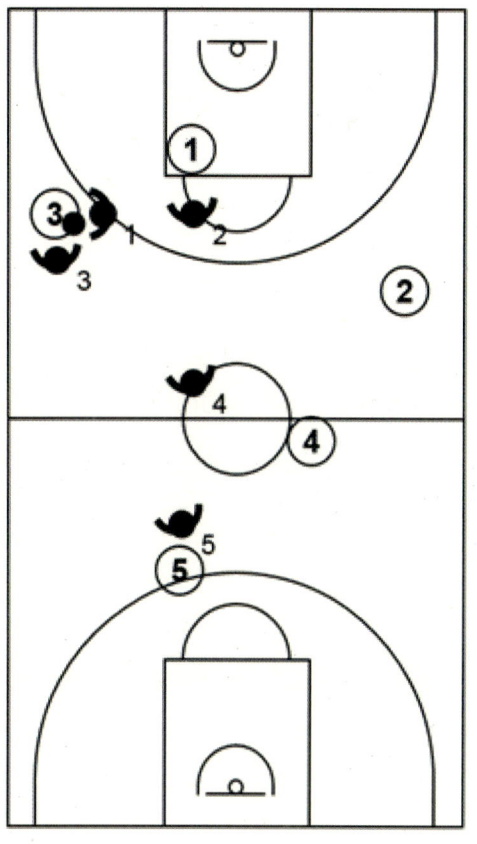

수비수 3은 공격 플레이어 3 앞에서 위치하고 패스를 막아야 하고 사이드라인으로 드리블하게 유도한다.

우리는 윙 쪽으로 유도해 시간을 벌어야 한다.

수비수1이 따라잡고 수비수 3이 트랩을 할 수 있다.

약점을 지닌 윙 플레이어 수비수 1은 빠르게 뒤쪽으로 가야 한다.

수비수 3은 패스를 가로채기 위한 좋은 위치에 있어야 한다.

이 패스에서 공격 플레이어가 흩어지는 곳이 달라지므로 두 명의 똑똑한 인터셉터가 패스 가는 곳에 따라가면서 본다.

잠재적인 상황이 발생하면 수비수 5가 앞으로 가로질러 나와 수비 경로를 차단을 시도할 수 있고 이때 수비수 4 또는 수비수 2가 전속력으로 백코트 해서 수비 안전을 확보해야 한다.

🏀 프레스 수비는 언제 하느냐?

전반적이고 일반적인 규칙으로 농구 게임이 있을 때는 프레스를 계속 사용한다.

코트의 한 가운데로 오거나 하프라인 넘어갈 때 볼이 중앙으로 전달되면 가까운 수비수가 와야 한다.

공격 플레이어 팀 동료들이 전진하는 동안 앞쪽에서 볼을 늦춘다. 볼 보다 뒤에 있는 플레이어는 정말로 전력 질주로 백코트를 한다.

🏀 코트에서 하프코트 수비로의 전환

코트에서 뚫린 하프코트 코트 수비로의 전환은 가능한 빨리 이루어져야 한다. 실제로 풀코트의 제1 규칙은 수비수는 수비를 뚫리거나 놓치면 다시 전속력으로 백코트 해야 된다고 한다.

　전속력으로 백코트를 하면서 경기를 하는 동안 플레이어 그들의 팀 동료들 중 한 명이 뒤로 물러서도록 시도해 한다.

6 | 트랩 후 뒤쪽으로 통과하는 패스 막기

　이것은 3-1-1 프레스를 매우 공격적으로 만드는 일반적인 방법이다.

　상대편이 영리해져서 공격 플레이어 가드 볼을 에워싸기 시작하면 수비를 해야 한다.

　우리 가드 중 한 명이 가드를 완벽히 지키고 싶지는 않습니까?

　변형은 측면 윙 플레이어가 한가운데로의 패스를 막고 대신 트랩에서 인바운드로 백패스를 막는 것이다.

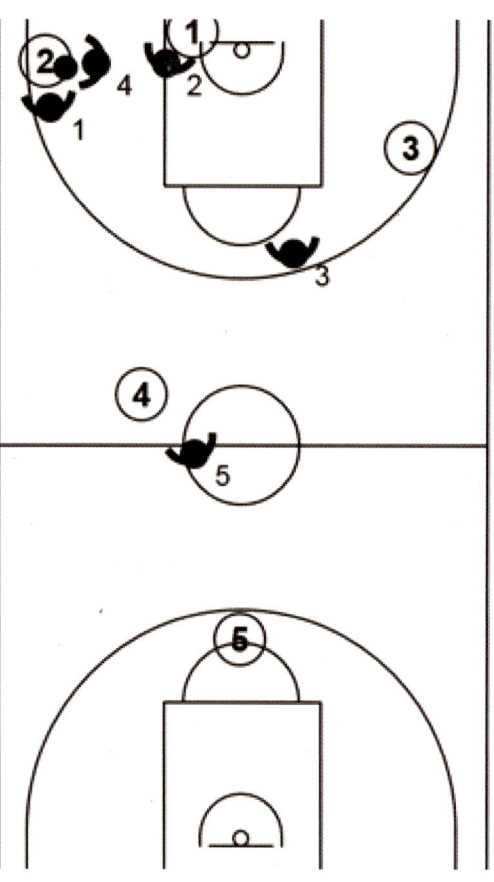

　이 변형을 실행할 때, 우리는 두 명이 더블팀을 (1과 4)하고 있고 백패스 막는 수비수 2와 두 명의 인터셉터 (3과 5)를 가지고 있다.

　이 공격은 포워드 패스가 되도록 하기 때문에 프레스보다 공격적인 버전이다.

　단점이라면 수비수 3과 수비수 5는 다른 공격 플레이어 3명으로부터 뚫릴 것을 예상하고 미리 파울 등을 해서 차단해야 한다.

　이러한 변화로 인해 공격과 수비가 더 어려워지지만 인터셉트와 득점 기회가 쉽게 될 수도 있다.

7 | 풀코트에서 수비하기

전체 코트 패스 거부(Deny Defensive)는 즉각적으로 필요하거나 단순히 상대에게 다른 모습을 줄 때 사용할 수 있다.

전체 코트 원칙은 동일하게 유지된다.

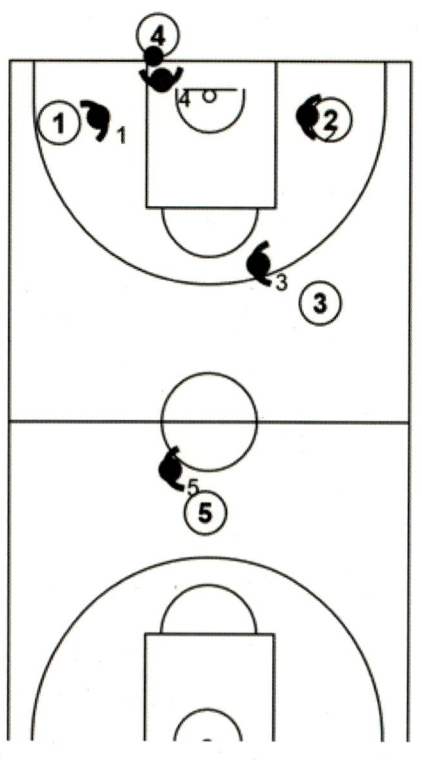

수비수 4는 패스가 코너로 가면서 여전히 좁은 지역이기 때문에 공격 플레이어가 볼을 패스할 곳을 알고 싶어한다. 수비수 1과 수비수 2는 전면 패스 거부 (Deny Defensive) 수비이다.

우리는 그 공격의 강력한 패스가 지나가는 것을 막기 위해 윙에서 인터셉트나 스틸 기회를 노려야 한다.

수비수 3과 수비수 5는 전통적인 3-1-1프레스와 동일하다.

그들 수비수들 사이가 아주 가깝기 때문에 둘 다 긴 패스를 볼 수 있다. 하지만 여전히 볼 쪽으로 향하는 공격 플레이어가 윙 수비수 때문에 긴 패스를 주저하게 만든다.

8 | 특정 공격 플레이어 수비하기

팀에서 한 명의 수비를 잘하는 플레이어가 상대방 공격 잘하는 플레이어나, 볼핸드링이 좋은 플레이어를 수비하는 경우가 많다.

이 경우 두 명의 수비수를 사용하여 패스 거부(Deny) 디펜스를 하고 다른 팀원이 다른 공격 플레이어를 결정하여 수비할 수 있도록 선택할 수 있다. 그것은 이렇게 작동한다.

두 명의 수비 윙 플레이어가 구역을 차지하고 있고 그 지역에 속해 있는 사람들을 대신하는 그들은 두 명의 공격적인 가드들과 어울린다. 이것은 당신이 어느 윙 수비수가 우세한 수비할지 결정할 수 있게해 준다.

인터셉트와 안전은 똑같이 유지된다. 그래서 포메이션은 일반적으로 상대적으로 동일하다.

여기 이미지는 공격을 잘하는 플레이어 1에게 한 완전 디나이(Deny) 디펜스를 한 이미지이다.

가장 큰 차이점은 수비수 4와 수비수 2가 모두 디나이(Deny) 디펜스를 하여 볼을 받을 기회가 없어야 한다는 것이다.

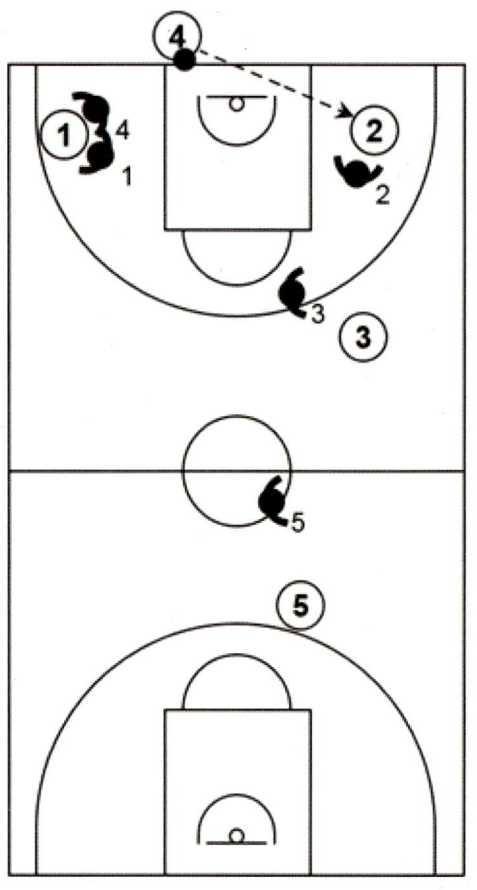

전통적인 압박 수비에서 수비수 1은 약한 가드가 인바운드 패스를 받을 수 있게 한다. 이것이 이루어지면 수비수 4는 이 경계를 떠나 약한 가드로 다시 더블팀 하러 가면 두 번 압박 수비를 하게 되는 것이다.

약한 가드 플레이어가 볼을 소유하면 플레이어 2의 역할은 패스를 못 하게 적극적인 수비를 하는 것이고 수비 플레이어 3과 수비수 5도 패스 거부(Deny) 디펜스 하는 것이다.

지배적인 수비로 8초의 위반을 만들기 위해 공격팀에게 시간을 낭비하게끔 수비 압박을 가하기도 한다.

결론

3-1-1 프레스(압박 수비)는 수비력은 즉시 엄청난 압박을 가한다.

이것은 좋은 압박 수비이며 공격팀에서 보면 빨리 공격하기가 꺼림칙한 것이다.

다양한 변형 수비이기 때문에 이 압박 수비를(프레스)를 추천한다.

이를 통해 팀원에 맞게 구성하고 수비수 인원에 따라 각 게임마다 조정을 할 수 있다.

공격적으로 플레이하고 싶어 하는 팀이 있고 할 수 있다면 팀을 위해 구현할 훌륭한 압박 수비(프레스 디펜스)가 될 수 있다.

9 | 반대편 측면 핵심

여기에서 두 지역으로 오는 패스를 수비수 2가 인터셉트를 노린다.

볼을 갖고 있는 공격 플레이어는 리턴 패스하여 되돌아가려고 하고 볼을 갖고 있는 공격 플레이어 반대편 가드에게 패스를 시도하거나 작은 키의 수비수 위로 패스를 시도한다.

작은 수비수에게 넘어가는 패스 가능성이 있지만, 볼은 강력한 트랩에 패스가 저지당해야 한다.

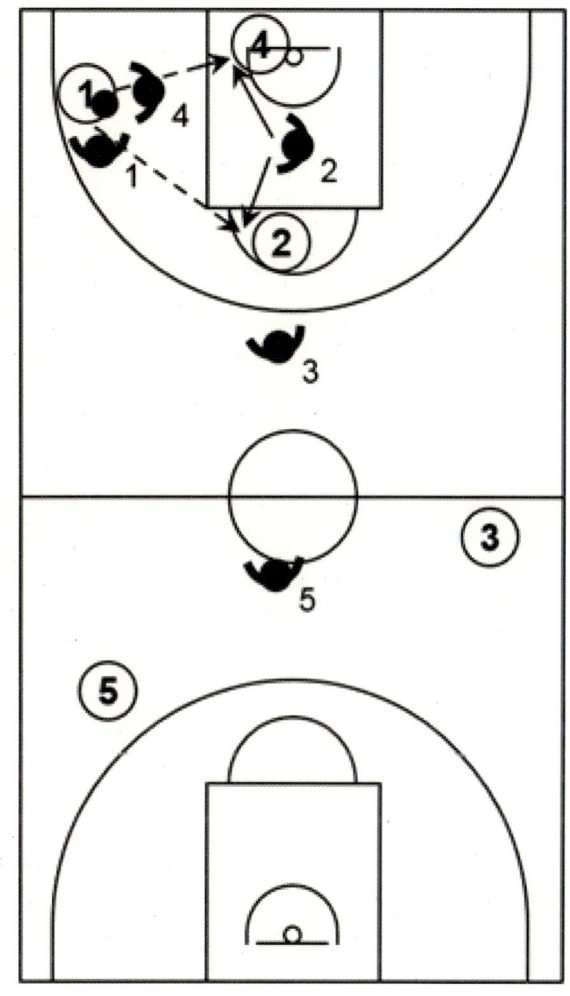

9-1 | 코트 중앙의 핵심

여기에서 두 방향으로 오는 패스를 수비수 3이 인터셉트 한다. 볼을 갖고 있는 공격 플레이어는 사이드라인쪽과 가운데 코트 주위의 팀 동료에게 패스하려고 시도할 것이다.

볼을 갖고 있는 공격 플레이어는 위로 또는 반대쪽의 센터라인을 향해 코트를 크로스해서 팀 동료에게 패스하려고 시도한다.

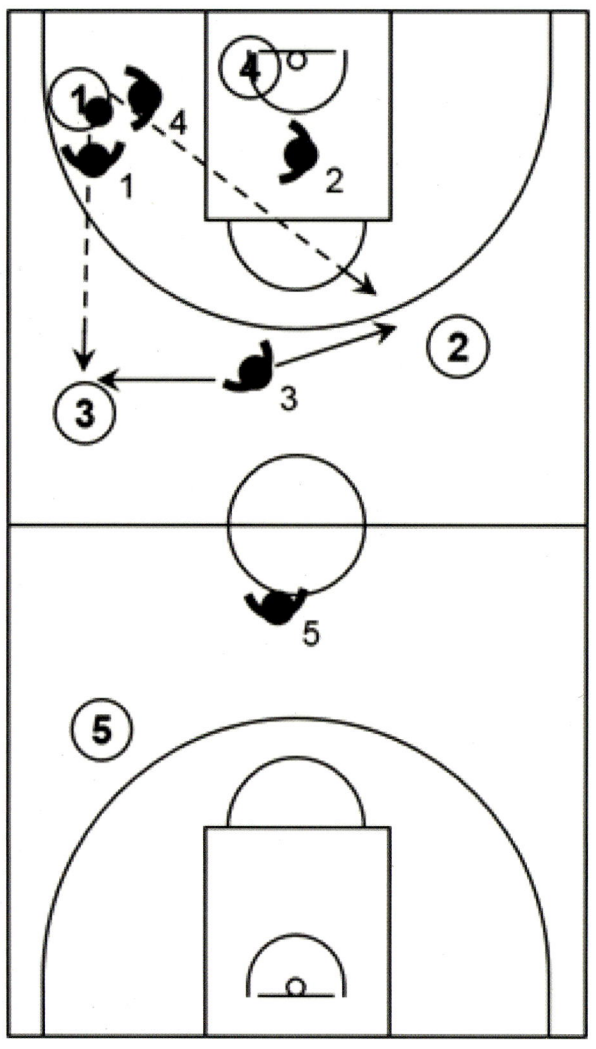

9-2 | 롱 패스

수비수 5는 앞쪽 코트에 초점을 맞춘다

그의 수비 위치는 공격하는 플레이어가 어디에 있느냐 따라 다르지만, 주위에 플레이어가 없다는 것을 반듯이 알고 한다.

수비수 5는 롱 패스를 반듯이 인터셉트를 해야 한다.

여기에서 인터셉트는 일반적으로 다음 좌우 지역 발생한다.

볼을 갖고있는 공격 플레이어는 사이드 라인을 따라 멀리 떨어진 팀 동료에게 패스하려고 시도한다.

볼을 갖고 있는 공격 플레이어는 코트 반대쪽의 멀리 있는 동료에게 코트에서 크로스로 통과시키려고 한다.

다시 말하지만 우리는 수비수 5가 인터셉트를 해야 되고 끝까지 포기하지 말어야 한다.

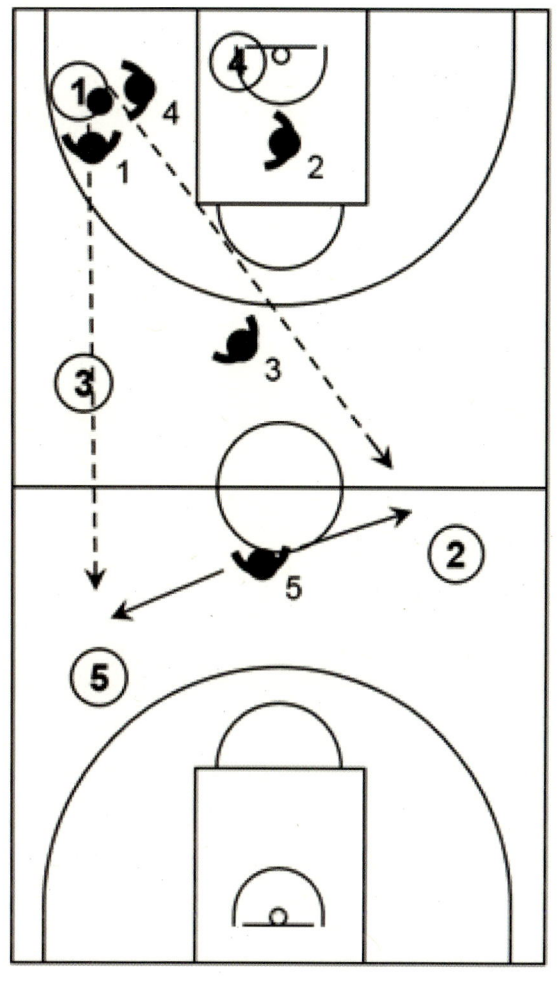

다른 수비수 중 하나가 인터셉트를 위해 갔다가 놓치면 압박 수비(프레스 디펜스)는 실패하고 팀 전체가 전속력으로 백코트를 해야 한다. 가장 중요한 것은 수비가 공격적이어야 하고 볼을 빼앗아야 하며 그런 다음 공격을 해야 한다.

연습계획 10주 프로그램 샘플 Practice Sample Week 10

 **첫째 주 연습계획 샘플 (60분)**

웜업 Warm up	1. 스트레칭 2. 지그재그 런 3. 라인 점프	10분 (2, 3아래 참조)
드리블링 연습 Dribbling Drills	4. 제자리 드리블 5. 풀 코트 드리블링 6. 1대1 드리블	15분 (4, 5, 6 아래 참조)
5분 휴식		
패싱 연습 Passing Drills	7. 파트너와 여러 가지 패스 8. 패스 런 패스 9. 슈팅 자세 연습	15분 (7, 8, 9 아래 참조)
게임 Game	10. 승부 게임	20분 (10 아래 참조)
정리운동 Cooling down		

2 | 지그재그 런

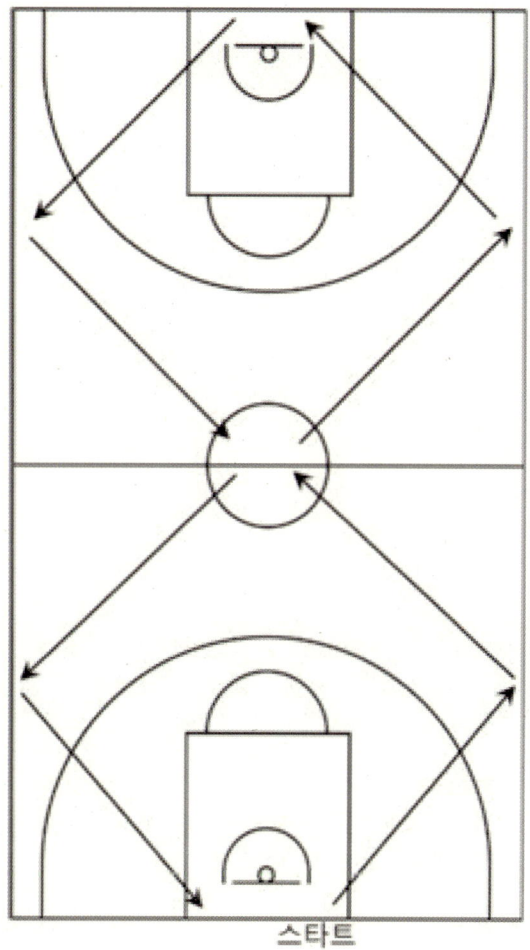
스타트

3 | 라인 점프
- 모든 참가자들을 라인 위에 서게 한다.
- 코치가 플레이어들에게 지시할 때는 두 발을 모으고 라인을 앞, 뒤로 점프로 이동하도록 한다.
- 발이 라인에 닿아서는 안 된다.
- 옆으로 한다, 한발씩 한다.
- 참가자들에게 시간을 재서 많이 하는가를 본다.

4 | 제자리 드리블

- 본 메인 동영상(드리블 자세) 또는 코칭 북에 참조

5 | 풀 코트 드리블링

- 모든 플레이어들이 바스켓 아래에 볼과 함께 줄을 서게 한다.
- 코치가 지시하면 아이들은 드리블을 하면서 코트 끝까지 가게 한다.
- 플레이어들이 익숙한 손으로 드리블하게 한다.
  만일 플레이어들이 신인이라면 걸으면서 드리블하는 것부터 먼저하고 다음은 조깅하면서 드리블 하게 한다.
- 플레이어들이 양쪽 손으로 사용해서 드리블 연습을 할 수 있게 한다.
- 이후 익숙해지면 베이스라인에서 시작하여 반대쪽 골대로 전력 질주 드리블을 한다.

6 | 1대1 드리블

- 이 연습을 위해서, 플레이어는 볼을 들고 드리블러와 수비수 짝을 진다.
- 플레이어 한 명의 드리블러와 볼을 가지고 수비수와 베이스라인에서 출발한다.
  대략 1미터 정도 떨어져 있고 수비를 한다.
- 공격 플레이어들이 하프 코트 라인으로 볼을 드리블 하는 것이다.
- 수비의 목표는 공격 중인 선수의 드리블을 막는 것이다. 이 나이에서는 볼을 가로채는 것이 허용되지 않기 때문에 연습하는 동안 수비 기술을 가르친다.

7 | 파트너와 여러 가지 패스

- 플레이어와 두 명씩 짝을 맺어라. 3~5미터 정도 떨어져서 줄을 서야 한다.
- 이 연습은 플레이어가 서로 마주 보게 선다.
- 서로 보고 있을 때 패스를 강조하는 것이 중요하다. 왜냐하면 플레이어들은 보지 않을 때는 동료에게 볼을 패스해서는 안 된다.
- 패스는 다음과 같이 한다(체스트 패스, 바운스 패스, 오버 헤드 패스).
- 본 메인 동영상(패스) 또는 코칭 북에 참조

8 | 패스 런 패스

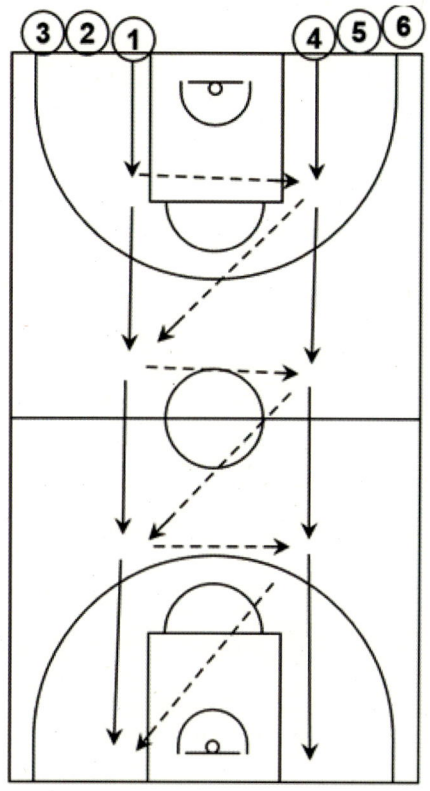

9 | 슈팅 자세 연습
- 본 메인 동영상(슈팅) 또는 코칭 북에 참조

10 | 승부 게임
- 프리드로우 라인에서 플레이어를 줄을 서고 첫 두 명의 플레이어가 슈팅을 한다.
- 첫 번째 플레이어는 프리드로우를 던진다. 그들이 성공하면 볼을 가져와서 다음 사람에게 넘겨준다. 성공을 못 하면 슛을 던진 플레이어가 볼이 플로어에 닿기 전에 리바운드 잡고 슛을 해도 된다. 볼을 놓치면 프리드로우 라인으로 가져와서 레이업을 해야 한다. 리바운드한다고 미리 프리드로우 라인으로 들어가면 안 된다. 슛 자세가 나빠질 수도 있기에 주의한다.
- 이 프로세스는 플레이어가 한 명이 남을 때까지 계속한다.

🏀 둘째 주 연습계획 샘플 (60분)

웜업 Warm up	1. 스트레칭 2. 네 바퀴 돌기 3. 네모박스 뛰기	10분 (2, 3 아래 참조)
슈팅 연습 Shooting Drills	4. 레이업 연습 1 5. 슛과 슈팅자세	15분 (4, 5 아래 참조)
5분 휴식		
수비 연습 Defensive Drills	6. 지그재그 수비 연습 (슬라이드 스텝)	15분 (6 아래 참조)
게임 Game	7. 도전하는 게임	20분 (7 아래 참조)
정리운동 Coolingdown		

2 | 네 바퀴 돌기

- 농구 코트 밖으로 네 바퀴 뛰기

3 | 네모박스 뛰기

- 이 연습을 위해 팀을 나눈다.
- 베이스라인에서 줄을 선다.
- 코트의 코너에 도달하면 플레이어는 뒤로 뛰며 슬라이드 스텝으로 써클로 간다.
- 하프코트 서클에 플레이어끼리 섞일 것이다.
- 점프 볼 서클에 도달하면 플레이어는 스타트 지점으로 뛴다.
- 다음 플레이어에게 터치하여 릴레이를 계속한다.

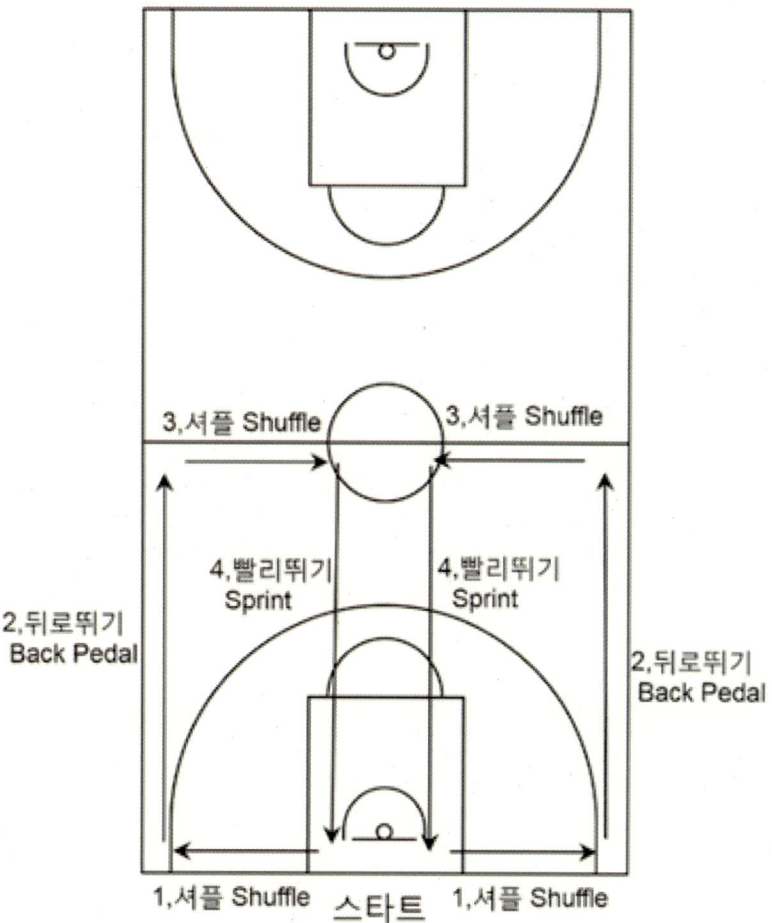

4 | 레이업 연습
- 본 메인 동영상(레이업) 또는 코칭 북에 참조

5 | 슛과 슈팅 자세
- 본 메인 동영상(슛과 슈팅자세) 또는 코칭 북에 참조

6 | 지그재그 수비 연습 (슬라이드 스텝)
- 본 메인 동영상(맨투맨 디펜스-개인-4, 슬라이드 디펜스) 또는 코칭 북에 참조
- 모든 플레이어는 베이스라인에서 선다.
- 뒤로 돌아서서 수비자세로 슬라이드 스텝으로 지그재그로 간다.

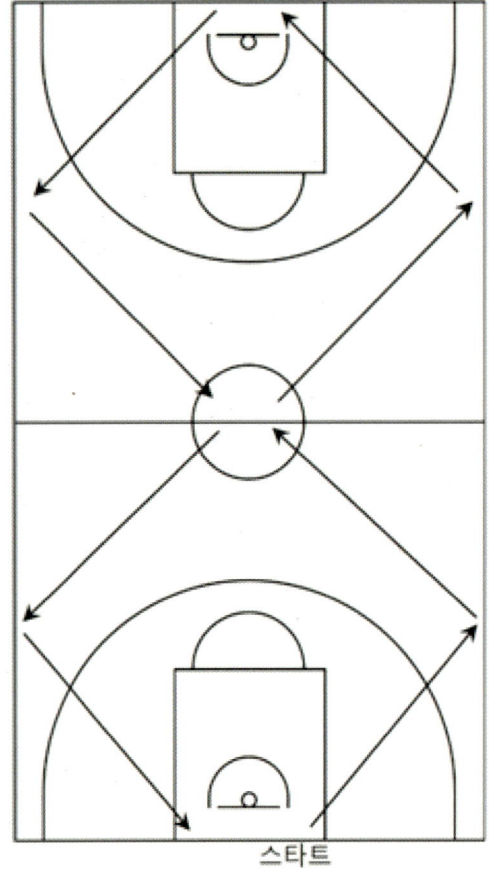

스타트

7 | 도전하는 게임

- 이것은 수비력을 향상시키며 재미있는 연습 중에 하나이다.
  보통 연습게임에서 공격에 의해 득점이 된다.
- 이 연습에서, 수비로 점수를 올릴 수 있다.
  팀을 나눠서 플레이어가 3대3이나, 4대4나 5대5 게임을 하도록한다.
- 수비는 리바운드를 얻거나 인터셉트 등을 하여 점수를 매길 수 있다.
- 수비를 계속하며 포인트를 얻을 수 있다.
- 공격이 성공되면 수비팀이 바뀌고 점수를 얻을 수 있는 수비를 시작한다.
- 연속으로 5점을 수비로 쟁취하면 된다.
- 어느 한 팀이 수비를 잘못한다면 연습을 중단하고 수비 기술을 다시 상기시킨다.

셋째 주 연습계획 샘플 (60분)

웜업 Warm up	1. 스트레칭 2. 벽에 점프 20회 3. 술래잡기	10분 (3 아래 참조)
드리블링 연습 Dribbling Drills	4. 제자리 드리블 5. 콘사이 드리블 6. 1대1 드리블	15분 (4, 5, 6 아래 참조)
5분 휴식		
수비 연습 Defensive Drills	7. 박스아웃 연습 8. 지그재그 수비연습	15분 (7, 8 아래 참조)
마무리 / 게임 Wrap up / Game	9. 5대5 연습게임	20분
정리운동 Cooling down		

3 | 술래잡기

- 하프코트 안에서 시작 영역을 지정한다. 모든 플레이어들은 이 지역에 있어야 한다.
- 술래잡이 1~2명을 지정한다.
- 이 연습에서 "술래잡이"를 모든 플레이어들이 피하면서 뛴다.
- 다른 플레이어들에게 태그하는 것이 술래잡이 일이다. 태그된 플레이어는 라인 밖으로 나간다.
- 모든 게임은 일정한 시간이 경과한 후 모든 플레이어들이 라인 밖으로 나갔을 때 종료한다.

4 | 제자리 드리블

- 본 메인 동영상(드리블 자세) 또는 코칭 북에 참조

5 | 콘사이 드리블
- 본 메인 동영상(드리블-드리블 연습-콘 드리블) 또는 코칭 북에 참조

6 | 1대1드리블
첫째 주 연습 6 참조

7 | 박스아웃 연습
-본 메인 동영상(박스 아웃) 또는 코칭 북에 참조

8 | 지그재그 수비 연습
둘째 주 연습6 참조

🏀 넷째 주 연습계획 샘플 (60분)

웜업 Warm up	1. 스트레칭 2. 점핑잭 /푸쉬업/ 싯업1 3. 슬라이드 레인	10분 (3 아래 참조)
슈팅 연습 Shooting Drills	4. 레이업 5. 슈팅 게임	15분 (4, 5 아래 참조)
5분 휴식		
패싱 연습 Passing Drills	6. 패스 런 패스 7. 50개 패스하기	15분 (7 아래 참조)
마무리 / 게임 Wrap up / Game	8. 드리블 녹아웃 9. 사계절 뛰기	20분 (8 아래 참조)
정리운동 Cooling down		

3 | 슬라이드 레인

- 본 메인 동영상(맨투맨 디펜스-개인-1, 슬라이드 레인) 또는 페이지에 참조

4 | 레이업

- 본 메인 동영상(레이업) 또는 페이지에 참조

5 | 슈팅 게임

- 코치가 코트에서 슈팅 위치를 지정한다.
- 각 플레이어는 지정된 장소에서 각각 10개의 슛을 던진다.
- 선수들은 10번 중에서 놓친 모든 슛에 대해 페널티인 푸쉬업을 한다.

6 | 패스 런 패스

첫째 주 연습 8 참조

7 | 50개 패스하기

게임 - 팀원들이 볼을 중심으로 멀리 퍼져 있는다.

드리블을 허용하지 않는다.

제자리서 패스를 하거나 럭비처럼 달리면서 패스한다.

트래블링(워킹 바이얼레이션) 반칙은 없다.

팀이 총 50개의 패스를 하는 팀이 이긴다.

볼 소유한 플레이어를 터치하면 공격권을 바꾼다.

8 | 드리블 녹아웃

- 오른쪽 이미지처럼 하프코트에서 넓게 펼쳐 있고 드리블하면서 랜덤으로 상대방 볼을 라인 밖으로 쳐낸다.

★코칭포인트☆

- 오른손으로 드리블하면서 한다.
- 왼손으로 드리블하면서 한다.
- 4명 남으면 프리드로우 라인과 센터 써클 안에서 한다.

9 | 사계절 뛰기

- 베이스라인 골대 아래서 시작한다.
- 코치가 스타트하면 선수들은 프리드로우 라인으로 뛴다. 베이스라인으로 다시 돌아간다.
- 베이스라인을 터치 후 하프라인으로 달린다. 베이스라인으로 다시 돌아간다.
- 베이스라인을 터치 후 멀리 있는 프리드로우 라인으로 달린다. 베이스라인으로 다시 돌아간다.
- 베이스라인을 터치 후 가장 먼 베이스라인으로 달린다. 베이스라인으로 다시 돌아간다.

이 연습은 플레이어가 다 끝났을 때까지 해야 한다.

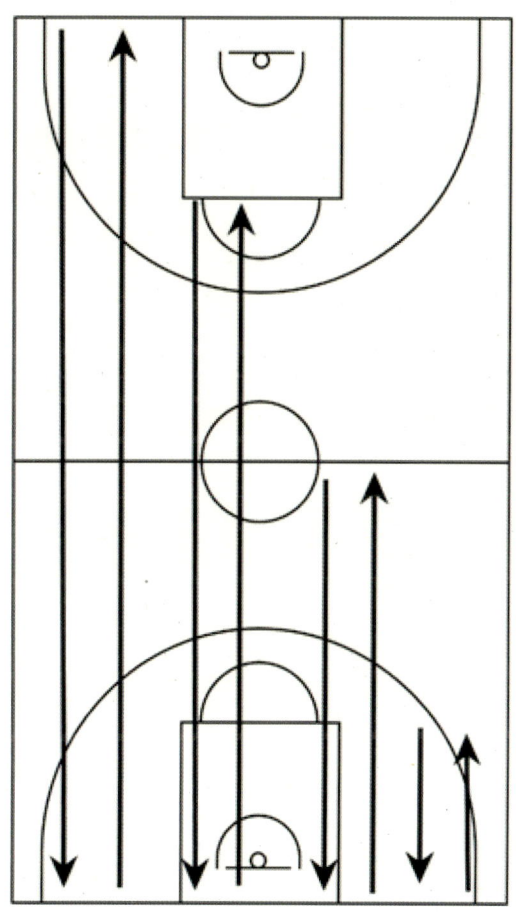

🏀 다섯째 주 연습계획 샘플 (60분)

웜업 Warm up	1. 스트레칭 2. 술래잡기	10분 (2 아래 참조)
드리블링 연습 Dribbling Drills	3. 제자리 드리블 4. 앵그리 버드	15분 (3, 4 아래 참조)
5분 휴식		
패싱 연습 Passing Drills	5. 파트너와 패스 6. 핫 핸즈	15분 (5, 6 아래 참조)
마무리 / 게임 Wrap up / Game	7. 15분 게임 8. 사계절 뛰기	20분 (8 아래 참조)
정리운동 Cooling down		

2 | 술래잡기

셋째 주 연습3 참조

3 | 제자리 드리블

- 본 메인 동영상(드리블 자세) 또는 코칭 북에 참조

4 | 앵그리 버드

- 중간 크기의 지역을 지정한다.
- 플레이어 2명을 선택한다. 술래잡기 플레이어가 될 것이다.
- 일단 코치가 스타트하면, 가능한 한 많은 플레이어를 태그하려고 한다.
- 술래잡이 플레이어들은 코트에서 드리블하면서 추적한다.
- 나머지 플레이어들도 드리블하면서 피해 다닌다.
- 모든 플레이어에 태그가 되면 게임이 종료된다.
- 다른 플레이어 2명에게 술래잡기 플레이어를 교대한다.

5 | 파트너와 패스
첫째 주 연습 7 참조

6 | 핫 핸즈
이 게임에서 볼을 가지고 드리블할 수는 없다!

패스를 받은 플레이어는 투 스텝을 하기 전에 다른 사람에게 패스해야 한다.

플레이어가 패스를 받자마자 다른 사람에게 패스할 곳을 찾는다.

플레이어가 투스텝을 오버하면 게임을 중지하고 플레이어는 다른 사람으로 교체된다.

플레이어수 : 6~10명(2팀)

8 | 사계절 뛰기
넷째 주 연습 9참조

🏀 여섯째 주 연습계획 샘플 (60분)

웜업 Warm up	1. 스트레칭 2. 볼 돌리기	10분 (2 아래 참조)
수비 연습 Defensive Drills	3. 4코너 수비 4. 2대1 디나이 수비와 패스	15분 (3, 4 아래 참조)
5분 휴식		
슈팅 연습 Shooting Drills	5. 이동하면서 슛 6. 슈팅하기 게임	15분 (5, 6 아래 참조)
마무리 / 게임 Wrap up / Game	7. 승부 게임 8. 사계절 뛰기	20분 (7, 8 아래 참조)
정리운동 Cooling down		

2 | 볼 돌리기 머리, 다리

- 코치가 지시 할 때 플레이어는 허리둘레에 볼을 돌리게 한다.
- 시간이 지나면 플레이어에게 반대쪽으로 볼을 돌리게 한다.
- 이 연습은 머리, 한쪽 다리, 양쪽 다리 주위로 볼을 돌린다.

3 | 4코너 수비

- 모든 플레이어가 코트 중간에서 이 연습을 시작한다.
  모든 플레이어가 코트 중간에 있는 동안 4개 코너 번호는 1에서 4까지이다.
- 모든 플레이어가 지정되면 모든 플레이어에게 현재 라운드에서 선택한 지정된 지역을 찾기 위해 10초를 준다.
- 지정된 플레이어는 10초 계산한다.
- 10초 후에 플레이어는 그들이 선택한 지역 근처에 있어야 한다.

4 | 2대1 디나이 수비와 패스

- 이것은 주변 플레이어에 대한 패스를 거부하는 연습에 초점을 맞춘다.
- 공격 2명과 수비 1명, 3명의 플레이어들과 잘 맞는다.
- 공격 플레이어 한 명이 볼을 잡으러 윙으로 출발한다. 공격 플레이어는 윙에서 로우 포스트 쪽으로 다시 출발한다.
- 수비수는 볼이 없는 상태에서 윙 플레이어의 로우 포스트 위치에서 출발한다.
- 볼이 없는 윙 플레이어는 리버스 컷을 이용하여 뒤쪽을 열리도록 노력한다.
- 모든 수비수는 공격 플레이어와 함께 움직이며 패스를 받으면 1대 1로 진행한다.

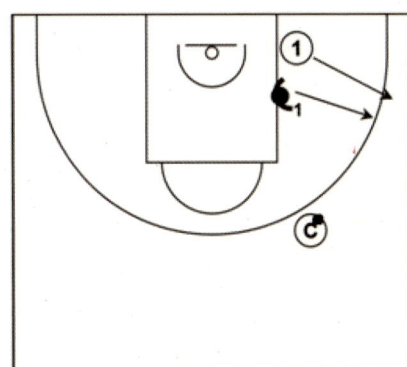 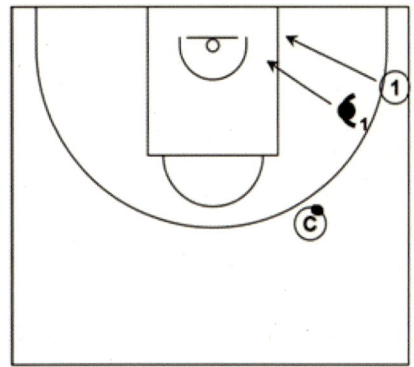

5 | 돌아가면서 슛

- 이 연습은 플레이어는 주변의 여러 위치에서 여러 번 슛을 발사해야 한다.
  (플레이어의 숙련도에 따라 플레이어와 슛 거리가 결정된다)
- 플레이어는 위치 1에서 시작하여 슈팅 후 위치 2로 이동하게 된다.
  플레이어는 11번 지점에서 끝날 때까지 계속 슈팅한다.

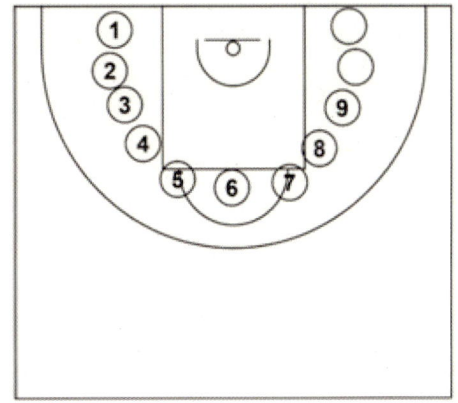

6 | 슈팅하기 게임 10

🏀 시간은 1분
- 볼을 한 명의 플레이어와 함께 하프 코트에서 드리블하면서 시작한다.
- 호각 소리가 나면 볼은 움직이고 시계는 스타트
- 5명씩 팀을 나누어서 경쟁한다.

🏀 게임 규칙
- 5명의 참가자 모두 한 골씩(참가자 5명 x 2점)에 해당하는 점수를 획득해야 한다.
- 1명의 플레이어가 연속 득점 카운터를 하지 못한다. 슈팅 후 뒤로 가서 차례를 기다린다.
- 팀이 1분 안에 10점을 얻지 못하면, 팀 전체가 페널티인 풀 코트를 한 바퀴 뛴다.

7 | 승부 게임
첫째 주 연습7 참조

8 | 사계절 뛰기
넷째 주 연습 9 참조

🏀 일곱째 주 연습계획 샘플 (60분)

웜업 Warm up	1. 스트레칭 2. 지그재그 런 3. 라인 점프 Line	10분 (2, 3 아래 참조)
드리블링 연습 Dribbling Drills	4. 제자리 드리블 5. 드리블 술래잡기 6. 드리블 릴레이	15분 (4, 5, 6 아래 참조)
5분 휴식		
슈팅 연습 Shooting Drills	7. 드리블하고 가서 슈팅 게임 8. 슈팅하기 게임	15분 (7, 8 아래 참조)
마무리 / 게임 Wrap up / Game	9. 시그널 드리블 10. 드리블녹아웃	20분 (9, 10 아래 참조)
정리운동 Cooling down		

2 | 지그재그 런

첫째주 연습 2 참조

3 | 라인 점프

- 모든 참가자에게 이 연습을 위해 라인 위에 선다.
- 코치가 지시할 때 플레이어는 두 발을 선 위로 앞뒤로 점프하기 시작한다.
- 옆으로, 한 발씩도 한다.
- 플레이어들에게 제한된 시간 안에 얼마나 많이 했는지 체크 한다.

4 | 제자리 드리블

- 본 메인 동영상(드리블 자세) 또는 코칭 북에 참조

5 | 드리블 술래잡기

- 플레이어들은 코트 안에 들어가서 있고, 드리블 술래잡이 1~2명을 정한다.
- 드리블 술래잡이들이 쫓아오면 코트 안에 피해 다닌다.
- 플레이어들을 다 태그 할 때까지 진행한다.
- 10~12명이면 하프코트, 12명 이상이면 풀코트에서 한다.
- 1분으로 정하고 몇 명 태그 했는지 숫자를 세고 많이 태그하는 플레이어가 이긴다.

6 | 드리블 릴레이

- 이 연습을 시작하려면 두 팀으로 나눈다.
- 베이스라인에서 첫 번째 플레이어가 스타트 한다(반대 베이스라인에는 콘이나 의자를 둔다).
- 호루라기에서 각 팀은 시작한다.
- 첫 번째 플레이어는 코트에서 빨리 드리블해서 반대에 있는 콘이나 의자를 돌아서 온다.
- 1차 플레이어가 도착해서 2차 플레이어에게 볼을 주면 2차 플레이어는 똑같이 스피드 드리블을 한다.
- 라인의 모든 플레이어가 드리블하면 릴레이가 끝난다.
- 오른손 드리블 릴레이, 왼손 드리블 릴레이 따로따로 한다.

7 | 드리블하고 가서 슈팅 게임

- 플레이어를 보고 한 팀이나, 두 팀이나, 세 팀으로 나눈다.
- 골대 아래 베이스라인 위에 선다.
- 각 팀의 첫 번째 플레이어가 볼을 가지고 있다.
- 호각 소리가 나면, 각 팀의 첫 번째 플레이어들은 빨리 코트의 반대편 쪽으로 드리블하기 시작한다.
- 반대쪽 도착하면, 프리드로우 라인 엘보 부분에서 슈팅하고 성공하면 다시 반대쪽으로 드리블하고 간다.
- 슈팅을 성공 못 하면 리바운드를 해서 슈팅, 성공할 때까지 계속한다.

- 반대쪽으로 와서 다시 슈팅하고 성공할 때까지 던지고 안 들어가면 리바운드를 해서 성공시킨다.
  슛을 성공시키면 빨리 동료들에게 볼을 넘겨주고 다음 플레이어가 시작한다.
- 가장 빨리 끝나는 팀이 우승자이다.

8 | 열 군데서 슈팅하기
여섯째 주 연습 샘플 6번 참조

9 | 시그널 드리블
- 이 게임은 드리블컨트롤 및 집중하는 것을 도와준다.
- 각 플레이어는 볼 컨트롤을 유지하고 코트 주위에 볼과 드리블을 하고 있다.
- 코치는 휘슬 불면 플레이어는 반응해야 한다.
- 휘슬 한 번 짧게 - 정지를 의미합니다. 한 곳에서 서서 볼을 드리블한다.
- 휘슬 두 번 - 이동을 의미합니다. 자유 드리블하면서 코트 주위를 빠르게 움직인다.
- 휘슬 한 번 길게 - 천천히 의미합니다. 선수들은 볼을 가지고 천천히 움직입니다.
- 휘슬 세 번 - 볼을 드리블하는 것을 멈추고, 볼을 바닥에 놓고, 플레이어는 볼 주위에 원을 그리며 돈다.

10 | 드리블 녹아웃
넷째 주 연습 샘플 8번 참조

🏀 여덟째 주 연습계획 샘플 (60분)

웜업 Warm up	1. 스트레칭 2. 점핑잭 /푸쉬업/ 싯업 3. 슬라이드 레인(슬라이드스텝)	10분 (3 아래 참조)
수비 연습 Defensive Drills	4. 박스 아웃 5. 4코너 수비	15분 (4, 5 아래 참조)
5분 휴식		
패싱 연습 Passing Drills	6. 핫 핸즈	15분 (6 아래 참조)
마무리 / 게임 Wrap up / Game	7. 슈팅 게임 8. 대결 5대5	20분 (7 아래 참조)
정리운동 Cooling down		

3 | 슬라이드 레인
- 본 메인 동영상(맨투맨디펜스-개인-1, 슬라이드 레인) 또는 코칭 북에 참조

4 | 박스 아웃
- 본 메인 동영상(박스 아웃) 또는 코칭 북에 참조

5 | 4코너 수비
여섯째 주 연습 3번 참조

6 | 핫 핸즈
다섯째 주 연습 6번 참조

7 | 슈팅 게임

- 세 팀으로 나눈다.
- 3개의 슈팅지역을 지정한다(탑, 윙, 사이드).
- 휘슬이 울리면 첫 번째 플레이어가 슛을 한 번 던진다.
- 플레이어는 리바운드를 해서 다음 플레이어에게 준다.
- 성공 득점은 1점이며 첫 번째 팀은 10점을 먼저 하는 팀이 이긴다.
- 다음에는 위치로 바꾸어 가면서 한다.
- 진 팀은 반듯이 페널티를 준다(본문 페널티주는 방법 예)푸쉬업 10회하기, 베이스라인 선착순으로 빨리뛰기, 친구 업고 하프라인까지 돌고 오기, 푸쉬업하면서 드리블하기 등 등).

🏀 아홉째 주 연습계획 샘플(60분)

웜업 Warm up	1. 스트레칭 2. 벽에 점프 3. 왕복달리기	10분 (2, 3 아래 참조)
드리블링 연습 Dribbling Drills	4. 콘 드리블링 5. 풀 코트 드리블링 6. 시그널 드리블	15분 (4, 5, 6 아래 참조)
5분 휴식		
슈팅 연습 Shooting Drills	7. 레이업 8. 1대1	15분 (7, 8 아래 참조)
마무리 / 게임 Wrap up / Game	9. 드리블 릴레이 10. 슈팅게임	20분 (9, 10 아래 참조)
정리운동 Cooling down		

2 | 벽에 점프
- 벽에 서서 제자리서 힘껏 뛰어 20회 연속 점프를 한다.

3 | 왕복 달리기
- 모든 플레이어들을 사이드라인에 선다.
- 코치가 지시하면 모든 플레이어들은 반대 사이드라인으로 전력 질주한다.
- 플레이어들 발이 반대 사이드라인을 밟으면 시작한 쪽으로 다시 뒤로 뛴다.
- 플레이어들에게 시간을 재서 얼마나 많은 왕복으로 뛰는지 세어본다.

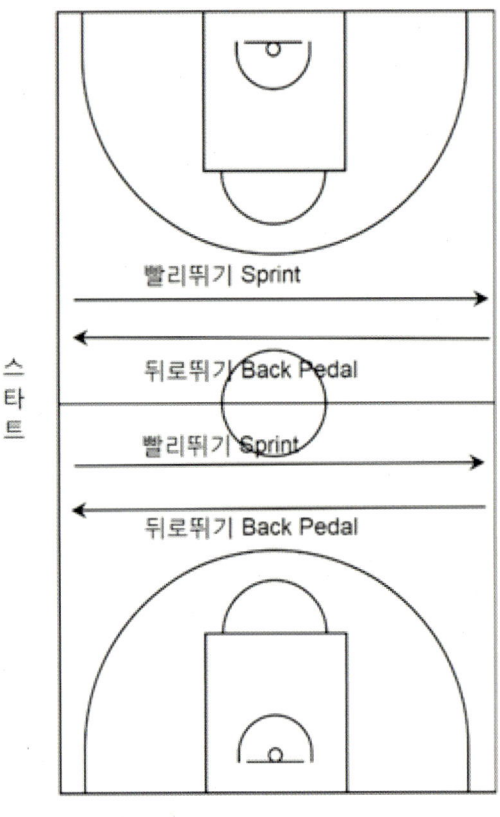

4 | 콘사이 드리블
- 본 메인 동영상(드리블-드리블 연습-콘 드리블) 또는 코칭 북에 참조

5 | 풀 코트 드리블링
첫째 주 연습 5번 참조

6 | 시그널 드리블
일곱째 주 연습 9번 참조

7 | 레이업
- 본 메인 동영상(레이업) 또는 코칭 북에 참조

8 | 1대1
- 본 메인 동영상(맨투맨 오펜스 – 1대1) 또는 코칭 북에 참조

9 | 드리블 릴레이
일곱째 주 연습 6번 참조

10 | 슈팅게임
여덟째 주 연습 7번 참조

🏀 열째 주 연습계획 샘플(60분)

웜업 Warm up	1. 스트레칭 2. 네 바퀴 돌기 3. 네모박스 뛰기	10분 (2, 3 아래 참조)
드리블링 연습 Dribbling Drills	4. 제자리 드리블링 5. 콘 드리블링	15분 (4, 5 아래 참조)
5분 휴식		
수비 연습 Defensive Drills	6. 2대2 디나이 수비와 패스	15분 (6 아래 참조)
마무리 / 게임 Wrap up / Game	7. 10분 게임 8. 챌린지 연습	20분 (8 아래 참조)
정리운동 Cooling down		

2 | 네 바퀴 돌기

둘째 주 연습 2번 참조

3 | 네모박스 뛰기

둘째 주 연습 3번 참조

4 | 제자리 드리블링

- 본 메인 동영상(드리블 자세) 또는 코칭 북에 참조

5 | 콘 드리블링

- 본 메인 동영상(드리블-드리블 연습-콘 드리블) 또는 코칭 북에 참조

6 | 2대2 디나이와 패스
여섯째 주 연습 4번 참조

8 | 챌린지 연습
둘째 주 연습 7번 참조